教师教育精品教材

特殊教育专业系列

培智学校数学课程与教学

柳笛　著

华东师范大学出版社
上海

第一章　培智学校数学课程概述

通过本章学习，你能够：

1. 了解数学科学的特征、数学科学与数学学科的区别；
2. 明确培智学校数学课程的性质与理念；
3. 了解培智学校数学课程的目标；
4. 了解培智学校数学课程的内容。

“培智学校数学课程与教学”作为特殊教育专业的一门必修课程，将较全面地展示数学课程与教学的基本原理与方法，介绍这门学科的发展与现状，分析数学课程与教学改革的基本问题，研究典型的教学案例，为特殊教育教师建立正确的数学教育观念，丰富教师的知识结构，展示最新的教育理念，提供较全面的理论、方法与实例。

第一节　数学的本质

一、数学的研究对象与特征

(一) 数学的研究对象

数学是人们认识自然、认识社会的重要工具，千百年来人们不断地探索和认识数学，运用数学解决现实问题，对数学的认识也在不断地演变和发展。由于数学在发展过程中不断取得新的成就，内容愈来愈丰富，人们关于数学对象的认识，也在不断地深化和更新。

19 世纪下半叶，恩格斯曾对数学的对象给出了如下的定义：“纯数学是以现实世界的空间形式和数量关系为对象的”。[①] 这是对数学研究对象的一种经典的解

① 恩格斯．反杜林论．北京：人民出版社，1956：37．

释，是对数学十分概括和深刻的解释。数学是对现实世界的事物在空间形式和数量关系方面的抽象，数学来源于人们的生产和生活实践，反过来又为人们的社会实践和日常生活服务，是人类从事各项活动不可缺少的工具。“数量关系”是算术、代数等领域研究的内容，用来表现现实世界各种数量及其关系。“空间形式”是几何学研究的内容，研究物体的形状、大小及其相互关系。人类在社会和生产实践中，不断揭示数量关系和空间形式的规律，并将其不断抽象化、系统化、形式化，形成数学科学体系。

恩格斯的上述定义，对于以代数、几何与分析为主体的早期数学，确实是很恰当的概括，被数学界广为接受，并被认为是一个精辟的科学论断。然而，随着20世纪数学的发展，显得有必要对恩格斯所作的定义加以补充和发挥，要将“数量”和“空间”作广义的理解。数量也不仅是实数，而且是向量、张量，甚至是具有代数结构的抽象集合中的元；空间不只是三维空间，还有 n 维、无穷维以及具有某种结构的抽象空间。[①] 尽管仍有一些重要篇章，如数理逻辑等不能完全包括进去，恩格斯的论断基本上还是包含了数学的主要内容。因此，《培智学校义务教育生活数学课程标准》(以下简称《课标》)在描述数学的对象时，还是引用恩格斯的这个定义。

(二) 数学的特征

一般地，数学的特点归结为三性：抽象性、精确性和应用的广泛性。[②]

1. 抽象性

任何一门科学都具有抽象性的特征。但是，数学的抽象，在对象上、程度上都不同于自然科学和社会科学的抽象。

首先，数学的抽象是独立于对象的具体内容，仅仅保留空间形式或数量关系；这些形式和关系，已是一种形式化的思想材料，或者是一种抽象结构。数学是作为一个独立的客体而存在的，抽去了具体内容的一种形式科学，它用形式化、符号化和精确化的语言来表现一种“抽象的抽象”或“概括性的抽象”，它是以“一切性质的抽象”而呈现的。因而，数学对象没有任何物质的和能量的特征，它只有一个特征，那就是这些对象都处于一定的相互关系之中。例如，乘法口诀表是数字的乘法表，而不是学生人数乘以苹果的个数，或者苹果重量乘以苹果单价，等等；数学研究的“直线”，是一种没有长短、粗细、轻重和颜色等任何物质的和能量特征的“理想化”

---

① 赵振威. 中学数学教材教法. 上海：华东师范大学出版社，2000：6—11.

② 亚历山大洛夫等著，孙小礼，赵孟养等译. 数学——它的内容、方法和意义(第一卷). 北京：科学出版社，1986：1—6.

的对象,而不是一根拉紧的绳子。

其次,数学的抽象是逐步发展的,它达到的抽象程度大大超过了自然科学的一般抽象。从整数概念与几何图形概念——这只是一些最原始的数学概念,到复数、函数、积分、微分、泛函、n 维甚至无穷维空间等高水平的抽象,是从简单到复杂、从具体到抽象这样不断深化的过程。

2. 精确性

数学的精确性,指的是数学具有逻辑的严密性和结论的明确性。

数学具有逻辑的严密性。即数学的结果是从一些基本概念(或公理)出发并采用严格的逻辑推论而得到的。这种推论(推理)对于每一个懂得这样的规则并拥有一定数学基础的人来说,都是无需争辩和确信无疑的。数学的逻辑严谨性还带来了数学的精确性,也就是说,数学的表述具有相当严密的唯一性。而且数学语言常常反映在其他的学科(尤其是自然学科)之中,用来准确地表述概念或由经验所获得的发现。

数学的精确性还表现在结论的明确性。数学体系本身是一个精确的自然结构,而且是所有自然结构中最具有完美模型的特征。它是以最简洁、最精确、最稳定的模型来揭示最本质、最抽象的关系系统的理论。正如荷兰数学教育家弗赖登塔尔(Freudenthal, H.)所说,数学与其他思维相比,有一个最大的特点,那就是对任何一个陈述,都可以确定其对或错。数学的对象是形式化的思想材料,它的结论是否正确,一般不能像物理等学科那样借助于可重复的实验来检验,而主要靠严格的逻辑推理和一丝不苟的计算,使得每一个数学结论不可动摇。

3. 应用的广泛性

数学的对象领域涉及整个客观世界。数学是解决我们生活和生产过程中所遇问题的主要工具,因为没有一个物质的领域不呈现出数学可以研究的现象或规律的,尤其是社会的科学技术发展到今天,数学突破了传统的范围,向人类几乎所有的知识领域渗透,包括从粒子物理到生命科学、从航空技术到地质勘探在内的一切科技领域发展。数学所研究的量及其关系,不只存在于某一特定的物质运动形态中,而是普遍存在于各种物质运动形态之中,因而它必然能够应用于各种物质运动形态的研究,成为各门科学发展的共同工具。例如,同一个拉普拉斯方程,既可用来表示热平衡态、溶质动态平衡、弹性膜的平衡位置,也可表示静态电磁场、真空中的引力势等。

早在1959年,著名数学家华罗庚在《大哉数学之为用》一文中,精彩地论述了数学应用在“宇宙之大，粒子之微，火箭之速，化工之巧，地球之变，生物之谜，日用之繁”等各个方面，生动地说明一切科学技术原则上都可以用数学来解决有关问题。数学在物理学中的应用经历了一系列的重大事件，从量子力学的公理化，到广义相对论与统一场论的数学基础等；现代化学描述化学过程也少不了微分方程和积分方程；生物学用微分方程理论建立生物模型；医学用数学理论预测疾病发展态势，如 2003 年数学家们建立数学模型，成功预测了传染病 SARS 的发展趋势，包括感染人数、感染高峰时段和大体结束时间等。除了自然科学，在经济学、社会学、历史学等社会科学中，数学方法的应用也在大显身手。数学不仅在自然科学领域和社会科学领域有着广泛的应用，还与人们的日常生活息息相关。[①] 随着科学技术的发展和应用，以数学为技术核心的生活方式迅速辐射到人们日常生活的各个领域，从计算机储蓄、售货到智能机器人、办公自动化，从各种各样的商品使用说明书中包含的大量数字信息到使用标准分的成绩单，从旅客所携行李的外观大小限制到每天的报纸和公众的政策讨论中广泛使用图表、统计数据等，都需要我们具备数学的知识和素养。

二、数学科学与数学学科

数学科学主要研究客观世界的数量关系和空间形式的规律，具有严谨的科学体系和逻辑的系统方法。数学学科是让学生了解数学，形成一定的数学素养，是学生全面发展的一个组成部分。数学科学不同于数学学科，因为数学科学是以阐述数学的原理为目标，而数学学科是以培养学生为目标。

数学学科是数学科学的一部分，包括算术、几何初步、代数初步和统计初步知识以及与这些知识有关的技能和方法等。这些内容与数学科学有密切的关系。它们源于数学科学，遵循数学自身的科学性，保持数学科学的基本特征，比如数学的抽象性、精确性、应用的广泛性。同时，数学学科需要考虑如何使学生理解和掌握数学的有关内容，以提高学生认知能力与思维水平。因此，作为学科的数学，在内容的选择、内容的组织和呈现方式上，都要考虑教育对象的身心特点和发展水平。数学科学与数学学科的主要区别表现在以下几个方面。

首先，数学科学要对数学的理论与方法进行系统阐述，一般从基本的概念和原

---

① Wilson, D. P. (2009). Mathematics is Applied by Everyone Except Applied Mathematicians. *Applied Mathematics Letters*, 5,636 - 637.

理出发，全面完整地、系统地表述某个数学领域的内容和方法。而数学学科要考虑学生的心理特点和认知发展规律，从学生的学习需要和可能出发，安排和呈现有关的内容和方法。因此，数学学科要从学生的生活实际出发，让学生学习相关内容。比如，几何概念的认识，不是按点、线、面、体的次序来安排，而是从学生的直观感知出发，通过多感官刺激初步认识平面图形和简单立体图形。

其次，数学科学对所有的定理、公式、法则等都要进行严格的论证和推导，以保证其逻辑性和严谨性。而数学学科要从学生的接受能力出发，往往不作严格的推理论证，只是通过几个实例归纳结论，让学生认识相关原理。比如，加法交换律，就是通过让学生观察实例，归纳得出。

让学生观察以下算式，发现有什么规律：

$3+5=8$，$5+3=8$，所以 $3+5=5+3$；

$12+7=19$，$7+12=19$，所以 $12+7=7+12$；

$46+20=66$，$20+46=66$，所以 $46+20=20+46$。

学生可以得出结论：两数相加，交换加数的位置，结果不变。这就是加法交换律，用字母写成 $a+b=b+a$。

对于一些数学概念，学生只能用实际例子作一些描述，以求大体了解，不需要严格推理证明。

再次，数学科学可以完全按照数学自身的理论体系和逻辑顺序来安排，尽量使内容完整化、系统化和科学化。而数学学科在不影响内容的科学性的前提下，应当考虑学生的认知发展规律，一些内容的呈现顺序和编排方式可作适当的调整。

第二节　培智学校数学课程的性质与理念

数学课程是《培智学校义务教育课程设置实验方案》中规定的一般性课程，是培智学校义务教育课程体系的重要组成部分。数学课程的学习能帮助学生掌握必备的数学基础知识和基本技能，培养学生初步的思维能力，促进学生在情感、态度与价值观等方面的发展，为学生适应生活、适应社会奠定重要的基础。

一、培智学校数学课程的性质

培智学校数学课程的性质，是制定培智学校数学教学目标与实施数学教学的关键。国家教育部制定的《义务教育数学课程标准(2011 年版)》将数学课程的性质确定为:“培养公民素质的基础课程,具有基础性、普及性和发展性。”[①]可见“基础性”、“普及性”和“发展性”是数学课程的基本性质。义务教育不仅要帮助学生掌握未来发展所需要的基础知识和基本技能,还要关注学生个人道德修养和社会责任感的养成,帮助学生掌握良好的学习方法,积累独立思考和实践的经验。培智学校数学课程吸收我国基础教育数学课程“具有基础性、普及性和发展性”的性质以及培智学校多年来的数学教学经验,其性质是“实用性与可接受性相结合”,“内容既是培智学生生活必需的、学了能用的、相对完整的知识,又是学生经过努力能够学会的知识”。[②] 从目前培智学校学生障碍类型复杂,障碍程度不同的实际情况出发,数学课程的性质确定为基础性、普及性、发展性、实用性和可接受性。

(一) 基础性

培智学校学生要回归社会,在社会中生活,数学的学习就成了他们参与社会生活的基础。他们需要知道时间,会看钟表;需要吃饭,应该知道控制食量;穿衣服要知道温度、湿度;掌握身体状况,知道身高、体重;出门乘车,要学会购票刷卡;去商场购物,要学会使用钱币,计划花钱消费,等等。这些都是基础性的体现,即适应生活的基础性。

(二) 普及性

培智学校数学课程具有普及性,首先是由义务教育的性质所决定的。2006 年颁布的《中华人民共和国义务教育法》明确规定:“义务教育是国家统一实施的所有适龄儿童、少年必须接受的教育,是国家必须予以保障的公益性事业。”所有适龄儿童“依法享有平等接受义务教育的权利,并履行接受义务教育的义务”。这是我们认识义务教育阶段培智学校数学课程属性的法律依据,也是实施数学课程应遵循的准则。2010 年颁布的《国家中长期教育改革和发展规划纲要(2010—2020 年)》也强调指出:“义务教育是国家依法统一实施,所有适龄儿童、少年必须接受的教育,具有强制性、免费性和普及性,是教育工作的重中之重。”这有利于我们进一步深入认识培智学校数学课程所具有的属性。

(三) 发展性

义务教育阶段培智学校生活数学课程具有公共基础的地位,要着眼于培智学校学生基本素质的提高,促进他们身体整体的和谐发展。数学课程应当为所有适

---

① 中华人民共和国教育部.义务教育数学课程标准(2011 年版).北京:北京师范大学出版社,2011:1.

② 国家教育委员会基础教育司.全日制弱智学校(班)数学教学大纲(征求意见稿).北京:人民教育出版社,1990:5.

龄儿童提供最基本的，并能促进培智学校学生继续发展的数学教育。在教学内容的选择和设计上要适应培智学校学生未来生活、工作和学习的需要，使他们学会必需的数学基础知识与基本技能，培养他们的应用意识，并能够在情感、态度等方面都得到不同程度的可持续发展。

(四) 实用性

数学教学是帮助学生发展理解力、观察力及分析力，并学会实用的数学技能，以解决日常生活的需要。教师应根据学生的身心发展水平与未来生活的需要，引入富有挑战性的学习经验与崭新的应用层面，开拓学生学习数学的情境，并将学生运用数学知识及能力迁移到不同的情境。比如教学“人民币的认识”中学习用人民币购物，通常会模拟超市购物的情境。但在实际生活中，人们经常去便利店购买所需物品，就需要教师培养学生在不同情境下的购物能力，甚至拓展到如何在快餐店里购买餐点。

(五) 可接受性

培智学校学生对数学知识和技能的可接受性，是基于他们的智力障碍程度。由于他们的大脑发育缺陷限制了他们的心理发展，在信息感受性、感知能力、表象及表象思维、概括和抽象能力等方面，其障碍程度按上述顺序越来越大。培智学校学生的思维水平基本上处于动作直觉思维和形象思维阶段，很大部分难以进入抽象逻辑思维的阶段。因此，在选择课程内容时要采用弹性切入点的策略，为学生选取合适的教学内容，充分考虑到他们的可接受能力，以帮助学生学习基本的知识与技能。

二、培智学校生活数学课程的理念

培智学校生活数学课程理念反映对数学课程、数学课程内容、数学教学活动以及数学学习评价等方面应具有的基本认识、观念和态度，它是制定和实施数学课程的指导思想。

第一，培智学校数学课程的设计致力于实现义务教育阶段培智学校的培养目标。要面向全体学生，又要满足学生的个别化需求，最大限度地提高他们的学习能力，使得学生都能接受合适的数学教育，学习能力不同的学生在数学上得到不同程度的发展。

第二，培智学校数学课程内容既要反映社会发展的需要，考虑数学本身的特点，又要符合特殊教育的基本规律和特点，遵循学生身心发展规律。它不仅包括数学的结果，也包括数学结果的形成过程和蕴涵的数学思想方法。课程内容的选择要贴近学生的实际，有利于学生体验、理解、思考。课程内容的组织要重视过程，处理好过程与结果的关系；要重视直观，处理好直观与抽象的关系；要重视直接经验，处理好直接经验与间接经验的关系。课程内容的呈现应注意层次性和多样性，以满足不同学习能力学生的学习需求。

第三，教学活动是师生积极参与、交往互动、共同发展的过程。教师要发挥主导作用，成为学生数学学习活动的组织者、引导者与合作者。数学教学活动应充分做到多感官并用，激发学生兴趣，调动学生积极性，启发学生思考，引导学生自主学习，鼓励学生合作交流，使学生能够真正理解和掌握基本的数学知识与技能，获得基本的数学活动经验。

培智学校数学教学活动，应以学生的认知发展水平和已有的知识经验为基础，面向全体学生，注重启发式和因材施教。教师要针对学生的学习特点，整合教育资源，采取有效的沟通手段和多元的教学方法，实施分层分类教学，创造条件开展个别化教学，为学生提供充分的数学教学活动的机会，最大限度地满足学生个体发展的需要。

学生的学习应当是一个生动活泼的、主动的和富有个性的过程。认真听讲、积极思考、动手操作、自主探索、合作交流等，都是学习数学的重要方式。

第四，培智学校数学学习评价的主要目的是为了全面了解学生数学学习的过程和结果，激励学生学习和改进教师教学。按照个别化教育计划，有效实施差异性评价，建立目标多元、方法多样的评价体系。评价既要关注学生学习的结果，也要重视学习的过程；既要关注学生数学学习的水平，也要重视学生在数学活动中所表现出来的情感与态度，以及语言表达、沟通交往能力的发展，帮助学生认识自我、建立信心。

第五，信息技术的发展对数学教育的价值、目标、内容以及教学方式产生了很大的影响。培智学校数学课程的设计与实施要根据实际情况合理地运用现代信息技术，要注意信息技术与课程内容的整合，注重实效。要充分考虑信息技术对数学学习内容和方式的影响，开发并向学生提供丰富的学习资源，把现代信息技术、教具学具作为学生学习数学和解决问题的有力工具，有效地改进教与学的方式，使学生乐意并有可能投入到现实的数学活动中去。

第三节 培智学校数学课程的目标

所谓“课程目标”，是指学生通过培智学校义务教育阶段数学课程的学习应达到的目标，同时也是特殊学校数学教师通过数学教学应达到的目标。教材编写、教师教学、学生学习，以及对教师和学生的评价，都要围绕课程目标进行。课程目标反映国家对培智学校学生的培养目标，更表明了教育设计者的教育价值观和对受教育者的总体教育期望。

一、培智学校数学课程的目标

课程是按照一定的社会需要，根据特定的文化和社会取向，考虑不同年龄阶段学生的特点，为培养下一代所制订的一套有目的、可执行的方案。课程应当规定培养的目标、内容和方法，应当有一套具体实施的策略和恰当的评价方法。由此可以看出，课程的要素包括目标、内容、组织和过程。[①] 内容告诉教师“教什么”，它又受目标指引，规划目标时要思考“为何教”；组织是指要如何编排这些课程内容，能为学生所接受；而过程则是指通过何种方式，将课程内容传递给学生。

通过培智学校义务教育阶段的数学学习，学生能够：

第一，获得适应社会生活和进一步发展所必需的数学的基础知识、基本技能、基本思想和基本活动经验。

第二，体会数学知识之间、数学与其他学科之间和数学与生活之间的联系，运用数学的思维方式进行思考，增强解决日常生活简单问题的能力。

第三，了解数学的价值，培养学习数学的兴趣，增强在生活中运用数学的信心，养成良好的学习习惯，具有一定的科学意识。

二、培智学校数学课程目标的理解

（一）课程目标的定位

关于目标，首先需要厘清“教育目的”、“课程目标”、“教学目标”三个概念之间的关系：教育目的，是指教育方针的总的培养目标；课程目标，是指课程标准中提出的学生学习达成的目标；教学目标，是指单元、章节、课堂教学达成的目标。它们客

---

① 钮文英. 启智教育课程与教学设计. 台北：心理出版社，2003：41.

观形成了教育目标的三个层级，其中课程目标处于第二层级，具有“承上启下”的功能，即它既要反映课程标准所提出的培养目标的总要求，也要对数学课堂教学目标发挥指导作用，使得课程目标在实践操作层面具体化。所以，课程目标就是学生通过数学课程学习应该达到的目标，也是教师通过课堂教学应该实现的目标。

(二) 课程目标的主要特点

我们可以从知识技能、数学思考、问题解决、情感态度四个方面对课程目标进行具体阐述(表1-1)。

表1-1 数学课程目标的四个方面

知识技能	● 经历从日常生活中抽象出常见的量的过程，掌握常见的量的基础知识和基本技能 ● 通过一一对应的方法点数物体的个数，并能说出总数、按数取物，掌握计数原则 ● 经历数的抽象、运算等过程，掌握数的基本概念和基本运算 ● 经历图形的抽象、分类、位置确定等过程，掌握图形与几何的基础知识和基本技能 ● 经历在实际问题中搜集和处理数据、利用数据分析问题、获取信息的过程，掌握统计的基础知识和基本技能 ● 参与综合实践活动，积累综合运用数学知识、技能和方法等解决简单问题的数学活动经验
数学思考	● 初步建立常见的量的概念，感受常见的量在生活中的作用 ● 初步建立数感、符号意识，初步形成运算能力，发展形象思维与抽象思维 ● 初步建立空间观念，培养几何直观的能力 ● 初步发展数据分析观念，感受数据中蕴涵的信息 ● 参与观察、综合实践等数学活动，初步发展思维能力，表达自己的想法
问题解决	● 初步运用已有的知识经验解决简单的实际问题，增强应用意识 ● 初步获得分析问题和解决问题的一些基本方法，体验解决问题方法的多样性 ● 学会与他人合作交流
情感态度	● 积极参与数学活动，对数学感兴趣 ● 体验获得成功的乐趣，建立数学学习的自信心 ● 体会数学的特点，了解数学在生活中的价值 ● 养成独自思考、合作交流、克服困难等学习习惯

总体目标的四个方面不是相互独立的，而是一个相互联系的有机整体。

培智学校数学课程目标是基于培智学校学生的终身学习需要及和谐发展所应具备的数学素养而提出的，它基本体现了数学教育的人文性和工具性的统一。课程目标主要突出以下内容：

第一，符合学生的身心发展特点。教育的本质“是人生存的需要，教育是主动的行为，每个人都有受教育的欲望”。[①] 教育活动是适应人的发展需求的活动，因此，实施学校教育的数学课程就不可能不关注学生身心发展的规律。首先，培智学

① 史宁中.关于教育的哲学.教育研究，1998，10.

校数学课程要适应培智学校学生的心理，数学课程目标的确定，内容的选择与体系安排，都应考虑学生已有的心理发展水平和认知特征。其次，培智学校数学课程要促进培智学校学生的心理发展，不仅是促进学生思维水平的发展，还要促进包括非智力因素在内的学生身体的全面发展。这就要求教师需要从数学学习心理的角度出发，了解培智学校学生学习数学的特点、学生学习数学的情感因素、学生认知及情感发展的阶段性特点以及学生数学学习的过程。

第二，凸现数学课程的实用性本质。数学课程性质明确提出要强调课程的实用性，加强数学知识与生活经验的联系。学习数学的基本目标是培养学生运用数学知识分析、解决实际问题的能力。数学教学中教师要努力创设适当的生活情境，帮助学生用数学的眼光来看待和分析这些情境，引导学生发现问题和提出问题、分析问题和解决问题，从而获得一些基本的数学活动经验。这里，基本的数学活动经验包括：直接的活动经验、间接的活动经验、设计的活动经验、思考的活动经验。① 直接的活动经验是指与学生日常生活直接联系的数学活动中所获得的经验，如购买物品、日程安排等。间接的活动经验是指学生在教师创设的情境、构建的模型中获得的学习经验，如模拟购物等。设计的活动经验是指学生从教师特意设计的数学活动中所获得的经验，如随机摸球、地面拼图等。思考的活动经验是指通过分析、归纳等思考获得的数学经验，如预测结果、探究成因等。

第三，体现现代社会对数学能力的新需求。社会的发展与需求对数学课程具有决定性的影响作用。首先，社会的需求直接或间接地决定着数学课程所应具有的时代标准和价值取向，成为制定数学课程目标，选择课程内容、方法、评价方式的依据。《课标》中提出，数学素养是现代社会每个人应有的基本素质。作为促进学生全面发展教育的重要组成部分，数学教育既要使学生掌握现代生活和学习中所需要的数学知识与技能，更要发挥数学在培养人的思维能力和创新能力方面的不可替代的作用。社会需求的决定性作用还反映在数学课程应通过自身的改革主动适应社会的变化。比如，数学的定量化特征越来越多地表现在当今社会人们的日常生活中；大数和百分数高频率出现在大众视野中；各种统计图、统计表被人们广泛地应用等。因此，培智学校数学课程应重视学生搜集信息、处理信息的能力，改善学生数学学习方式以适应未来终身化学习，才有可能适应未来社会发展的

① 教育部基础教育课程教材专家工作委员会.义务教育数学课程标准（2011 年版）解读.北京：北京师范大学出版社，2012：121.

需要。

第四,强调数学课程学习的育人功能。培智学校数学课程目标强调学生通过数学学习在情感、态度与价值观上的培养与训练,提出“了解数学的价值,培养学习数学的兴趣”,“增强在生活中运用数学的信心,养成良好的学习习惯”等,这些对于培智学校学生对数学学习缺乏兴趣、意志薄弱将起到补偿或矫正的作用。数学课程在培智学校学生发展上所特有的育人功能,从根本上看是数学所具有的特性所赋予的。数学所具有的抽象性、逻辑性、应用广泛性和特有的符号语言系统,所具有的模式化的数学思考方法,在培养学生的理性思维以及促进学生“知、情、意”全方面发展上具有不可替代的作用。

(三) 课程目标的设计思路

1. 课程目标的设计思路

培智学校生活数学课程目标是一个具有层次结构的目标体系。从课程目标的定位可知,它是以培智学校学生为主体,以数学课程为描述对象,以学生在知识与技能、过程与方法、情感态度与价值观这三个维度的发展要求为主线,充分体现数学课程的基本性质和课程改革的基本理念。培智学校数学课程目标应包括数学基础知识、数学基本技能、数学思想方法和数学的基本活动经验等。它是从数学教学的主要载体(基础知识、基本技能)、精髓(数学思想方法)和形式(数学活动经验)对培智学校学生数学教育的内容、主线、要求进行具体描述,是课程目标的有机展现。各目标之间具有一定的逻辑顺序,要考虑到培智学校学生的身心特点,融入社会的知识与技能需求,以及数学课程在培智学校教育中所能起的作用。

2. 课程目标的陈述方式

数学课程目标表述包括四个基本要素:行为主体(学生)、行为动词、行为条件、达成的程度,在某些具体的表述上采用一些简略的方式。这里,数学课程目标包括结果性目标和过程性目标。

结果性目标表明学生的学习结果是什么。其达成度可较为准确地把握,所使用的目标行为动词是“了解、理解、掌握、运用”等,常用于知识与技能和各具体课程内容的表述。(1)了解:从具体实例中知道或举例说明对象的有关特征;根据对象的特征,从具体情境中辨认或者举例说明对象。(2)理解:描述对象的特征和由来,阐述此对象与相关对象之间的区别和联系。(3)掌握:在理解的基础上,把对象用于新的情境。(4)运用:综合使用已掌握的对象,选择或创造适当的方法解决问题。

在表述上可以使用以下一些行为动词：

（1）了解

同类词：知道，初步认识。

实例：了解除法的意义，知道除法算式中各部分的名称。

（2）理解

同类词：认识，会。

实例：在现实情境中，认识元（1 元、5 元、10 元），会进行换算。

（3）掌握

同类词：能。

实例：根据给定的标准，能对事物作初步的分类和记录。

（4）运用

实例：运用表内乘法口诀进行除法计算。

过程性目标刻画学生在数学学习过程中的体验和表现，具有历时性和过程性特点，采用"经历、体验"等目标行为动词，主要用于数学活动、情感态度等方面的表述。①经历：在特定的数学活动中，获得一些感性认识；②体验：参与特定的数学活动，主动认识或验证对象的特征，获得一些经验。

在表述上可以使用以下一些行为动词：

① 经历

同类词：感受，尝试。

案例：知道上、下、前、后，以自身为参照，尝试确定周围物体的方位。

② 体验

同类词：体会。

实例：结合自己的生活经验，体验时间的长短，了解"时"与"分"之间的关系。

三、培智学校数学课程目标的演变

我国自 1979 年试办弱智教育以来，随着有关特殊教育的法律法规与方针政策的出台，各地培智教育发展得到了长足的发展。1982 年，国家基本法《中华人民共和国宪法》第 45 条规定"国家和社会帮助安排盲、聋、哑和其他有残疾的公民的劳动、生活和教育"。后来颁布的《中华人民共和国义务教育法》（1986 年）、《中华人民共和国残疾人保障法》（1990 年），对残疾儿童的特殊教育有了进一步的明确规定。在这一系列特殊教育法律体系的保障下，1987 年国家教委颁布了《全日制弱智学校

(班)教学计划》(征求意见稿)。它是针对轻度智力障碍儿童的学校教育教学计划。根据1987年颁布的《全日制弱智学校(班)教学计划》,培智学校为轻度智力障碍儿童开设了常识、语文、数学、音乐、美工、体育和劳动技能七门课程,并于1990年颁布了七门课程教学大纲的征求意见稿。其中,在《全日制弱智学校(班)数学教学大纲》中,对数学课程的目标规定如下:

第一,使学生初步理解、掌握简单的数量关系和几何形体等基础知识;

第二,具有简单的整数、小数四则运算的能力;

第三,培养初步的逻辑思维和空间观念,能够运用所学知识解决最简单的实际问题;

第四,受到思想品德教育。

《全日制弱智学校(班)数学教学大纲》中数学课程的目标,是根植于1986年《全日制小学数学教学大纲》所反映的教学观念与提出的教学目标。这里明确将教学目标分为三个方面:一是目标中包括了普通教育中比较重视的"双基"(基础知识与基本技能),并对基础知识的表述有所扩展,明确提出数量关系和几何形体的最基础的知识。此外,它还把基础知识的要求分为三个层级,即"理解"、"掌握"、"运用",以体现不同内容的不同要求。二是提出培养学生能力的几个方面的要求,包括计算能力、逻辑思维能力、空间观念和运用所学知识解决简单实际问题的能力。三是列出关于思想品德教育方面的目标。

根据《全日制弱智学校(班)教学计划》的指导理念,在1990—1993年间由人民教育出版社组织编写了配套教材《全日制培智学校教科书(试用本)》(1993年第一版),此后不断重印,现在仍是培智学校数学教学中重要的参考资料。

在1987年版《全日制弱智学校(班)教学计划》颁布的同年,我国政府启动了融合教育试点工作,选取15个县、市有计划、有组织地开展随班就读实验。随后,越来越多的轻度智力障碍或伴随有轻度智力障碍的儿童进入了普通学校接受义务教育,即我国的融合教育——随班就读。培智学校学生的障碍程度更为严重,中度残疾、重度残疾、多重残疾以及其他类型的残疾儿童出现在培智学校。对于中度智力障碍儿童各学科教育内容和教育要求,教育部曾于1994年和2007年先后两次发布相关文件,以明确中度智力障碍儿童各学科具体教育内容和教育要求。1994年10月,国家教委印发了《中度智力残疾学生教育训练纲要(试行)》,把中度智力残疾学生的教育训练内容分为生活适应、活动训练和实用语算三个方面。在教育训练过程中可根据中度智力残疾学生的特点,实行综合化教学。其中实用语算课程主要包括最基本的算术知识和技能，具体教学目标如下：

第一，日常生活中的算术知识及应用；

第二，货币、常用计量单位、时间的初步认识和应用等。

这里第一次把“数学”改为“实用数学”，并且为适应培智学校中度智力障碍学生的学习需求在要求上作了一些调整：明确规定了基础知识的范围，即日常生活中的算术知识。它第一次提出初步认识“货币、常用计量单位、时间”。这显然是受功能性课程的影响，以提高培智学校学生的个人生活能力，如使用钱币购物等。

为了体现先进的特殊教育思想，符合特殊教育的基本规律和特点，遵循智力残疾学生身心发展规律，适应构建和谐社会的要求，为智力残疾学生的全面发展奠定基础，根据《中华人民共和国义务教育法》、《国务院关于基础教育改革与发展的决定》和《基础教育课程改革纲要（试行）》构建符合素质教育要求的新的特殊教育课程体系的要求，2007 年教育部颁布了《培智学校义务教育课程设置实验方案》。它规定，中度智力障碍儿童的教育内容既包括生活语文、生活数学等学科基础知识，也包括生活、劳动、唱歌、绘画、手工、运动、保健、信息技术、艺术休闲等基本技能，各种障碍的康复训练，第二语言教育，以及各校自主开设的反映乡土文化的教育内容。这些教育内容不仅包含了传统意义上的基础知识和基本生活技能的教育、缺陷补偿的教育，还包括了挖掘和发展中度智力障碍儿童潜能的教育内容，如信息技术、第二语言等。其中生活数学的教学目标，以帮助学生：

第一，形成和掌握与生活相关的简单的数的概念、数的运算、时空认识以及数的运用；

第二，学习运用简单的运算工具；

第三，培养学生具有初步的计算技能、初步的思维能力；

第四，应用数学解决日常生活中一些简单问题的能力。

与 1990 年《全日制弱智学校（班）数学教学大纲》相比，教学目标主要在以下几个方面进行了修改：

一是将“数量关系和几何形体”改为“数的概念、数的运算、时空认识以及数的运用”。培智学校数学课程的改革并不是削弱基础知识，其关键问题在于如何理解基础知识。在现实情况下，需要根据培智学校学生身心发展规律，将基础知识进一步细化为数的概念、数的运算、时空认识、数的运用，更符合特殊教育的基本规律和特点，更有助于培智学校学生的数学学习。

二是首次明确提出“学习运用简单的运算工具”。这与社会发展的程度，培智学校学生的发展特点密切有关。在计算器和计算机还未普及的条件下，在日常生活中笔算和口算就显得很重要；而有了计算器，培智学校学生就可以轻而易举地完成运算，没有必要再花很多时间与精力熟练掌握计算技能。这时，培智学校学生知道何时以及如何使用计算器就显得格外重要。

三是将“培养初步的逻辑思维能力”改为“培养初步的思维能力”。逻辑思维能力的培养历来是数学教育的重要目标。数学学科也的确在培养学生的逻辑思维方面起着重要的作用。然而，数学教育不只是要培养学生的逻辑思维能力，其他形式的思维能力也需要在数学教育中得到培养。并且培养学生的逻辑思维能力也不只是可以通过数学教育来实现的，不是数学学科所独有的功能。因此，在数学教学中只重视逻辑思维能力的培养是不够的，也是片面的；人的思维形式是多样的，在生活实践中，在处理数学问题时，除要求逻辑思维外，还需要直觉思维、合情推理等多种方式。因此，在数学教学中应当鼓励学生用多种思维方式思考问题，设计不同的情境培养学生的思维能力，当然也包括逻辑思维能力。

四是将“运用所学知识解决最简单的实际问题”改为“应用数学解决日常生活中一些简单问题的能力”。这里，重点强调培养学生解决问题的能力。为此，应给学生创设问题情境，使学生在实际情境中了解问题中的各种关系，进而将实际问题用数学关系表示出来。这个过程不只是对学生数学能力的培养，也让学生感受到数学就在自己身边，从自己生活的情境中可以看出数学问题，运用数学可以解决实际问题。

从上述对培智学校数学课程目标的演变过程的分析中，我们可以发现，随着社会进步和教育的发展，以及培智学校学生障碍类型、程度的变化，数学课程目标也在不断地变化。培智学校数学课程目标实际上反映了社会发展的要求，数学课程目标从单纯的知识技能的培养，到知识技能、思维、计算工具几个方面的共同发展；由单一的学习知识，发展到解决日常生活中的简单问题。每一次课程目标的改革，都反映了社会的进步和科学技术水平的发展以及教育自身发展对数学教育的要求。

第四节　培智学校数学课程的教学内容

课程内容是指根据一定目标确定的某一学科中特定事实、观点、原理、方法和问题，以及处理它们的方式。一门课程的目标确定之后，其课程内容的选择与组织也就确定了。课程内容主要研究如何选择和组织某一学科内容,也就是决定应该教什么和以何种方式呈现所要教的内容。

培智学校数学课程内容是指依据培智学校学生的教育接受水平、身心发展需要和社会融入的需要,而选择的数学知识、技能、方法和问题,以及安排和呈现它们的方式。培智学校数学课程内容是实现课程理念、课程目标的载体,是教师在课堂教学的主要依据之一。研究课程内容的选择与编排方式,是培智学校数学课程研究的主要内容,也是培智学校数学教师理解数学课程、分析数学课程、设计与组织课堂教学的重要部分。

一、培智学校数学课程内容的选择

课程内容的选择是一个复杂的过程,课程决策者要从包含大量内容的学科领域中选择适合学生学习的内容,需要作出正确的专业判断。培智学校数学课程内容的选择过程,是课程设计者对培智学校学生应当和可能学习内容与活动作出判断的过程,也包括课程实施者在具体教学过程中的再次选择与判断。根据培智学校学生的认知发展特点,培智学校数学课程内容的选择应当从以下几方面考虑。

(一) 培智学校数学课程目标

课程目标为课程内容的选择提供了方向。在选择课程内容时需要严格遵循本课程的目标,有何种目标,就有何种内容与之适应。因此,培智学校数学课程标准中所阐述的数学课程目标就是确定课程内容的主要依据。

(二) 培智学校学生发展的需要

培智学校数学课程的选择要考虑培智学校学生的需要和发展,应选择那些学生在未来生活所必需的、最基础的内容作为数学学科内容。内容的选择以培智学校学生的需要为起点,将必备的学习内容与学习能力相结合,形成面向未来社会所需要的基本技能。比如,数的认识、图形与几何的认识等。而繁难的四则运算,在生活中少见的应用题,在选择课程内容时就应该考虑对这部分内容有所取舍。

课程内容的选择力求适应培智学校学生的发展阶段,不同学段的学生在认知水平上有不同的特点,课程内容选择的深度和难度应考虑学生的接受能力。也就是说,选择的课程内容既不能偏难,又不能太易,要符合学生的认知水平与发展规律。培智学校低年级段的学生还处于直观感知阶段,这时内容的选择要适应学生的思维特点,又要考虑数学的学科特点。选择的内容不能超过培智学校学生的智力水平,必须是在学生智力范围内能够理解与掌握的。比如,点、直线、射线等抽象概念对低年级阶段培智学校学生来说就很难掌握,基本的几何图形概念较适合学生的认知发展。

(三) 社会的需要

随着现代科学技术的进步和社会的发展,在选择教学内容时,要依据未来社会的需要,更新与调整一些内容。众所周知,计算机技术在20世纪末有了突飞猛进的发展,已经渗透到了社会生活的各个领域,给人们的生产、生活带来了巨大的变化。随着科学技术的不断发展,社会生产力的水平也在不断提高,社会各个方面的竞争愈加激烈,对就业人员的要求越来越全面。因此,为了适应社会发展的要求,培智学校生活数学课程中引入了计算机和计算器。同时可以看到,信息技术手段有助于培智学校学生的数学学习,它可以开发潜能、弥补缺陷。

二、培智学校数学课程内容的编排方式

课程内容的编排方式,是指根据一定的课程取向和目标所确定的课程内容需要用一种合理的方式组织起来,构成一套可以在学校实施的具体的课程方案和学习材料。以何种结构、次序,将确定的内容呈现给学生,关系到学生能否有效地学习和掌握这些内容,能否充分体现这些内容的价值。

培智学校数学课程内容的编排,应突出培智学校数学课程的"基础性、普及性、发展性、实用性、可接受性";同时注意关注人人都能接受合适的数学教育,不同学习能力的学生在数学上得到不同程度的发展。决定培智学校数学课程编排的各个因素中,首要的因素是数学课程的知识体系和特点、学生的身心发展特点和特殊需要,以及在社会生活中面临的实际问题。课程内容编排应注意顺序性、联系性和统整性,具体分析如下。

(一) 顺序性

顺序性是指课程的垂直组织,属于课程内容先后的次序问题,先教哪些,后教哪些,如何安排有利于学生学习。以数学知识系统为线索组织课程内容是以往常用的一种方式,这是从数学自身的特点出发组织课程内容的方式。

1. 数学课程内容的逻辑性

数学是一门逻辑性、系统性很强的学科,有其自身的知识体系,其概念、定律、法则等都有密切的内在联系。在组织课程内容时,往往要考虑数学知识的内在联系和逻辑关系,按其内在的逻辑结构安排课程内容。每个领域的内容形成一条线索,并将各领域的内容分散在不同年级。例如:遵循数系扩充的顺序,有计划地将

整数、小数、分数、百分数安排在各个学段。

2. 课程内容由易到难

倘若完全按学科知识体系安排课程内容，往往不容易被学生接受。课程内容的编排应根据培智学校学生认知发展的特点，采用由浅入深，由易到难，螺旋上升的方式，使一些数学概念重复出现，逐步扩展。比如，整数认识这部分内容，根据计数特点与培智学校学生的认知规律，一般采取 5 以内数的认识、10 以内数的认识、11—20 各数的认识、百以内数的认识、千以内数的认识的顺序来安排。

(二) 联系性

联系性包括纵向联系与横向联系两个方面。纵向联系是指课程中包含的内容在不同年级、不同学习阶段或同一学科中不同主题间的衔接与关联。例如，数的认识。在第一学段，10 以内数的认识是以初步形成数概念、理解数的实际意义、学会读写为重点；在第二学段，11—20 各数以及百以内数的认识是以认识数位、数的个位、十位等概念为重点；在第三学段，千以内数的认识以认识数位、数序、位值等概念为重点。

横向联系是指各学科或领域中的不同单元之间的衔接与联系。例如，数的认识单元与整数运算单元。先学习 10 以内数的认识，再学习 10 以内的加法、减法运算。

(三) 统整性

统整性是指将课程内容合成一体或关联起来，旨在整合学生分割的学习经验，让各领域的学习得到综合运用，提高学习的意义与应用性。实际上，通过学科内容和学生所处的生活环境相互渗透、相互结合，让学生在生活中运用数学知识，增长生活的本领。例如，乘车购物活动所涉及的数学概念包括：认识公共汽车号码、代号，会看时钟或电子表，区分前、后、左、右、东、西、南、北方位，知道汽车票多少钱，取出合适的人民币购票上车，比较商品价格，计算商品总价，知道应付多少钱，应找回多少零钱等。

三、培智学校数学课程的教学内容

以数学课程的基本理念和课程目标为依据，结合培智学校学生的学习能力和需要，培智学校生活数学课程内容包括“常见的量”、“数与运算”、“图形与几何”、“统计”、“综合与实践”五个部分。课程内容的最终落脚点是“综合与实践”领域，旨在培养学生综合运用有关的知识与方法解决实际问题，培养学生的问题意识、应用意识和创新意识，积累学生的活动经验，提高学生解决现实问题的能力。

“常见的量”的主要内容有：有无、大小、多少、长短、高矮、粗细、厚薄、轻重、宽窄、人民币、时间、长度、质量等。

“数与运算”的主要内容有：数的认识，数的表示，数的大小，数的运算，数量的估计等。

“图形与几何”的主要内容有：空间和平面基本图形的认识，图形的性质、分类和度量，图形的轴对称等。

“统计”的主要内容有：搜集、整理和描述数据，从数据中提取信息并进行简单的推断。

“综合与实践”是一类以问题为载体、以学生主动参与为主的学习活动，是帮助学生积累数学活动经验的重要途径。在学习活动中，学生将综合运用“常见的量”、“数与运算”、“图形与几何”、“统计”等知识和方法来解决问题。

讨论与探究

1. 数学的研究对象和基本特征是什么？
2. 数学科学与数学学科的区别是什么？请举例说明。
3. 简述培智学校数学课程(教学)目标的演进过程。
4. 培智学校数学课程内容的选择依据是什么？
5. 什么是课程内容的编排？培智学校数学课程内容的编排应注意哪些方面？
6. 现行培智学校数学课程内容包括哪些领域？各领域有哪些内容？

进一步阅读的文献/网站

1. D. A. 格劳斯主编，陈昌平等译. 数学教与学研究手册. 上海：上海教育出版社，1999.

2. 弗赖登塔尔著，刘意竹等译. 数学教育再探. 上海：上海教育出版社，1999 年.

3. 陈云英. 智力落后课程与教学. 北京：高等教育出版社，2007.

4. 中华人民共和国教育部制订. 全日制义务教育数学课程标准(2011 版). 北京：北京师范大学出版社，2011.

第二章　培智学校学生的数学学习

通过本章学习，你能够：

1. 了解皮亚杰的认知发展理论和布鲁纳的认知发现学习理论；
2. 了解建构主义学习理论的主要内容；
3. 了解斯根普和克鲁切茨基的数学学习理论的主要内容；
4. 了解波利亚解题表的内容与发展；
5. 掌握培智学校学生的心理特点及其对数学学习的影响；
6. 掌握培智学校学生数学学习的特征。

数学是一门重要的学科，随着近年来科学技术的发展，人们更加重视对数学的教育。美国数学教师协会指出，数学的好坏关系到个人未来生活的发展。① 若儿童长期缺乏基本的计算技能、推理能力和问题解决能力，将影响到学生学业成就、问题解决、独立生活与职业技能的发展。② 对于培智学校的学生来说，数学不单是一门学科，更是日常生活必备的重要技能，从每日的购物、时间到生活作息等皆需要用到数学知识。因此，作为培智学校的数学教师，有必要了解数学学习理论，掌握培智学校学生的认知发展特点和数学学习特点。

第一节　数学学习的理论

数学教育学涉及数学、教育学、心理学、哲学等多个学科，是一门综合性的交叉

① National Council of Teachers of Mathematics. (1989). *Curriculum and Evaluation Standards for School Mathematics*. Reston, VA: The author.

② 郭静姿，蔡明富. 解脱“数”缚——数学学障学生教材设计. 台北市：台湾师范大学特殊教育中心，2002：3—42.

学科。很多数学教育理论还没有摆脱“教育学＋数学例子”的模式，较少揭示学生数学学习的特有规律，但仍有经典的理论对数学的教与学产生了深远的影响。比如，皮亚杰(Piaget，J.)的儿童认知发展理论，为我们提供了一种系统的并得到实际经验证明的方法，他的研究帮助我们了解儿童的数学学习，了解儿童是如何发展的。布鲁纳(Bruner，J. S.)的认知发现学习理论，强调广泛使用发现法，教师应在教学中引导学生自己去发现，要求学生像数学家那样思考数学，亲自发现结论和规律，使自己成为一个发现者。这些学习理论构成了关于儿童是如何学习的理论基础，在指导当前的数学课程教学方面发挥着重大的作用。本节将对国际上数学学习理论和实践加以叙述。

一、皮亚杰和布鲁纳的数学学习理论

(一) 皮亚杰的认知发展理论

皮亚杰是瑞士儿童心理学家，创立了发生认识论的理论体系。他主要研究儿童的认知发展，提出了儿童认知发展阶段理论和认知发展过程理论。所谓发生认识论，就是通过科学概念的个体发生、发展来研究人的认识的可变性。要从发展的角度来探讨认识论问题，就要重视儿童心理学和发展心理学，因为认识的增长是不能与智慧的发展分割开来的。据此，他把儿童从出生到青春初期思维发展的过程分为四个阶段：感知运动阶段、前运算阶段、具体运算阶段和形式运算阶段。[①]

1. 感知运动阶段

感知运动阶段即智慧萌芽期(0—2 岁)，是指全部语言或者全部表象性概念以前的感知活动时期。处于这一时期的儿童主要是靠感觉和动作来与客观世界建立联系，他们还不能对主体和客体进行分化。主体仿佛是世界的中心，还不能意识到自己的存在。随着动作的发展，儿童开始把自己看作是由无限众多客体组成的世界中的一个客体。这是“哥白尼式的革命”，表现在三个方面：(1)形成恒定客体的格式，如在玩具前拉上一块幕布后，玩具看不见了，但儿童仍知道它还在原处；(2)形成空间“位移群”的基本结构，对恒定客体的定位可以按“位移”的线路追踪出来；(3)因果性认识的萌芽，儿童最初的因果性认识产生于自己的动作与动作结果的分化，然后扩及客体之间的运动关系。比如，儿童用手拉动面前的毯子，拿到放在毯子上的玩具时，就意味着因果性认识已产生了。

---

① R. W. 柯普兰著，李其维，康清镳译. 儿童怎样学习数学. 上海：上海教育出版社，1985：20—28.

2. 前运算阶段

前运算阶段即表象或表征思维期(2—7 岁),是指从动作向概念化思维的转化时期。处于这一时期的儿童开始表现出表征功能,能凭借语言或某些示意手段描述事物的特征,但只能进行表象水平上的学习,不能进行概念水平上的学习。例如,对"5"这个数的认识总是与表征物相联系,而不能脱离表征物,总是要以 5 个苹果之类的实物作为中介,不能认识到"5"是所有由 5 个元素构成的集合的共同本质特征。该阶段的儿童不存在可逆的思维过程,这种可逆的思维过程有待于下一阶段即具体运算阶段使用的逻辑类型来实现。

3. 具体运算阶段

具体运算阶段即初步逻辑—数学思维期(7—11、12 岁),是指从表象性思维的概念化活动过渡到概念性思维的阶段。处于这一时期的儿童逻辑思维是部分地建立在对客体的具体操作的基础上,不再以知觉或感觉的提示线索去解答那些需要逻辑思维的问题;表现为由外部的行为活动逐步转化为内部的心理运算,并且出现了逻辑思维和守恒性。例如,理解整数运算的一些基本性质:(1)传递性,若 $A<B$,$B<C$,则 $A<C$;(2)可逆性,若 $A+B=C$,则 $C-B=A$;(3)结合性,$(A+B)+C=A+(B+C)$。

4. 形式运算阶段

形式运算阶段即抽象逻辑思维期(11、12—14、15 岁),是指思维逐步脱离具体对象,朝着抽象的水平进行思维活动的阶段。处于这一时期的儿童能在头脑中把形式和内容分开,使思维超出所感知的具体事物或形象,进行抽象的逻辑思维和命题运算。形式运算与具体运算的最大区别,就是思维可以脱离具体对象而在抽象形式的层次上展开,思维表现为命题的假设—演绎过程。

以上四个阶段具有阶段性和连续性。也就是说,在儿童认知发展过程中,各个发展阶段有区别于其他阶段的本质特点。根据儿童的年龄特征,由于个人或社会的各种因素,某个阶段可以提前或延迟,但其先后顺序不变。这四个阶段是连续不断地发展,由前一阶段向后一阶段逐步过渡,前一阶段的认知特点成为后一阶段的组成部分。

皮亚杰的认知发展过程理论,是指人的认知发展要受同化、顺应、平衡这三个基本过程的影响,通过"平衡—不平衡—平衡"的过程实现发展,其实质是图式的形成和变化。

在皮亚杰的概念里,同化与顺应是发生在所有年龄段和所有智力发展阶段的恒定的认知模式。同化是基本的认知模式,它把接收到的信息进行转化,使之符合现存的知识形式。[①] 数学认知中的同化是指当新的数学内容输入以后，主体并不是消极地接受它们，而是利用已有的数学认知结构对新的知识内容进行处理、过滤、修改，用这样的方式把新的内容纳入到原有的数学认知结构中。数学认知中的顺应是指当新的数学内容输入以后，新的知识内容与原有的数学认知结构产生矛盾，主体不能直接将其纳入，而是改变自己原有的数学认知结构，使原有的数学认知结构发生质变并建立新的数学认知结构的过程。平衡是一种控制同化和顺应相互关系的更高级的调整程序。数学认知中的平衡是指个体通过自我调节机制使原有的数学认知结构同新的数学认知知识达到某种相对稳定的适应状态。

(二) 布鲁纳的认知发现学习理论

布鲁纳是美国著名心理学家、教育学家，对儿童的智力发展、学习与认知的过程、课程与教材的编制设计以及教学方法改革等重要问题作了深入的探索，并汲取瑞士著名心理学家皮亚杰关于“发生认识论”等的研究成果，提出了不少有独创性的见解，并据此创立了结构主义教学论派。[②]

布鲁纳深受皮亚杰的认知发展理论的影响，他在皮亚杰的认知发展理论的基础上提出儿童在学习过程中经历了三个表征系统的阶段：动作表征阶段、映象表征阶段和符号表征阶段。[③]

1. 动作表征阶段

处于动作表征阶段的儿童凭借自己的认知结构去把握事物、再现事物的表象。儿童最初的认知结构是动作表象。大约 5 岁以前的儿童都处于这个动作表征阶段，他们“从动作中认知”，即他们的认知多数是通过行为而产生的，他们的表征是与他们手足的直接动作联系在一起的。这种认知结构是刺激和反应的直接联结。

2. 映象表征阶段

在这个阶段，儿童把事物当作视觉或听觉的想象、动作掌握或表现的状态，它以内在意象为基础。这一阶段大约是指处于 6、7 岁到 10 岁的儿童的认知发展状况。例如，提问“这里有 5 个苹果和 3 个苹果，一共有几个苹果？”处于动作表征阶段的儿童要用手指具体地数一数之后，才回答得出。但处于映象表征阶段的儿童，只须看一眼，就可以回答。布鲁纳认为，这是映象表征简约了动作表征的缘故。在映象表征中，对一个刺激，可以对它所具有的两个以上的部分作出反应。

---

① 大卫·埃尔金德著，周毅等译.儿童与青少年皮亚杰理论之阐释.重庆：西南师范大学出版社，1988：1—9.
② 布鲁纳著，邵瑞珍等译.布鲁纳教育论著选.北京：人民教育出版社，1989：11—17.
③ 张爱卿.20 世纪西方心理学大师述评.武汉：湖北教育出版社，2000：65—68.

3. 符号表征阶段

符号表征阶段是指以抽象的、任意的和更灵活的思想体系为基础的阶段，依靠语言符号来表征事物。语言是由内容和表现该内容的简洁的符号构成的。复杂的图像可以用简洁的符号来表达。符号表征比映象表征更概括。语言将图像简洁地符号化，可以随时自由地从大脑里存取，并使交流更自由、更容易。另外，由于语言具有生成及转化的功能，这使得符号表征也具有这种生成和发展的原动力。处于符号表征阶段的儿童能够把握事物的本质，并理解事物之间的逻辑关系。符号表征阶段是最高级的认知阶段。

此外，发现学习亦是布鲁纳提出的一个重要概念，而且围绕着这个概念布鲁纳还建立了一整套的理论，其中包括发现的要素、发现学习的一般步骤等。发现学习是指让学习者自己去发现教材的结构、结论和规律的学习。这种学习方法要求学生像科学家那样去思考、探索未知，最终达到对所学知识的理解和掌握。布鲁纳认为，在教育过程中教师必须引导学生自行去发现；如果教师只关注于教材的传授，而不对所教的内容加以测验，不可避免地将引导儿童处于听众的地位，他们的学习只是外在动机而已，学习为的是升学或使师长高兴，或表面上维持自尊罢了。发现学习主要在于引导学生自行发现与评价。在这个过程中，最大的"敌人"是在心理上首先假定个人不可能有所发现。有两种不良的习惯性态度影响到发现学习：其一是，一种人根本就懒得思考，认为他没法发现；其二是，认为走马观花就可以有所发现。这两种学习态度直接妨碍发现学习的效果。

发现学习的一般步骤依次为：第一，提出和明确使学生感兴趣的问题，通过这些问题引起学生的兴趣和好奇心；第二，使学生感到这种问题具有某种程度的不确定性，以激起他们的探究欲望；第三，提供解决问题的多种可能的假设，开阔学生的思路；第四，协助学生搜集与问题解决有关的资料，丰富学生的知识经验；第五，组织学生审查有关资料，从中得出应有的结论；第六，引导学生用分析思维去证实结论，使问题得以解决。这样，在学生掌握了发现学习的具体方法后，他就能够独立地掌握学科的知识内容，并形成一定的解决有关问题的能力。这对于他走向社会，独立地从事各种工作以及适应现代化生活意义重大。

经过大量的数学学习实验，布鲁纳总结出了四条数学学习原理：(1)建构原理，是指学生开始学习一个数学概念、原理或法则时，要以最合适的方式建构其代表；(2)符号原理，是指如果学生掌握了适合于他们智力发展的符号，那么就能在认识上形成早期的结构；(3)比较和变式原理，是指从概念的具体形式到抽象形式的过渡，需要比较和变式，要通过比较和变式来学习数学概念；(4)关联原理，是指应该把各种概念、原理联系起来，在统一的系统中学习。

二、建构主义学习理论

建构主义学习理论是一种新的学习理论，它是在借鉴了多种学习理论，尤其是在维果茨基(Vygotsky, L.)思想的基础上发展和形成的，是学习理论中行为主义发展到认知主义以后的进一步发展。建构主义认为，世界是客观存在的，但是对世界的理解和赋予意义却是由每个人自己决定的。我们是以自己的经验为基础来建构现实。由于个体的经验以及对经验的信念不足，于是对外部世界的理解也各异，所以建构主义者更关注如何以原有的经验、心理结构和信念为主来建构知识，强调学习的主动性、社会性和情境性。

建构主义的认识论对学习活动的本质进行了具体分析：①

第一，知识并不能简单地由教师或其他人传授给学生，而只能由每个学生依据自身已有的知识和经验主动地加以建构。

众所周知，学生对于教师所讲的内容必须有一个“理解”或“消化”的过程。所谓理解，是指被纳入到适当的图式之中，在很大程度上就是一个意义赋予的过程，即学习者必须依据自身已有的知识和经验去对教师所说的作出“解释”，也即必须在新的学习材料与主体已有的知识和经验之间建立起实质性的、非任意的联系，从而使其获得确定的意义，也即对自身来说成为真正有意义的。

第二，相对于一般的认识活动而言，学习活动的一个主要特点就在于是一个“顺应”的过程，也即认知框架的不断变革或重组，而后者又正是新的学习活动与认知结构相互作用的直接结果。

学习不应被看成单一的积累(量变)过程，而必然地包含有一定的质变或可区分出不同的阶段。事实上，从认识发生的角度看，每个个体的认识发展在一定意义上可看成人类整体性认识的历史发展过程在小范围的重复或缩影，从而，这也就必然包含对错误或不恰当观念的纠正和更新，并表现出一定的阶段性。首先，我们应正确认识“发展水平”与“学习”两者之间的辩证关系。学生的智力发展并不能被看成完全是由生理上的成熟程度所决定的，应明确学习活动对于智力发展的重要作用。当然，不应无限制地去夸大学习对于智力发展的作用。因为“潜在发展水平”不仅指明

① 郑毓信，梁贯成. 认知科学建构主义与数学教育. 上海：上海教育出版社，2002：137—169.

了学生智力的可能发展，同时也表明了这一发展的实际界限。其次，要考虑到认知结构与新的认识活动之间所存在的辩证关系。正是主体已有的认知结构为新的认识活动提供了必要的概念框架，而新的认识活动又直接导致了认知结构的分化、扩展和重组。显然，知识的这种“可转移性”应看成是“意义学习”的一个重要特征。

三、斯根普和克鲁切茨基的数学学习理论

（一）斯根普的数学学习心理学理论

斯根普（Skemp，R.）是英国著名数学家、心理学家和数学教育心理学方面的专家。他立足于数学与心理学的交叉点上，深刻探讨数学学习中的心理问题与数学问题的相互关系和作用。他认为学习可分为两种，一种是习惯式的或机械的学习，另一种是理解式的学习。[①] 理解是一个同化的过程，即把新的概念纳入到学习者已有的认知框架之中，从而使之获得明确的意义。数学学习作为一种高级形式的学习，更需要理解。在理解式学习中，起主要作用的智能是大脑的活动或理解力，以及由此建立起来的图式或结构，而不是天赋的才能。进一步地，可以将数学理解水平划分成工具性理解和关系性理解两种模式。

关于数学概念，斯根普认为，概念是抽象活动的结果，是一种处理事实材料的方法。一个概念在它的形成过程中，需要一定数量的经验，而这些经验之间具有某种共同的东西。在这个过程中，起主要作用的是“分类”和“抽象”这两种思维活动。首先对原有的经验作某种分类，使得现有的经验能归结到某个种类中去，然后从特殊到一般，抽象出不变性质。他指出，通过定义而不是通过实例来学习概念是十分危险的。因此概念教学，首先应该从大量实例出发，用实例直观地帮助完成定义，而不是就定义教定义；其次，数学概念是多次抽象的结果，所以在教学中必要的低级概念一定要在下一步抽象之前就出现，而且必须得到理解，才能够真正成为新学内容的基础。

数学学习中包括两类思维活动：直觉思维、反省思维。直觉思维，就是通过感觉器官意识到实际对象。接收到的信息由于概念结构的存在会自动分类，并与其他信息建立联系。反省思维，是将那些有关的智力活动变为思考的对象，进行内省、反思。直觉思维当然很重要，而且与反省思维不矛盾，但在数学学习中，更重要、更高级的是反省思维。在进行数学思考活动时，尽管有些结论或方法是显而易见的，但思维不能就此而止，还需要进一步作逻辑分析，加以确认或证明，这就是反

① 斯根普著，陆士杰译. 学习数学的心理学. 西宁：青海省心理学会，1978.

省。斯根普指出，在进行反省思维时，回答问题所需要的信息不是来自外界环境，而是来自自己的概念系统，要对自己的思维图式作思考。

(二) 克鲁切茨基的数学学习理论

克鲁切茨基(Krutetskii, V. A.)是前苏联著名心理学家，从事年龄心理学、教育心理学和能力心理学方面的研究。他从心理学角度对中小学生数学能力进行了系统的理论和实验研究，得到一个相对完整的理论体系。

能力是指进行某种特定活动的能力，它只存在于一个人的特定活动中。能力是一个动态的概念，它不仅存在和显示于活动中，而且是在活动中形成和发展着的。数学能力包括两层含义：(1)看作是创造性能力，即科学的数学活动方面的能力，这种能力能产生对人类有意义的新成果和新成就，对社会作出有价值的贡献；(2)看作是一般学习能力，即学习(学会、掌握)数学的能力，迅速而顺利地掌握一定的知识和技能的能力。

克鲁切茨基把数学能力分解成 9 种成分：①

(1) 使数学材料形式化的能力，即把形式从内容中分离出来，从具体的数值关系和空间形式中抽象出来，以及运用形式的结构进行运算的能力；

(2) 概括数学材料的能力，即能从无关的内容中找出最重要的东西，以及在形式不同的对象中发现共同点的能力；

(3) 运用数字和其他符号进行运算的能力；

(4) 连续而有节奏的逻辑推理能力；

(5) 简化推理过程的能力，即用简缩的结构进行思维的能力；

(6) 逆转心理过程的能力；

(7) 思维的灵活性，即从一种心理运算转向另一种心理运算的能力；

(8) 数学记忆能力，即对概括、形式化结构和逻辑模式的记忆力；

(9) 形成空间概念的能力。

克鲁切茨基还阐明了一个重要的观点，就是能力这种构成物尽管是在心理过程的一定特性的基础上形成，但它还受情感意志的特征和性格态度的因素所制约。

四、波利亚的解题理论

波利亚(Polya, G.)是一位数学家和数学教育家，也是享有国际盛誉的数学方法论大师，为数学方法论的现代研究，特别是为数学解题研究奠定了必要的理论基础。

---

① 克鲁切茨基著．赵裕春等译．中小学生数学能力心理学．北京：教育科学出版社，1984：87—95．

波利亚认为，解题是智力的特殊成就，题目是数学的心脏，数学教学的本质在于教会学生解题，解题思想“应当诞生在学生心里，教师仅像助产士那样行事”（苏格拉底语）。波利亚的《怎样解题》是他多年思考数学教育教学的结晶，他一贯主张数学教育的主要目的之一就是培养学生解决问题的能力，教会学生思考。其中“怎样解题”表总结了解决数学问题的一般规律和程序，对数学解题研究和培养学生解决问题的能力有着深远的影响。

（一）“怎样解题”表

波利亚指出，学生除了必须掌握逻辑分析方法外，还必须掌握探索性思维能力。他在大量教学和科研经验的基础上，提出了“怎样解题”表。① 在表中他按照逻辑思维的顺序和出现可能性大小的顺序搜集了一系列公式化的指导性意见。

解题表包括“弄清问题”、“拟定计划”、“实现计划”和“回顾反思”四大解题步骤（表 2－1）。他指出，寻找解法实际上就是找出已知数和未知数之间的关系，如果找不出直接联系，你可能不得不考虑辅助问题，最终得出一个求解计划。

表 2－1

波利亚的“怎样解题”表

第一步 必须弄清问题	弄清问题
	未知数是什么？已知数是什么？可能满足什么条件？ 画一个图，引入适当的符号
第二步 找出已知数和未知数之间的关系。假使你不能找出关系，就得考虑辅助问题，最后应想出一个计划	拟定计划
	你以前见过它吗？ 你知道有关的问题是什么吗？ 注视未知数！试想出一个有相同或相似的未知数的熟悉问题 这里有一个与你有关而且以前解过的问题，你能应用它吗？ 你可以改述这个问题吗？回到定义 你若不能解决这个问题，试着先解一个有关的问题。你能想出一个更容易着手的有关问题吗？一个更一般的问题？一个更特殊的问题？一个类似的问题？你能解决问题的一部分吗？ 你用了全部条件吗？
第三步 实现你的计划	实现计划
	实行你的解决计划，校核每一步骤
第四步 校核所得到的解答	回顾反思
	你能校核结果吗？你能校核论证吗？ 你能用不同的方法得出结果吗？ 你能把这个结果或方法应用到别的问题上去吗？

① 波利亚著，周佐严译. 怎样解题. 上海：中华书局，1948.

这里，第一步主要考虑条件的明确化及其依存关系，相当于符号化和图形化的过程；第二步考虑与已知知识的关系，进行类比、归纳、单纯化、一般化的过程；第三步和第四步相当于演绎、发展和统一(合并)的过程。

波利亚的"怎样解题"表具有巨大的理论价值。解题表中不仅蕴涵着重要的思想方法——化归、变换的思想方法，而且是各种数学思想方法的源泉。在教学中利用解题表，学生的自学能力会有较快的提高，独立思考和进行创造性活动的能力也会逐步增强。

(二)"怎样解题"表的发展

波利亚的解题理论引起了学者们的广泛关注，学者们进一步发展了波利亚的数学教育思想。有的学者更进一步细化或具体化了"怎样解题"表，有的学者把波利亚解题表思想扩展到一般意义下的问题解决。例如，著名学者匈菲尔德(Schoenfeld, A. H.)将"怎样解题"表更细致地进行了分类：①

第一步，分析与理解。尽可能画一个图；检查特例；尝试简化问题。

第二步，探索。考察本质上相同的问题；考察稍加修改的问题；考察全面修改的问题。

第三步，验证你的解答。你的解通得过这些特殊检验吗？你的解通得过这些一般检验吗？

日本数学教育研究者片桐重男在他的专著《数学思维方法的具体化》中，从数学思维的背景、顺序特点、数学内容的角度将"怎样解题"表更具体化了：

第一步，唤起数学思维方法的背景(情景)。自主性行动，合理地行动，简单明确地表现问题，要考虑思维的经济性。

第二步，数学顺序的思维方法。数学目标的思维方法：归纳、类比、递进、演绎、统合、推广、公理化方法。对思考对象的思维方法：抽象化、数量化、图形化、符号化、理想化、单纯化、一般化、特殊化、形式化。

第三步，从数学内容看数学方法。数、式中的方法；测量中的数学方法；图形中的思考方法；统计的方法；函数方法。

(三)数学教学与学习的心理原则

波利亚在《数学的发现》中提出了著名的数学教学与学习的心理原则，即主动

---

① 代钦，韩斌．纪念波利亚《怎样解题》中文版60周年．内蒙古师范大学学报：自然科学汉文版，2009，38：599—609．

学习原则、最佳动机原则和阶段循序原则。①

1. 主动学习原则

教师在学生的课堂学习中仅仅是"助产士",他的主导作用在于引导学生自己去发现尽可能多的东西,引导学生积极地参与提出问题、解决问题。波利亚认为科学地提出问题需要更多的洞察力和创造性,这很可能成为一项发现的重要组成部分,而学生一旦提出问题,那么他们解决问题的注意力会更集中,主动性会更强烈。

2. 最佳动机原则

如果学习者缺少活动的动机,那么也就不会有所行动。波利亚认为对所学材料产生兴趣是最好的学习刺激,而紧张的思维活动后所感受到的快乐是对这种活动最好的奖赏。

3. 阶段循序原则

根据生物发生律的思想,将数学学习过程由低级到高级分成三个不同的阶段:(1)探索阶段,是人类的活动与感受阶段,处于直观水平;(2)形式化阶段,引入术语、定义、证明,上升到概念水平;(3)同化阶段,将所学的知识消化、吸收、融会于学习者的整体智力结构中。

个体的学习过程须有序地经历上述三个阶段。

第二节 培智学校学生的数学学习特征

培智学校学生的知识基础、认知发展水平、学习特点等因素,决定了他们的数学学习起点、理解水平、学习方式等。因此,有效的数学教学,必须建立在综合考虑影响学生数学学习的相关因素基础之上。这就要求特殊学校数学教师必须清楚地了解培智学校学生数学学习的心理特点和学习特征。

一、培智学校学生的心理特点及其对数学学习的影响

(一) 感知觉

感觉是人们对客观事物个别属性的反应,是客观事物的个别属性作用于器官,

① 波利亚著,刘景麟,曹之江,邹清莲译. 数学的发现——对解题的理解、研究和讲授. 北京:科学出版社,2006:283—287.

引起感受器活动而产生的最原始的主观映象，主要包括视觉、听觉、嗅觉、味觉、肤觉。[①] 知觉是客观事物直接作用于感官而在头脑中产生的对事物整体的认识。[②] 知觉以感觉为基础，并与感觉同时发生形成某种意义的整合。

培智学校学生的感觉特点表现在：视觉感受性较低，一般很难或不能辨别物体的形状、大小、颜色等的微小差异，如不能区分颜色的不同浓度，分不清深红、浅红、粉红与紫红的差别；[③]听觉比较迟钝，听觉分辨能力差；触觉、痛觉和温度觉不敏感，如分不清物体软、硬、粗、细等质地。培智学校学生的知觉特点表现在：知觉速度缓慢，容量小；知觉分化不够，区分能力弱；缺少知觉积极性；知觉恒常性差；空间知觉发展落后，方位定向能力差；感觉统合失调。[④]

培智学校学生由于感知觉缺陷导致数学学习困难，具体表现为：

（1）培智学校学生学习数概念时，无法完整观察物体。比如，不能分辨一组内有多少个物体，他们需要逐个地数，来区分一组有3个的物体与一组有4个的物体；学生不能完整地观察整个几何图形，正方形对他们来说只是四条没有关系的线条。

（2）培智学校学生认识平面几何图形容易受图形的颜色、大小、方位、倾斜率等非定义属性的影响。[⑤] 例如，认为底边不是水平的三角形不是三角形。造成这种现象的原因是培智学校学生对事物的本质属性不了解，仅根据部分特征去认识客观事物。

（3）培智学校学生基本上具有长短、大小、高矮、宽窄等概念，[⑥]但理解程度受任务难度的影响。[⑦] 如，中重度智力障碍儿童对成对相同物品和成对相似物品的“长”和“短”基本能够掌握，但不同难度任务的正确率随着实验难度的增加而降低。[⑧] 智力障碍儿童空间方位概念的发展水平远低于普通儿童，且各种空间方位概念的发展是不均衡的，最先掌握“上下”概念，其次为“里外”和“前后”，再次是“左右”。智力障碍儿童理解空间方位概念的能力强，表达空间方位概念的能力弱。[⑨] 这也影响到培智学校学生对数字系统的理解，如他们难以分辨数字间及其在数线

---

① 方俊明，雷江华. 特殊儿童心理学. 北京：北京大学出版社，2011：15—16.
② 彭聃龄. 普通心理学. 北京：北京师范大学出版社，2004：129.
③ 银春铭. 弱智儿童的心理与教育. 北京：华夏出版社，1993：43—45.
④ 方俊明，雷江华. 特殊儿童心理学. 北京：北京大学出版社，2011：28—30.
⑤ 柳笛，吴云峰. 智力障碍儿童对基本几何图形辨认的研究. 现代特殊教育，2015，1：22—26.
⑥ 丑荣之，王清汀，梁斌言. 怎样培养教育弱智儿童. 北京：华夏出版社，1990：112—113.
⑦ 孙圣涛，钟秋婷. 中重度智力落后儿童对于“大”“小”的理解. 现代基础教育研究，2011，4：100—104.
⑧ 孙圣涛，蔡雯，李冠华. 中重度智力落后儿童对于“长”“短”词义掌握的研究. 中国特殊教育，2010，4：7—10.
⑨ 方燕红，尹观海，张积家，董岚. 8—18 岁智力障碍儿童空间方位概念的发展. 中国特殊教育，2010，1：29—34.

上的距离，他们可能无法察觉 3 比 6 更接近 4。

(二) 注意

注意是心理活动对一定对象的指向与集中。[①] 注意是人们认识活动、掌握知识、有效地加工重要信息、保持信息和实践活动的必要条件。[②]

培智学校学生的注意特点包括：注意的广度狭窄、注意的分配能力差、注意的稳定性较差、注意的转移不够灵活。[③] 培智学校学生因为上述注意缺陷，导致他们需要用较多的时间寻找有关的线索，而且不能同时注意多条线索。研究者建议提供给培智学校学生的刺激不要过于复杂，需要更仔细地说明其应该注意的部分，当他们集中注意力到指定的目标时，要立即给予增强。因此，在教学时应该减少不必要的刺激，提高学习材料的清晰度，由易到难，并善用增强来提高注意力。此外，对于不感兴趣或无法胜任的学习任务，或处于疲倦烦躁状态下，培智学校学生的注意力尤其薄弱。[④]

培智学校学生由于注意缺陷导致数学学习困难的情况包括：无法持续注意关键性的数学内容，如教师在黑板上的示范教学；学习数学时容易分心，如阅读数学题目时，容易出现跳题、忽略关键字的现象。由于数学学习的各个步骤之间关系非常紧密，需要学生留心每一步骤，这就要求每一步骤都要在学生能力、专注力及兴趣范围以内和精神状态良好的情况下进行。

(三) 记忆

记忆在数学学习过程中起着非常重要的作用。记忆是人脑对过去经验的保持和再现(回忆和再认)。[⑤] 一般认为，培智学校学生的记忆能力与普通学生之间存在显著的差距。

培智学校学生在短时记忆上的特点表现为：识记缓慢，保持差；意义识记差，机械识记相对较好；记忆的监控能力差；工作记忆普遍不佳。他们在长时记忆上的特点表现为：记忆的编码加工过程不完善，组织水平低；记忆目的性欠缺，有意识记忆差；记忆不全面，图片效应低于文字效应。[⑥] 如果让培智学校学生记忆没有充分了解或信息量较多的内容时，他们所存储与回忆的内容很多是简断、凌乱和不精

---

① 梁宁建. 当代认知心理学. 上海：上海教育出版社，2003：85.
② 柳树森. 全纳教育导论. 武汉：华中师范大学出版社，2007：228—229.
③ 方俊明，雷江华. 特殊儿童心理学. 北京：北京大学出版社，2011：47—48.
④ 何华国. 启智教育研究. 台北：五南出版社，2001.
⑤ 刘春玲，马红英. 智力障碍儿童的发展与教育. 北京：北京大学出版社，2011：79—80.
⑥ 方俊明，雷江华. 特殊儿童心理学. 北京：北京大学出版社，2011：63—64.

确的。

培智学校学生由于记忆缺损导致数学学习困难，具体表现为：

(1) 在数学的学习上无法有效保留数学事实或信息。例如，识记 0—9 的数字字形存在困难。顺背数字时，培智学校学生只能背 5—7 个数字，比正常学生少 3—4 个数字；倒背数字时，培智学校学生只能背 2—3 个数字，比正常学生少背 4—5 个数字。[①] 在学习数学运算时，培智学校学生表现出会遗忘演算步骤、不能快速记起数字事实，无法解决多步骤计算应用题，因此每次进行运算都要花不少精力和时间去数数。

(2) 主要运用机械识记。培智学校学生对数据组织、类群集、主观组织三类材料大多采用机械识记法。记忆的数字组织水平低，只在难度低的项目上有记忆组织，对类群集合无关联材料的识记没有记忆组织。对数字组织材料识记时，培智学校学生表现出要借助于外部言语和手的动作。

(3) 在记忆数学运算法则和解题策略上存在困难。例如，数学运算中，培智学校学生容易将数字的位置、加减乘除运算顺序弄错，导致计算失误。[②]

(四) 语言

语言是由一套抽象的符号以及一套将这些符号合并为更大单元的规则所组成，具体包括语音、词汇、语法、语义、语用等五种要素。[③] 语言能力和智力表现密不可分，培智学校学生的语言能力受智力影响。[④] 在语言发展方面，在语言表达或语言接收上，培智学校学生均明显落后于同龄人。培智学校学生语言活动的明显特征是构音障碍和发音异常。构音障碍是指说话时出现因素的替代、歪曲、遗漏和添加的言语异常；发音异常是指声音的音质、音调和音量方面存在问题。培智学校学生存在言语接收和理解能力发展缓慢、词汇有限、句式简单、语法结构不符合常规、发音有缺陷等困难，在同伴及师生间的互动与沟通上受到阻碍。数学语言本身是一种精确的沟通形式，如果没有学会概念上的术语和数学符号，往往造成学生数学学习的低成就。因此，在数学解题过程中，语言理解能力是一个重要因素。

培智学校学生由于语言能力缺损导致数学学习困难，具体表现为：

---

① 丑荣之，王清汀，梁斌言.怎样培养教育弱智儿童.北京：华夏出版社，1990：129—130.

② Cegelka，P. T.，& Berdine，W. H.（1995）. *Effective Instruction for Students with Learning Difficulties*. Need Ham Heights，MA.：Simon & Schuster Company.

③ 方俊明，雷江华.特殊儿童心理学.北京：北京大学出版社，2011：71.

④ Birmer，R. W.（1990）. *Student with Severe Disabilities：Current Perspectives and Practices*. Mountain View，CA：Mayfield.

(1) 在阅读和理解数学题目方面存在问题，限制了培智学校学生在问题解决方面的表现。许多文字的变化会影响到数学上的意义，如："比……多"、"比……少"、"较高"、"最高"等。培智学校学生无法理解"加了"、"拿走"、"比"等数学用语，因而不能理解题意并且正确解题。

(2) 表达与交流数学想法存在困难。教师应该有技巧地提问，引导和鼓励培智学校学生发表自己的想法，提供学生进行数学交流与练习的机会，帮助培智学校学生改善语言能力方面遇到的困难。

(五) 思维

思维是指人脑对周围事物概括的、间接的反映。[①] 儿童思维能力的发展，主要通过对概念的掌握、对事物的理解和对问题的分析、推理等方面表现出来。心理学家皮亚杰将正常儿童认知的历程分为四个阶段：感知运动阶段、前运算阶段、具体运算阶段、形式运算阶段。培智学校学生的思维特点表现在：智力障碍儿童的思维发展顺序与正常儿童一致，但他们的发展速度较慢；智力障碍儿童的思维发展最终达到的水平低，无法达到与正常儿童相同的发展水平；轻度智力障碍儿童不能到达皮亚杰指出的形式运算阶段，中度智力障碍儿童不能到达具体运算阶段。[②]

基于以上的特点，智力障碍儿童的思维普遍表现出以具体形象思维为主。他们在进行思维时，明显地需要凭借具体事物及其鲜明的表象，而不善于运用概念、判断、推理等来论证客观事物及事物之间的关系，缺乏分析、综合抽象的概括能力，因此在学习过程中他们难以掌握规则和一般概念，他们也许能够机械地记住一些原理和规则，但并未真正理解其中的含义，更难以真正地加以运用。对于认知发展迟缓、先备知识缺乏的培智学校学生而言，数学概念的学习具有相当大的困难。例如，Cegelka 与 Berdine 认为培智学校学生缺乏一一对应、物质守恒等先备知识，导致其在重组、货币兑换、测量等主题的学习上产生困难。[③]

培智学校学生由于思维能力的限制导致数学学习困难，具体表现为：

(1) 对于抽象层次概念的运算能力上感到困难。例如，在做数学习题时，尽管已经学过关于两个加数位置交换得数不变的规则，但是，计算过"$7+8=15$"后再计算"$8+7$"，计算过"$5+6=11$"后再计算"$6+5$"，培智学校学生仍然要从头算起，

① 刘春玲，马红英. 智力障碍儿童的发展与教育. 北京：北京大学出版社，2010：89.

② Wilton, K. M., Boersma, F. J. (1974). Conservation Research with the Mentally Retardated. Ellis, N. R. *International Review of Research in Mental Retardation*. New York: Academic Press, Inc., 118-139.

③ Cegelka, P. T., & Berdine, W. H. (1995). *Effective Instruction for Students with Learning Difficulties*. Need Ham Heights, MA.: Simon & Schuster Company.

说明他们看不出事物间的联系，也不能通过具体的习题演算得出一个概括性的认识。①

（2）无法辨别、选择合适的解题策略。如教师问："一个小朋友有两块糖，丢了一块，还剩几块？"培智学校学生的回答是："需要把这块糖找回来。"这就忽视了问题的解决策略，而考虑问题的情境。

（3）无法监控问题解决的过程，缺乏评价问题正确性的能力。例如，培智学校学生在回答问题时，经不起教师的反问，不论回答得对不对，只要教师反问一句，马上就会改口。他们不具备评价解答过程正确性的能力，故回答正确与否自己没有把握。

综上所述，我们发现培智学校学生不论在感知觉、注意、记忆还是思维等方面的能力都存在障碍，导致他们在学习上比一般正常人遭遇更多的困难与挫折。因此，作为特殊教育教师，在面对学习有缺陷或遭遇困难的学生，需要用心找出他们学习的难点，并寻求有效的教学方法，帮助他们提高学习效果。

二、培智学校学生数学学习特征

数学是培智学校义务教育阶段的一门重要的一般性课程，与其他学科相比，它具有自己的区分性特征。同时培智学校学生在数学学习中也表现出与学习其他学科不同的特征。

（一）数学学习动机

培智学校学生的失败经验较多，因而自信心薄弱，对学习有无助感，认为自己的能力无法控制学习结果，具有失败的预期，因此学习动机低。② 他们为了逃避这种不愉快的经验，倾向于避免造成失败的情境，降低自己的期望标准。

培智学校学生在学习数学时，容易因为成绩的低落而感到挫折，甚至放弃学习。比如，培智学校学生在大班教学中可能积累许多学习数学的失败经验，所以造成日后学习数学时表现出消极与负向态度，缺少主动学习的热情。③ 一般地，培智学校学生对数学学习缺乏兴趣，不善于发现问题，也缺少解决问题的主动性、积极性。他们对形象生动的数学学习材料如投影、图画、学具等比较感兴趣，而对抽象的数学符号和材料不感兴趣。他们对数学活动本身和直接结果感兴趣，如通过动

① 方俊明，雷江华．特殊儿童心理学．北京：北京大学出版社，2011：138．
② 郑耀婵，何华国．国小融合班学生学习态度及其相关因素之探讨．国民教育研究学报，2004：215—260．
③ 秦丽花．学障儿童适性教材之设计．台北：心理出版社，1999．

手做的学习活动和可以得到的结果感兴趣。

(二) 数学思维特点

培智学校学生的认知发展水平主要处于皮亚杰认知发展阶段理论中的感知运动阶段、前运算阶段和具体运算阶段。处于这三个阶段的学生，主要具有直观形象思维水平，程度好的学生其认知结构中已经有了抽象概念，能够因循逻辑规则进行推理，但是推理能力往往局限于眼前的具体实物或熟悉的经验，需要借助具体的形象进行。

研究者运用皮亚杰的儿童认知发展理论对智力障碍学生进行研究，①发现大约三分之一的智力障碍儿童处在第一阶段即感知运动阶段，处于这一阶段的儿童主要是靠感觉和动作来认识周围的世界，还不能对主体与客体作出分化。三分之一的智力障碍儿童处于第二阶段(前运算阶段)，这个阶段儿童的认知开始出现象征(或符号)功能(如能凭借语言和各种示意手段来表征事物)。但在这个阶段，儿童还不能形成正确的概念，他们的判断受直觉思维支配。例如，唯有当两根等长的小木棍两端放齐时才认为它们同样长；若把其中一根朝前移一些，就会认为它长一些。所以，在这个阶段，儿童还没有运算的可逆性，因而也没有守恒性。实验中，三分之一的智力障碍儿童处在第三阶段(具体运算阶段)。这一阶段儿童的思维已具有真正的运算功能，也就是说他们已具有运算的知识，能根据这种知识在一定程度上作出推理。处于具体运算阶段的儿童，其思维具有多维性、可逆性和守恒性。如他们能同时按几个标准对事物进行分类，也能够认识到“$A<B$ 则 $B>A$”。此时，学生比较缺乏抽象逻辑思维能力，但是他们已能够借助具体形象的支持进行简单的逻辑推理。

(三) 数学学习策略

数学学习策略包括一般学习策略与具体学习策略。一般的数学学习策略是指在数学学习活动中普遍适用的策略，具体的数学学习策略是指适用于特定的数学学习任务或内容的策略。学习者处理学习信息，常利用做笔记、分类、背诵、联想等方式，但是培智学校学生不会使用有效的技巧来组织学习材料，在使用学习策略上会产生困难。② 研究者认为，培智学校学生会有学习与记忆困难问题，主要是因为

① Inhelder, B. (1968). *The Diagnosis of Reasoning in the Mentally Retarded*. (2nd ed.) New York: John Day, 215.

② 林惠芬.轻度智能不足//特教园丁杂志主编，特殊儿童教育通论——特殊儿童的心理与教育.台北：五南出版社，1993：133—158.

他们不会采取有效的学习策略。[①]

培智学校学生不懂得如何选择或运用适合自己的学习策略，造成其学习速度缓慢、记忆能力差，因此培智学校学生在学习时，常需要教师帮助寻找适当的学习策略（如使用教具、图卡、记录自己的想法、记录他人的想法、说出自己的想法、相互讨论），才能有效学习。

培智学校学生运用和创设数学学习策略的能力还非常弱，表现为：第一，很少主动地使用策略，多数情况是在教师的提醒下，使用已经学过的策略。第二，很少对自己的学习方法进行反思，主动创造学习策略的情况比较少。第三，尽管已经掌握一些学习策略，但是不知道何时、在什么条件下有效地使用这些策略。

从培智学校学生学习策略的发展来看，为了帮助学生学会学习，必须在学习策略方面给予他们有效的引导。因此，有关学生的学习策略的教学干预项目持续的时间一般比较长，需要持续几个月以上的时间。

（四）数学迁移能力

学习迁移是指利用自己已学得的经验来解决新问题或适应新环境的能力，也就是学习效果的扩散现象。[②] 培智学校学生很难运用已学到的知识或技能来解决新问题或适应新环境，他们无法将已有的经验变成规则来解决类似的问题。迁移类化困难，将导致培智学校学生在数学学习时，即使面对题型类似的数学题，只是题目叙述方式不同，便无法找寻适当的解题策略；无法从几个不同的数学题目中归纳出相同的线索进行解题。[③]

培智学校学生无法应用同样的数学技能解决类似的问题，例如学会了数 10 个苹果，但是没有教数 10 支铅笔，结果仍不会完成 10 支铅笔的计数。培智学校学生无法将已经习得的数学技能（如购物）应用到日常生活中。例如，培智学校学生学会了使用人民币，但不会去便利店、超市买东西；已经学会如何看时钟，却不知道何时上学、放学或者看时刻表等。

（五）动作机能

培智学校学生的生理动作发展及体能状况较普通学生差。具体表现为：身高、体重、骨骼或肌力、耐力、心肺功能的发展不及同龄人；大动作、精细动作的协调能

---

① Ellis, N. R. (1979). Memory Process in Retardates and Normals. Ellis N. R., *International Review of Research in Mental Retardation* (Vol.4). New York: Acadamic Press.

② 何华国.特殊儿童心理与教育.台北：五南出版社，2004.

③ 林怡君.建构教学对轻度智能障碍学生数概念应用成效之研究.高雄：高雄师范大学硕士论文，2001.

力或平衡感的发展也不理想。培智学校学生在不同程度上缺乏手脚及身体动作的灵巧性，影响了眼手协调。例如，细小肌肉运动障碍导致他们连铅笔都拿不住，无法书写、画画；[①]在运用绘图、测量工具上表现不佳；在运算书写过程中无法将数字的数位对齐，造成运算结果错误。

三、影响培智学校学生数学学习表现的因素

数学学习是一个复杂的心智活动，因此有许多因素会影响培智学校学生的学习表现，相关研究指出造成普通学生与培智学校学生数学能力差异的重要指标是智力，也就是说智力是决定数学学习的重要因素之一。[②] 研究发现，中度智力障碍的培智学校学生可以成功学习数学，具有很大的学习潜能。[③] 既然培智学校学生具有学习数学的能力，那么教师就应该了解影响学生学习数学的因素，这样才能有效地进行数学教学。影响培智学校学生数学学习表现的因素主要包括以下方面。

（一）语文能力

解决数学问题的第一步就是读题，弄清楚题目的意思，辨别并抽取题目中的相关信息，通过已知信息构建合适的问题表征，形成解题方案，故在数学问题解决过程中必须具备相关的语言知识。培智学校学生因其语文能力或阅读能力的限制而影响其数学学习。

（二）认知能力

培智学校学生对于数学概念和数学运算等抽象概念的理解存在困难，以至于无法选择、执行合适的策略及监控和评价整个过程。培智学校学生在解题时，采用操作具体或半具体物体来解决问题，[④]因此教师应该多使用具体实物进行教学，并且提示学生应采用何种解题策略。

（三）关键字

培智学校学生在解决问题时常会涉及已有的学习经验，比如看到“一共”、“共”就用加法，看到“剩下”就用减法，只要看到关键字就解题，这样反而无法掌握数学问题，从而导致运算错误。因此教师在教学时，应该让学生读完整个题目，然后再让学生决定解决策略。

---

① 丑荣之，王清汀，梁斌言. 怎样培养教育弱智儿童. 北京：华夏出版社，1990：326.

② 周台杰. 国民中学智能不足学生数学能力之研究. 特殊教育学报，1989，4：183—214.

③ 王天苗. 智能不足儿童与普通儿童数学能力之差异. 特殊教育研究学刊，1986，2：163—176.

④ Bebout，W. C.（1990）. Children Symbolic Representation of Addition and Subtraction Word Problem. *Journal for Research in Mathemtics Education*，21(2)：123 - 131.

(四) 内容的难易度

培智学校学生虽然智能较低,但是其学习上仍有优势。例如,培智学校学生在图形的学习上具有良好的效能,但是在数与量的对应上能力较差。因此,教师常常无法精确地掌握学生真正的学习状况,给予不符合学生程度的教学内容,导致学生无法有效学习。因此教师在教学前,一定要非常了解学生的学习情况,才能为培智学校学生设计合适的教学内容。

综上所述,培智学校学生在数学学习上经常遇到困难,由于学习数学需依赖复杂的认知过程,因此数学学习对培智学校学生来说是一项极为困难的挑战。教师在教学之前应先了解培智学校学生的学习特征及可能影响数学学习的因素,然后再给予个别化的教材及教法,这样才能让培智学校学生的学习取得更好的效果。

讨论与探究

1. 简述皮亚杰和布鲁纳的相关理论对培智学校数学教学的意义。
2. 举一个案例说明用"怎样解题"表解题的过程。
3. 简述培智学校学生的心理特点及其对数学学习的影响。
4. 简述培智学校学生数学学习的主要特征。
5. 影响培智学校学生数学学习的因素有哪些?

进一步阅读的文献/网站

1. 皮亚杰. 发生认识论原理. 北京:商务印书馆,1989.
2. 布鲁纳著,邵瑞珍译. 教育过程. 北京:文化教育出版社,1982.
3. 波利亚著,阎育苏译. 怎样解题. 北京:科学出版社,1982.
4. 张奠宙,宋乃庆. 数学教育概论. 北京:高等教育出版社,2004.
5. 刘春玲,马红英. 智力障碍儿童的发展与教育. 北京:北京大学出版社,2010.
6. 方俊明,雷江华. 特殊儿童心理学. 北京:北京大学出版社,2010.

第三章　培智学校数学课程的教学原则与教学方法

通过本章学习，你能够：

1. 掌握培智学校数学教学的原则；
2. 明确培智学校数学的教学建议；
3. 掌握培智学校数学的教学方法。

第一节　培智学校数学课程的教学原则与建议

一、培智学校数学课程的教学原则

教学是教师针对学生所设计的一套传授教材的特殊形式，其中包含了对教学目标、内容、程序、方法、资源、学生参与在内的系统决定。① 特殊教育的教学从教学的起点、教学的过程到教学的终点和普通教育是一样的，都有其教学的原则。但考虑到培智学校学生的身心特征，在数学教学过程中，教师应注意学习目标、学习内容和学习进度是否在学生的能力范围之内，在学与教的过程中学生是否正确地接受已传达的信息，对所学内容学生是否认为有兴趣等，因此需注意以下教学原则。

(一) 科学性原则

科学性原则是所有教学活动都必须遵守的首要原则，对于培智学校数学教学来说尤为重要。培智学校数学课程教学的科学性原则包括三个方面：第一，所选择的教学内容必须是系统的、相对完整的数学知识；第二，教学内容的编排、呈现方式

① 李咏吟. 认知教学理论与策略. 台北：心理出版社，1998：2—6.

和教学序列，必须既符合培智学校学生的认知特点，又符合数学知识的发展过程；第三，教学的评价内容和评价方式也应该是科学的。

（二）生活化原则

生活化原则是指将分析、提取出来的适应环境生活所必需的、最重要的知识和技能教给培智学校学生，并帮助他们在具体环境中加以运用，以最终形成依据环境参与社会生活所需的功能性知识和技能。数学教学的生活化原则包括三个方面：第一，数学的教学要生活化。即抽象的数量关系、空间形式可以与生活实践相结合，通过学生的直观感知与体验来获取对抽象概念的理解。第二，生活的知识要数学化。数学教学中，教师要有意识地引导学生将生活中的已有知识经验数学化，即养成用数学的思维来总结和概括生活知识体验的习惯与方法。第三，数学知识的应用。在运用数学知识解决问题的过程中，引导学生体会数学的价值，发展学生解决实际问题的能力。

（三）个别化原则

由于培智学校学生个体差异大，需要特别的辅助，因此统一的教材与进度不利于培智学校学生的发展。这就要求教师要制定适合全班的教学计划，其中又要照顾学生的个别差异，让学生可以从集体学习和生活中懂得与他人相处以及分享经验，同时也能依据自己的能力学习。教师应评量学生的个别需求，拟定适合学生能力、学习特征的个别教育计划，并根据需要实施小组、个别方式上课，必要时实施多层次教学。

（四）由具体到抽象的原则

数学学习是一种持续性与渐进性的学习，学生在学习数学的过程中，逐渐地建构起数学力量和增强其数学知识，从具体学习到抽象学习，从不完全的知识到完全的知识，从无系统的思考到有系统的思考。培智学校数学教学遵循由具体到半具体再到抽象的教学原则。

1. 具体层次教学阶段

学生使用真实的物体或操作教具，诸如教室中的积木、模型，通过身体触碰、移动与操作上述物体，借以解决其数学问题。如，计算“2＋3”时，学生可能分别拿出2个苹果和3个苹果的学具，然后再算算苹果的总数。

2. 半具体层次教学阶段

学生使用图片、线段、方格等代表具体物体，进行数学解题。如，“○○＋○○○＝5”。

3. 抽象层次教学阶段

学生以数字取代图片、圆点，直接使用数字和数学符号进行数学解题。例如，用数字取代图形符号，“2 + 3 = 5”。

（五）补偿性原则

补偿性原则是根据培智学校学生缺陷补偿的需要，而提出的一个特殊的教学原则。它是指教师在教学过程中针对智力障碍儿童的认知语言、记忆行为、情感等缺陷，运用特有教学内容提供专业的教育训练。教学时，教师必须考虑到学生的障碍和补偿需要，除了教给学生必备的知识和技能外，还要利用教学过程适时地提供补偿性训练，以促进智力障碍儿童身心得到全面的发展。

（六）兴趣性原则

培智学校生活数学教学中，兴趣性原则是一个重要的原则。它是指在教学的过程中，教师要有意识地激发学生的学习热情，引导学生学习数学的愿望与动机，对数学学习保持一种持续的动力，养成自觉的学习习惯和探索精神。培养学生的学习兴趣是有效提高学习效果的重要保障，而养成对所学科目良好的学习兴趣本身也是培智教育的重要内容和目标之一。

二、培智学校数学课程的教学建议

培智学校的数学教学除了要遵守上述一些教学原则之外，教师还应注意以下几点教学建议。[①]

（一）了解学生学习情况

要了解学生在学习某数学内容时已达到适当的身心发展阶段，以及所需要的先备知识。教师在教学之前，应先查验学生是否已具备各方面的能力，例如基本的感知、注意、记忆及语言等，这对确保他们成功学习是十分重要的。这样既可以避免以后学习较复杂及抽象课题时遇到困难，又可以防止失败经验造成的负面影响。

（二）提供复习的机会

有效的复习是补救记忆力偏弱的良方。教学时，部分学习内容可以是重复的，但学习形式要多样化。在不同的情境运用相同的概念，也可以达到复习的目的，更可以培养灵活的思考和学习的转移。要进行有效的复习，教师需注意：(1)复习要

---

① 香港课程发展议会特殊教育需要委员会．数学教育（特殊教育需要）教学指引．香港教育署课程处印行，2003．

及时;(2)复习要有针对性,集中在一个学习重点上,切勿使一个练习涵盖过多;(3)重复练习要有新意,重复练习需要包含一些新内容,以避免过于单调,但又要有足够的重复以达到过渡学习的目的;(4)复习的方式要新颖和有变化,以保持学习兴趣;(5)复习的次数和持续的时间要适当,以免学生疲劳厌倦。

(三) 注重培养知识的迁移能力

学生需要在不同的情境下应用所学的知识与技能,而不应在固定模式下使用数学程序运算。教师应教导学生把所学迁移至新情境中,通过构思不同的故事内容,帮助学生在不同的情境中选择不同的运算方法来解决问题。

(四) 选择与实际生活有关的教学内容

培智学校的数学教学应注重概念的学习和日常的应用,而操练、记忆等方法应考虑其实用价值才可使用。运算练习应尽量与实际生活相关,让学生感觉到学习这些课题的迫切需要,从而激发学生的学习动机和对知识的追求。

(五) 培养数学沟通能力

一般地,培智学校学生在语言接收和表达方面都有不同程度的困难,而数学的词汇与一般用语也稍有不同。例如“打折”,给40%的折扣,是“打六折”而不是“打四折”。所以,教师需要小心选用学生可以理解的字、词、句,同时也要系统地教授数学学习领域的词汇。语言接收和表达方面的困难也可以通过多运用其他感官的教具学具加以辅助解决。教学过程中,教师应鼓励学生描述整个学习的过程,例如做加法应用题时,解释为何决定这道题要运用加法,然后列出横式,解释算式的含义,最后算出答案,并说出计算过程。整个沟通过程中,教师可以了解学生的思想过程,探求其弱点及强项;同学之间则在沟通过程中互相指正、学习,促进分析与沟通。

(六) 注意学生常犯的错误

在教学中,教师应留意学生在数学学习上常犯的错误,并尝试了解错误的原因,寻找纠正学生错误的有效方法。数学学习上学生常犯的错误如下:

(1) 概念错误。例如对乘法概念认识不清,学生能够正确计算“$2\times 4=8$”,但若要求他们以图画来表达运算的含义时,他们会画2朵黄花和4朵红花,从中可以看出他们不理解乘法的含义,而是通过机械地背诵口诀得出正确的结果。

(2) 基本运算错误,不明白位值或进位加法、退位减法、乘法和除法不熟练而影响计算结果。例如,学生把“46－37”和“37－46”看成一样,不管数字的位置如何,总是用大数字去减小数字,从而影响计算结果。

(3) 运算顺序错误。例如因忘记先乘除后加减的运算顺序而出错。

(4) 粗心大意错误。例如竖式计算正确,横式答案却写错。

(5) 应用题错误。例如不懂解题或不懂列式计算。

(七) 运用多元化的教学法

数学课程结构较为严谨,概念互相关联,逻辑性强,部分课程内容需要教师直接示范和讲解后,才可以进行模拟、操作练习与讨论等活动。教师讲解时需要制定详尽的教学计划,伴以适当的示范,利用实物、实例、图片、模型等来激发学生的学习动机,把理论具体化;而后续的教学活动也需要缜密设计,使得实施成效与教学目标互相符合。当学生有足够的能力和信心,或课题的内容较富有弹性时,教师应尽可能采用其他的教学法,使教学能达到学习目标,培养学生的思考能力、合作精神和正确态度,并能照顾到学生间的个体差异。

(八) 及时评价回馈

由于培智学校学生的理解能力与学习基础较薄弱,在数学学习过程中必然会出现错误。教学过程中,教师要对学生多次进行评估,从而了解学生对各项目标的掌握情况。如果学生未能达成目标,则要及早修正,使他们在开始学习下一节课之前,尽快克服学习困难。另一方面,学生之所以出现失误,可能是因为学习起点、课程目标、内容和策略甚至评估方面存在问题,教师应当予以检讨及调整,使得不同程度的学生都能达到适合他们的个别化学习目标。

(九) 信息技术的应用

对于有特殊教育需要的学生来说,信息技术可以发挥以下功能:作为辅助、康复工具;为学生融入社会作准备;拓展学习经验及评估工具。

第二节 培智学校数学课程的教学方法

教学过程中,教学方法是教师和学生为实现教学目标和教学任务所采取的行为方式的综合。《教育大辞典》指出,教学方法是指为完成一定的教学任务,师生在共同活动中采取的手段。[①] 数学教学法,是指教师为了达到数学教学目的、完成教学任务、遵循教学规律、运用教学手段而制定的师生相互作用的一整套活动方式和手段。[②] 它表现为教师教的方法、学生学的方法,教书的方法和育人的方法,以及师

① 顾明远.教育大辞典.上海:上海教育出版社,1990:199.

② 马云鹏.小学数学教学论.北京:人民教育出版社,2012:133.

生交流信息、相互作用的方式。① 在数学教学过程中，教学方法运用得恰当与否，将直接关系到教学任务的完成与教学效果。事实上，不同的教学方法，对不同的教学内容及不同学生的学习表现影响程度不同，倘若一堂课仅使用一种教学方法，将无法满足教学的实际需要。因此，教师应熟悉各种教学方法并灵活运用，以便适应学生的需求与学习表现，适时加以调整，使得学生的学习成效最大化。下面具体介绍几种在培智学校数学教育中常用的教学方法。

一、直接教学法

（一）直接教学法的内涵

直接教学法（direct instruction）也被称为明确教学法（explicit teaching），是根据直接教学理论创设的，是一套教师应用组织紧密、系统层次分明的教材教法，可以直接预防与补救学生的学业及其他技能的教学模式。② 直接教学法是以教师的教学为中心，也就是教师主导上课活动，提供有利于学习的教学气氛，让学生直接通过课程来学习技能。③ 也就是说，教学的主体是教师，教师控制自己的教学效率，并且清楚要教些什么，学生将学到些什么。教师经过精准的、仔细计划和建构的教学活动，以协助学生熟练数学技能。教师应担负起控制影响学生数学学习成效的责任，包括教学方案的设计、技能的呈现与教学的组织等。④

直接教学法具有以下特点：第一，在学生学习每一要点时，教师会直接让学生了解学习的重点所在；第二，教学过程中，教师通过说明、示范、重述等多种策略，让学生掌握所要学习的知识与技能；第三，学生学习的内容要符合“实用”与“类化”等特点。

直接教学法是一套蕴涵众多理论，系统分明、组织清楚的教学方法，其所依据的理论有应用行为分析，包含教师应对教材进行分析，先聚焦于细分的、可观测的技能，进而形成较高层次的技能，通过选取适当的范例引发学生的动机与注意力，及时修正学生的错误并给予回馈等。直接教学法还依据沟通分析理论，主要包括师生间的互动、教导知识的过程、安排流畅的教学顺序、教师口语表达要清楚，为学生提供叙述清楚的教学等。此外，教师还需利用共同性来分析不同的知识，找出其相同的部分，并设计相同的策略来教导学生。

---

① 巴班斯基主编，吴式颖等译. 教育学. 北京：人民教育出版社，1986：206.

② 卢台华. 直接教学法在智能不足教学成效上之探讨. 教与学，1985，4：16—17.

③ Learner, J. W. (1997). *Learning Disabilities*. Boston, M A: Houghton Mifflin Company.

④ Bartel, N. R. (1995). *Problems in Mathematics Achievement*, *Teaching Students with Learning and Behavior Problems* (6th ed.). Austin, TX: 78757 - 6897.

直接教学法历经多年的实验与发展，已被证实是最有效的数学教学法之一。[①]直接教学法对于有数学学习困难的学生非常重要，它能够提供明确的示范与说明，比较容易增进学生对数学的理解，同时降低认知负荷。美国数学咨询会的报告指出，明确且系统化的教学有助于培智学校学生的数学学习，特别是在计算与应用题上，学生能将学到的数学技能应用到新的情境上。[②] 研究者针对两名轻度智力障碍的五年级学生进行三位数除以两位数的直接教学干预，通过归纳研究这两名学生的数学错误类型，针对其错误观念进行教学设计，结果发现这两位学生虽然无法完全正确解题，但是学习成效已经有明显的进步。[③]

（二）运用直接教学法的注意事项

直接教学法的主要教学目标，是让学生所要学习的目标知识与技能发展到精熟及自动化的程度。教师在教学时应注意以下问题。

1. 编制与呈现教材

教师准确把握重要概念，紧紧围绕重要概念组织教材，安排教学时间，教学材料应与学生已有的背景知识相联系，这样有助于学生解决问题，为后续学习建立基础。[④] 教师高结构化地呈现教材，提供系统层次分明的教材和舒畅的教学步骤，运用有效的方法提高学生的学习动机与学习成效。

2. 小步骤教学

确认学习目标，分析达成学习目标所需的行为步骤，而后以小步骤呈现教材。一堂课应包括不同的教学活动，每项活动的时间不宜过长，以保证学生处于良好的注意力状态进行有效学习。教师需要控制时间，配合结构化的时间表让学生知道每个时段内的任务。

3. 提供多种教学实例

例题对于数学教学是非常重要的，对培智学校学生来说更有其必要性。若教师选择、设计适当的范例，能增加学生学习数学的兴趣与成功的机会。例题的选择与设计遵循由简到难，由具体到抽象的原则。教师可以先呈现具体实物教学，再进

---

① Przychodzin, A. M., Marchand-Martella, N. E., Martella, R. C., & Azim, D. (2004). Direct Instruction Mathematics Program: An Overview and Research Summary. *Journal of Direct Instruction*, 4(1),53 - 84.

② National Mathematics Advisory Panel. (2008). *Foundations for Success: the Final Report of the National Mathematics Advisory Panel*. Washington, DC: U. S. Department of Education.

③ 李冠颖.直接教学法在资源班数学辅救教学之实例运用.特教通讯,2008,39:19—25.

④ Stein, M., Carnine, D., & Dixon, R. (1998). Direct Instruction: Intergrating Curriculum Design and Effective Teaching Practice. *Intervention in School and Clinic*. 33(4),227 - 234.

行图示表征，最后进入抽象的数学符号运算。这样的呈现顺序，能激发学生的学习兴趣，增进学生对数学问题的理解。

4. 运用多元教学策略

教师运用多元教学策略提升学生的学习效果，包括讲述技巧、引起动机、教材呈现、师生互动、时间控制、增强制度、齐声回答、工作分析、练习小结、作业检查、复习安排等。[①] 齐声回答是指教师通过提问或简单指令让学生集体反馈，可以让一些本来害羞、不愿意回答的学生在齐声的状态下自然地进行练习。这里，齐声回答要与一对一问答相结合。

5. 师生互动

为了及时纠正学生的错误，教师要注意学生的回答，一旦发现学生有错误应立即停止教学，了解分析学生的错误所在，适时示范，并在一段时间后再次测验。[②] 学生与教师的互动是直接的，包括教师提问学生回答、教师引导教学、监督操作练习、安排练习活动等。

二、情境教学法

(一) 情境教学法的内涵

情境教学法，是指在日常生活、学习、工作的人、事、物当中实施教育教学。对培智学校学生来说，教学活动要尽可能在真实或自然情境下进行，而且使用真实的材料，最好是能够考虑到学生所处的生活环境和使用的材料。如认识人民币，选用的人民币最好与市场流通的真币一致，否则在学校学生认识 1 元、10 元，回到家以后就不认识了。如果是这样的话，教学就没有发挥出应有的功能。因此，培智学校数学课程内容领域的教学活动，要根据学习与生活环境来设计。

(二) 情境教学法的步骤

1. 选择情境

选择情境的主要依据是教学目标与教学内容，选择与教学内容关系最紧密的生活情境或学生经验。

2. 调查所选情境

实施情境教学之前，教师应对所选定的情境进行实地调查。调查的内容包括

---

① Mills, P. E., Cole, K. N., Jenkins, J. R., & Dale, P. S. (2002). Early Exposure to Direct Instruction and Subsequent Juvenile Delinquency: A Prospective Examination. *Council for Exceptional Children*, 69(1), 85-96.

② 卢台华，王詹珠. 有效的教学. 特殊教育季刊，1999，74：19—24.

实施情境的时间、条件、地点，涉及的人、事、物等。

3. 分析所选情境

情境分析包括两个方面：一是情境对学生的要求，二是学生处于该情境中的需求。情境对学生的要求是指在什么条件下，有哪些人，做什么和怎么做等。学生在情境中的需求是指某学生在何条件下，与谁一起，做什么，怎么做，做得怎样等。

4. 设计安排教学活动

与情境中相关人员联系，明确本次教学活动的目的，主要的开展方式和程序，相关人员如何配合等。也就是需要提前落实时间、地点、相关人员的任务、相应的材料等。

5. 实施情境教学

教师按照原定的教学设计进行教学，在教学中起到示范与监督的作用，情境中的相关人物也要以身作则配合教学。教学过程中，教师要注意把握教学时间（不宜过长）。教学结束后，教师需要引导学生总结讨论，获得新知。同时，教师需要根据学生的具体表现进行评价。

三、任务分析教学法

（一）任务分析教学法的内涵

所谓任务分析教学法，也叫工作分析教学法，它是对特定的复杂的学习行为和技能进行分析、评定的一种方法，旨在使学生能逐步有效地掌握该行为或技能。[①]任务分析法的适用范围广泛，复杂的工作、学习者感到困难的工作都可以用任务分析法来教学。由于培智学校学生的观察力、理解力和记忆力相对较弱，因此在学习比较复杂的操作性技能时，不能对操作步骤进行有效观察、分析和记忆，而最终导致操作困难。为帮助学生看清楚并掌握正确的操作步骤、规范操作程序，教师常常对相对复杂的技能进行动作技能的分解，即将复杂技能分解成若干个容易观察、容易模仿的细小操作步骤，帮助学生一个环节一个环节地操作实践，使他们掌握完成技能的要点，最后将每一细小步骤连缀成一个完整的操作技能。

（二）任务分析教学法的步骤

1. 设计任务分析

教师首先应该依据学生的个别化教学计划，从中确定适合使用任务分析法的教学目标。分析学习任务所包含的各个部分以及各部分之间的联系，将一个活动

---

① 赵树铎．特殊教育课程与教学法．北京：华夏出版社，1994：153．

依动作的开始至动作结束的过程编排顺序，分解成多个小步骤。每个步骤的说明力求简单、明了。每一步只能包括一个独立的动作，以便于观察。

2. 实施任务分析

教师依据任务分析的结果，以小活动为单位，一个步骤一个步骤地进行教学。每个步骤完成后，引导学生依任务步骤从第一步开始到最后一步连续活动。例如，在购物技能的教学中，多数采用任务分析法将购物技能按顺序分解，逐项教学，颇具成效。购物活动可大体分解成以下环节：(1)确定购物时间；(2)制作购物清单；(3)去商店；(4)确定商品所处位置，挑选商品；(5)排队结账；(6)返回。①

3. 教学反馈

在教学过程中，如果出现教师预期的行为结果要给予适当的强化，提供积极反馈。强化物包括实物性强化、条件性强化及自我强化；对错误的行为或非预期的行为结果要给予矫正或适度惩罚，包括口头矫正、重新再做、适度惩罚；对没有行为反应，应给予提示，提示包括手势、口头说明、示范和身体协助等。

(三) 运用任务分析教学法的注意事项

1. 任务分析教学法适用的范围

任务分析教学法适用于具有功能性的行为技能，如辨认时刻、认识钱币、购买物品、比较价格等的教学，其行为目标可以进行任务分析。它不适用于单一反应的教学(如背诵九九乘法表)或者重思考且不利于观察的教学(如四则运算)。

2. 教学效果的记录与评估

在实施任务分析教学时，教师应对开始的行为进行测试记录，进入教学过程以后，应对教学效果进行记录。明确每一个步骤的评估标准和要求，对学生掌握每一个步骤的情况进行评估。

3. 难点步骤的再分析

在进行某些技能训练时，原来分析的任务步骤可能对某个学生来说显得难度比较大，这时需要教师把这个步骤再划分为更小的步骤，以便学生进行学习。

四、游戏教学法

(一) 游戏教学法的内涵

游戏教学法，是指运用游戏，将教学目标、教学内容融入其中，教师、学生通过

---

① 柳笛. 国外智力障碍儿童钱币管理技能教育研究进展. 中国康复理论与实践，2015，21：176—179.

游戏方式，遵循游戏的规则进行教学。游戏教学法是儿童数学学习中一种十分重要的途径和方法，它更有利于调动学生的积极性，激发学生的学习兴趣，体现出学生的学习特点和身心发展的特点。维果茨基认为，通过引导与协助，儿童从游戏活动中发展出最近发展区，游戏中的想象情境可以帮助儿童发展抽象思维。

(二) 游戏教学法的分类

游戏的种类繁多，有趣味游戏、团体游戏、户外游戏、智力游戏等，分类标准不一，类别各异。

根据学科分类，游戏可分为：语言游戏、数学游戏、音乐游戏、体育游戏、舞蹈游戏。

根据侧重类型分类，游戏可分为：操作性游戏、情节性游戏、竞赛性游戏、运动性游戏、智力游戏。

根据人员组成方式分类，游戏可分为：个人游戏、小组游戏、团体游戏。

(三) 运用游戏教学法的步骤与注意事项

游戏教学法的实施步骤包括：了解学生的游戏兴趣；了解学生的游戏水平和游戏能力（玩什么，怎么玩）；游戏活动的设计与安排；确定游戏类别；决定游戏人员组成方式；编制游戏规则及游戏的结果；安排游戏环境（安全、探索、有吸引力）；准备游戏材料和玩具；形成教案。

教师在游戏教学时应注意以下问题：

1. 讲清、示范游戏要求或规则

游戏教学法是根据儿童具体形象的思维特点，将抽象的数学知识寓于学生感兴趣的游戏活动中。游戏活动中，教师必须注意讲清楚游戏的要求与规则，让学生在活动中体验、经历过程，起到巩固和加深对某概念的内涵或运算规律的理解。这样，可以确保活动具有一定的方向性，减少盲目性与随意性。

2. 总结评议游戏活动

游戏活动结束时，教师要引导学生讨论活动结果，帮助学生概括出数学语言，使感知到的知识经验系统化、符号化。不同类型的游戏活动对学生思维训练的作用是各不相同的，但游戏的意义在于激发儿童学习的兴趣及促进思维的发展。好的游戏活动能帮助学生形成数学概念，让学生运用数学的知识技能，不着痕迹地达成教学目标。

3. 收拾整理游戏活动的现场

教师有必要在游戏结束的时候，指导大家收拾、清理游戏场地，养成良好的生活习惯。

案例 3-1

拍苍蝇[①]

游戏要求：

3—6 人一起玩，1 人为游戏的组织者，其余玩家各手持一个苍蝇拍，如图所示。

游戏规则：

(1) 游戏开始前，选择一张花朵卡片放在中心。

(2) 游戏开始时，组织者投掷 1 个十面骰子。

(3) 当骰子停下时，玩家观察骰子上的点数是几，将它和花朵卡片上的数字相乘，计算结果。

(4) 迅速找到有这个得数的苍蝇卡片，以最快的速度拍向这张卡片。

(5) 正确并且最先拍到苍蝇卡片者会拿到一个木制的苍蝇作为记录。

(6) 游戏直至木制苍蝇被玩家全部拿走为止。哪个玩家获得的木制苍蝇最多，哪个玩家为胜者。

(7) 当玩家对这个游戏非常熟练时，可以提高难度：将花朵卡片收好，将所有的苍蝇卡片拿出来，组织者同时投掷两个骰子，观察两个骰子的点数，将两个点数相乘，计算结果。

“拍苍蝇”游戏教学

五、建构教学法

(一) 建构教学法的内涵

建构教学法依据建构主义理论，强调知识是个体主动建构而成，以发展其逻辑

① 此教学案例来自上海市董李凤美康健学校（作者：陈艳），有改编。

基础能力，建立概念。维果茨基提出建构教学的论点，主张教学应以学生先前经验为基础，挑战现有认知结构，进行同化和调适。[①] 教师应提供社会支援，通过师生、同伴的互动提供学习的架构。建构主义的观点认为，学习的本质是人类生活中的一种活动，教学必须从生活事件中建立概念。建构教学法以学生为中心进行教学，培养学生有效运用知识技能来解决实际问题的能力与态度；强调做中学，注重学习历程而非仅重视学习成果；引导学生将学习主题与生活事件做充分结合，借助具体事物、生活情境、非形式的表征，促使学生认识学习的意义，提升学习的兴趣，使学生体验问题的解决，让学生建立深刻且较长久的概念。

（二）运用建构教学法的注意事项

直接教学法的主要教学目标，是通过教学活动，让学生自行理解所要学习的目标知识与技能发展。在建构教学法中，教师的角色由知识传授者转变为支持者。教师在教学时应注意以下问题。

1. 充分了解学情

教师在充分了解学生的背景知识与学习情况下进行教学活动设计，根据学生的现实情况安排合适的学习活动。

2. 注重学习过程

教师不仅要注重学生的学习成果，更要重视学生的学习过程。通过设计教学任务不断与学生讨论，可以请学生说出他的思考过程与解题方式。这样来，不仅可以增加学生对问题的理解，还可以提高学生的注意力，减少冲动行为的发生。其间，教师通过提问来了解学生的掌握情况，帮助学生获得知识与技能。

3. 提供生活情境

教师要引导学生运用知识与技能解决日常生活中的简单问题，发现数学知识与日常生活之间的联系。

4. 进行多元评估

教师运用多元化与持续性的评估，了解学生的学习状况与学习成长趋势。通过评估结构，教师也可以发现学生的学习难点，寻求其他有效的教学途径；同时诊断教学，注意自己对学生的学习认知情况是否存在误解，由此调整教学。

---

① Vygotsky, L. S. (1978). *Mind in Society: The Development of Higher Psychological Processes*. Cambridge: Harvard University Press.

六、电脑辅助教学法

(一) 电脑辅助教学法的内涵与特点

电脑辅助教学(computer-assisted instruction，CAI)是一种直接运用电脑交互模式来呈现教材,并控制个别化学习环境的教学过程。电脑辅助教学不仅协助教师从事个别化教学,使学生能按照自己的能力和进度进行学习,同时亦可以记录学生的个别学习进度,帮助教师了解学生的学习情况,进而作为教学改进之用。在电脑辅助教学的教学模式中,电脑表面上扮演了助教的角色,通过与学习者互动交流,引导学习者进行个别化学习。但实际上,电脑只是一个教学传递的媒介,真正负责整个教学流程的仍是教师。[①] 针对培智学校学生的学习特征,电脑辅助教学法具有以下特点。

1. 提供多感官的教学效果

电脑辅助教学可以提供语音合成、视觉显示、特殊音效、趣味图画及情境模拟,教师可以借此营造学习气氛,提高学生的学习动机,增进学生的学习效果。

2. 提供个别化的学习机会

由于电脑本身的存储量大,执行速度快,可以将各种不同且复杂的问答情况设计在教材中,再配合学生的不同需求,给予适当的反馈。也就是说电脑辅助教学可以提供一对一的个别教学,匹配学生的学习程度与能力,提供适当的教材与充分的练习机会。电脑辅助教学还可以培养培智学校学生自我控制和独立作业的能力,减少其依赖性。

3. 提供立即反馈

电脑辅助教学可以利用电脑向学生提出问题,学生经过思考再回答,并且被纠正或被鼓励,这样可以让学生迅速得到反馈,并自我校正错误。此外,按键式学习可以弥补培智学校学生因生理缺陷而造成的书写不便。

4. 提供多次反复的练习机会

通过精心设计一系列练习活动,电脑辅助教学可以增加学生对一些新的知识技能或一些刚学过的概念的熟练度,或者复习曾经学过的内容。可以让学生反复练习,这符合培智学校学生的学习特点。此外,电脑可以记录学生的学习情况,供教师调整教学和辅导学生时参考。

---

① 邵美雀.透过解体活动进行建构教学之网络电脑辅助教学设计之研究——以国小数学出发为例.台南:台南师范学院科学教育研究所硕士论文,2002.

5. 教材经过设计与安排，降低学习的难度

电脑辅助教学软件的设计，经过概念分析、教学设计和评估，并将学习过程细分为许多小步骤，以渐进的指导方式来降低学生的学习难度。

(二) 电脑辅助教学法的主要模式

在教学活动中，利用电脑系统所呈现的教材性质、目的和方式各有不同，据此可以划分出以下四种电脑辅助教学模式。

1. 练习模式

练习模式的前提是教师已经讲解或讨论过教材内容中的重要概念、技能以及方法。其方式通常是利用电脑呈现一系列不同类型的问题或实例供学生反复练习。在练习模式中，教师的任务除了事先进行教学之外，还必须预先准备类型练习题，指定学生练习问题并记录学生的成绩。电脑的任务是展现各种问题、评定学生的作答、提供即时反馈并储存学生成绩。

2. 个别指导模式

个别指导模式又称为家教模式，电脑的角色如同家教，提供学生个别指导，所有的沟通互动仅限于电脑和学生之间。其方式是利用电脑呈现一小段教材内容供学生阅读，然后电脑再提出问题，随后根据学生的作答评判对错，再引导学生继续进入下一环节的学习。在个别指导模式中，教师的任务是选择合适的教材输入电脑。电脑的任务是提示教材、提出问题、评定答案、提供反馈、重述重点、记录成绩等。

3. 游戏模式

游戏模式是指以各种有趣的游戏和比赛方式来激发学生的学习动机与兴趣。其功能是提供休闲娱乐，并引导学生从电脑游戏中学习事实、技能。在游戏模式中，教师的角色是限定游戏的程度、指导游戏过程。电脑扮演竞争对手、裁判、记分员的角色。

4. 模拟模式

模拟模式是指学生面对电脑所呈现的模拟实物或情境提出解决对策。它可以节省进入实际情境中的花费或避免在实际情境中遇到的危险。其方式是电脑提供学生日常生活中的虚拟情境，由学生分析解决问题。教师的角色是介绍模拟的主题和背景资料。学生在模拟情境中作出各种决定、选择，电脑对学生的选择进行反馈，并储存结果。

(三) 运用电脑辅助教学法的注意事项

1. 视觉界面要简单清楚

视觉画面要清晰、简单、生动，避免容易干扰学生学习的信息，每个界面最好只

包含一个概念，否则会影响学生的判断。[①] 有研究表明，键盘的操控能力会影响学生在电脑辅助教学中保持注意力，[②]所以电脑辅助教学的操作界面设计不能太复杂，以免增加培智学校学生的学习难度。此外，视觉界面力求简单明了，功能键要明确，以免培智学校学生误按。

2. 符合学生的认知发展

不同障碍程度的学生在参与电脑辅助教学的过程中，应根据学生的实际水平和认知发展特点而有所不同。对于培智学校学生来说，学习的产生要以旧的知识经验来重组新的知识，尤其是抽象思考的学习，更要配合其原来的起点行为才能促进其学习。因此，电脑辅助教学的教学内容及难易程度，必须配合培智学校学生的认知发展，才能促进教学取得成效。[③]

3. 减少过多的声光效果干扰

电脑辅助教学的最大特点就是可以提供多重感官刺激，然而有研究发现，过多的声光刺激有时会转移培智学校学生的注意力，影响学习效果。[④] 因此，在设计培智学校学生的电脑辅助教学时，提供多重感官刺激是必要的，但需要减少过多的声光刺激，这样才不会让教材焦点模糊化。

4. 与其他方法有机结合

电脑辅助教学法在培智学校学生理解建构数学概念过程中的作用是独特的，但它并不是唯一有效的方法，需要与其他方法有机结合运用其优势方能表现出来。因此，在强调发挥电脑辅助教学功能的同时，也要考虑它与其他教学方法的有效结合，共同促进培智学校学生的数学学习。

七、合作学习教学法

(一) 合作学习教学法的内涵

合作学习教学法(cooperative learning)主要是根植于社会心理学的小团体理论(small group theory)，此理论认为小团体的成员会相互依赖并产生隶属感、荣誉

---

① 曾建章.多媒体电脑辅助教学在启智教育上的应用.特殊教育季刊，2002，83：22—30.

② 黄福廷.启智学校高职部学生于电脑辅助教学之注意力与学习动机之研究.东台湾特殊教育学报，2002，4：151—170.

③ 同②。

④ 雷桂兰.多媒体电脑辅助教学对国中智能障碍学生性知识、性态度学习效果分析.彰化：彰化师范大学特殊教育研究所硕士论文，1999.

感，此种感情促使成员相互帮助，团结一致。[①] 合作学习教学法，是指同一组内学习成员之间分工合作，共同利用资源，彼此谈话讨论、交换思想、互相支援，每个人尽力表现出最大的潜能。合作学习教学目标包括：增进学生彼此的沟通技巧和理解能力；培养学生的合作能力；养成学生善待他人的态度，建立良好的人际关系。合作学习最初应用于普通教育的课程，但在特殊教育领域发挥其最大功能，能够为有特殊需要的学生提供另一个学习管道与学习机会。

合作学习教学的执行包括四个步骤：[②]

第一，课前准备。教师于课堂中执行合作学习时，须在课前妥善设计小组人数、学生分组方式，分配组内成员角色、运用教室空间以及准备教材。

第二，教学实施。在教学实施过程中，教师的主要任务在督促合作学习小组的学习，并促进其学习效果。为了达到这一目标，教师应具体描述课程目标、说明学习任务、拟定成功的标准、清楚地解释作业及目标结构、建立组员间的相互信赖感，并适时介入以提供作业辅助或增进人际与团体的技巧。

第三，评分与表扬。在评量合作学习的成果时，教师应同时注重学生个人的努力与小组的整体表现，进行评分与及时表扬。

第四，教学反思。

（二）运用合作学习教学法的注意事项

1. 明确学习任务

在学习开始，教师必须明确说明学习目标、学习重点和作业要求。这些说明主要是为了促进学习的成功。教师在说明之后，应让学生提出问题，各小组在学习任务开展之前，应先确认任务。

2. 进行分组

在分组之前，教师首先要根据班级人数、空间大小及学习任务的难易程度等因素来决定组别和小组人数。其次采取适当的分组方法，决定每组的组成。分组的基本原则是异质分组，即组员在学习能力、学习动机、成就及行为特质等方面的异质性。教师将学生依据不同能力分组，使得每组成员的结构类似于整个班级的结构。

3. 明确组员分工

每组选一位组长，主持讨论及分派工作，小组每一位成员依据能力完成不同的

---

① 林宝山. 教学原理与技巧. 台北：五南图书出版公司，1998：175—180.

② 钮文英. 启智教育课程与教学设计. 台北：心理出版社，2003.

工作任务。小组成员间互相讨论和协助,促进学习成功。如果任务不明确,就会出现组内有学生不愿分担工作,造成团体目标无法完成,影响团队成绩。

4. 教室座位空间安排

有效的合作学习与教师对教室空间的安排密切相关。座位空间安排应设法增进小组成员的学习,尽量避免其他小组可能带来的干扰。因此,空间的安排应避免太过密集,小组座位要便于小组成员的互动与讨论。

5. 学习成就评价

合作学习的评价包括个别学生成绩评价和小组总成绩评价两个方面,评价方式可采用口试、笔试及课堂观察等。教师应适时表扬学生的学习成果,从而激励学生个人和团体的学习动机。个别学生的成绩应表扬,但小组的优异表现才是表扬的重点。教师可根据学生的成绩高低以及进步的大小来给出不同形式的表扬,如课堂口头称赞、给予奖品、颁发奖状等。

八、问题解决教学法

(一) 问题解决教学法的内涵

在生活中我们经常遇到各种问题,包括学习上的问题,日常生活上的问题等。不管是学业问题还是生活情境问题,是否善于利用问题解决策略是个人适应生活与否的重要决定因素。问题解决是指个体面对问题情境时,以合理的过程综合运用知识技能以期达到解决目的的思维活动,是一个运用学得的原则以解决问题的心理历程,其过程包括问题解决的计划及解决的执行,常常是一个尝试错误的历程。①

一般来说问题可以分为几种类型:一是结构性问题,指按照程序性的思维方式思考推论,即可求得答案的问题,教科书上所呈现的问题均是结构性问题;二是非结构性问题,指情境因素不明、因素不定、不易找出线索的问题,解决此类问题并无任何固定程序可循。② 解决一个数学问题,一般可按一定的程序来进行。例如,波利亚提出四个步骤:首先,学生需要分析及阐释资料,以清楚了解问题;第二,选择解决这个问题的适当方法及运用这个方法;第三,把问题的答案或结论表示出来;最后,验证答案或结论的合理性。有研究者将问题解决分为五个步骤:确定问题,

① 陈丽如.身心障碍学生教材教法.台北:心理出版社,2007:174—177.
② 同①。

分析问题的意义及性质，试探所有可能的解决方法，找出可能的最佳解决方法，执行解决方案及验证。①

学生常因难以发展有效的认知处理过程而影响问题解决的能力。② 问题解决策略特别适合教授数学解题困难的学生。对社会知觉有困难的学生，应适当用故事性的方式引导问题解决，引导个人在面对问题、面临抉择、实践学习、获取经验的问题解决过程中成长。例如，教师提出问题，可以让学生用自己的话叙述问题，然后找出解决问题的方法。③

(二) 运用问题解决教学法的注意事项

1. 问题解决策略

教师讲授问题解决策略的意义与技巧，包括讲授解题中问题的理解与具体陈述问题的技巧、训练学生运用技巧来解决问题，以及建立问题解决的意识。

2. 示范解答

问题解决过程中，示范解答是一件相当重要的事情，而教师是学生进行问题解决的重要榜样。因此，教师需要十分了解问题解决的策略，并直接将问题解决策略交给学生，利用教学示范让学生掌握问题解决的相关步骤。

3. 对学生解答的反馈

在学生解答问题时，教师应对正确的表现给予鼓励，对于错误之处给予暗示而不是直接给予答案。问题经学生解答后，教师在学生集体面前引导学生分享自己的解题过程与策略，并在适当的时候进行引导。

以上介绍的教学方法各有千秋，但也有不少共同之处。教师应根据学生的能力与需求以及教学内容，选择适当的教学方法，或将几种教学方法综合起来使用。

讨论与探究

1. 培智学校数学教学的原则是什么？

---

① Kolb, S. M., & Stuart, S. K. (2005). Active Problem Solving: A Model for Empowerment. *Teaching Exceptional Children*, 38(2), 14-20.

② Cawley, J. F., & Vitello, S. J. (1972). Model for Arithmetical Programming for Handicapped Children. *Teaching Exceptional Children*, 39, 101-110.

③ Cegelka, P. T., & Berdine, W. H. (1995). *Effective Instruction for Students with Learning Difficulities*. MA: Allyn & Bacon.

2. 简述培智学校数学教学建议。

3. 什么是培智学校数学教学方法？常用的方法有哪些？

4. 举一个案例说明“游戏教学法”的内涵与实施过程。

5. 举一个案例说明“任务分析教学法”的内涵与实施步骤。

进一步阅读的文献/网站

1. 纽文英.启智教育课程与教学设计.台北:心理出版社,2003.

2. 陈丽如.身心障碍学生教材教法.台北:心理出版社,2007.

3. 陈云英.智力落后课程与教学.北京:高等教育出版社,2007.

4. 刘春玲,马红英.智力障碍儿童的发展与教育.北京:北京大学出版社,2010.

5. 王欣宜,王淑娟等.特殊教育理论与实务.台北:心理出版社,2000.

第四章　常见的量的教学

通过本章学习，你能够：

1. 了解量、计量概念的内涵；
2. 了解时间的概念与特点；
3. 了解人民币的定义与分类；
4. 了解分类、一一对应、排序概念的内涵；
5. 明确培智学校学生认识量概念的一般过程；
6. 明确培智学校学生时间概念的发展特点；
7. 掌握如何认识量概念的教学过程；
8. 掌握认识钟面的教学过程；
9. 掌握认识不同面值人民币的教学过程。

“常见的量”是培智学校学生日常生活中经常接触到的数学内容。在现实生活中，存在着各种各样的量。比如，学生手中课本的长度、宽度、厚度，马路上行驶车辆的速度，以及车辆可以承受的重量。从这些描述中，你可以体会到客观世界中的各种量。本章将首先介绍有关量的基础知识，学生有关量概念的发展特点，以及常见的量的教学。

第一节 常见的量的基础知识

一、量

(一) 量

量是事物存在的规律和发展的程度，[①]是客观世界中事物或现象所具有的可以通过测量等手段加以认识的属性。[②] 如，测定物体的长短、大小、轻重等各种属性。量可以分为不连续量(分离量)和连续量(相关量)两种。不连续量是表示物体集合中元素的个数，例如一堆苹果的个数、一个班级的人数、小棒的根数等，这些都是不连续量；连续量是表示物体属性的量，例如长度、体积、时间、速度等都是连续量。

(二) 数与量

日常生活中，我们经常把“数”和“量”联系在一起使用，说明这两个概念关系密切。数表示事物的多少或事物的次序，量表示事物性质的单位。事实上，客观世界不存在没有量的事物，也不存在脱离量的数，量测定的结果可以用数来表示，我们常常把数和量连在一起说成为数量。数量是对现实生活中量的抽象。[③] 在日常生活和生产实践中，人们创造出了一些语言来表达事物量的多少，比如一粒米、两条鱼、三个蛋等，我们把这种有实际背景的、关于量的多少的表达称为数量。

二、计量

(一) 计量与计量单位

计量，就是把待测定的量和一个作为标准的同类量进行比较的过程。通常人们所说的计量，是指连续量的计量，对于不连续量则需要计数。如用尺量物体长度的过程就是计量，因此我们也可以说计量物体的长度。

用作计量的标准量称为计量单位，是具有约定定义的特定量。如，国际标准制(SI)中将“米”定义为光在真空中 1/299 792 458 秒所经过的距离。由于计量的实际需要，每一种量都有很多不同的计量单位，同一种量的各种计量单位称为同类单位。在同类单位中，把其中一个计量单位称为主单位，其他单位叫作辅助单位。如

---

① 黄毅英.数学教师不怕被学生难倒了——中小学数学教师所需的数学知识.武汉：华中师范大学出版社，2012：1—4.

② 金浩.学前儿童数学教育概论.上海：华东师范大学出版社，2000：214—215.

③ 史宁中.基本概念与运算法则.北京：高等教育出版社，2013：3—5.

长度单位的主单位是米，而千米、分米、厘米、毫米为辅助单位。

（二）计量器具

计量器具是指能直接或间接测出被测对象量值的装置、仪器、仪表、量具和用于统一量值的标准物质，如秤、尺子等。计量器具在计量工作中具有相当重要的地位，全国量值的统一首先反映在计量器具的准确可靠和一致性上。所以，计量器具是确保全国量值统一的具体对象和手段，也是计量部门提供计量保证的技术基础。

（三）计量方法

一般常用的计量方法有直接计量法和间接计量法（例如，先量出书桌的长和宽，再求出其面积）。把计量的量同计量单位进行比较，直接得到要计量的量的结果，这样的计量叫直接计量。如量书桌的长度，可以用尺子去量直接得出结果。有些量不能或没有必要运用相关的计量单位去计量，而是采用间接计量，即先直接计量有关的量，再通过计算得到要计量的结果。如计算长方形的面积，一般是先直接量出它的长与宽，再用面积公式计算出结果。

三、时间

（一）时间的概念与特点

时间是一个较为抽象的概念，最早研究时间的科学不是物理学，而是天文学。天文学的一个重要任务就是测量时间，从确定日的长短，四季的变化，到制定历法。时间是一种尺度，表示事件发生之先后，可以按过去—现在—未来的序列得以确定时间点，[①]也可以衡量时间持续的期间以及事件之间的间隔长短。[②] 时间包括时间间隔和时刻两方面。前者指物质运动经历的时段；后者指物质运动的某一瞬间。[③]因此，时间是物质运动变化过程的持续性和顺序性。同物质一样，时间是不依赖于人的意识而存在的客观实在，是永恒的。

时间是无限与有限的统一，就宇宙而言，时间是无限的，时间无始无终；就每一具体的个别事物而言，时间又是有限的。

要了解培智学校学生生活中的时间概念，必须通过学生的时间词语来观察，进而分析学生的说法与时间概念间的相关性，以期了解学生生活中的时间概念。表示时间词语有如下几类：

---

① Oxford Dictionaries：Time. Oxford University Press. 2011.

② Webster's New World College Dictionary. 2010.

③ 夏征农. 辞海. 上海：上海辞书出版社，1999：1525.

第一类，表示时间的顺序，如：先、后、同时、再以前、以后等。

第二类，表示时间的阶段，如：秒、分、时；早上、上午、中午、下午、白天、晚上；昨天、今天、明天；日、星期、月、年等。

第三类，表示动作的时态，如：正在、已经、将要等。

第四类，表示不确定的时间阶段，如：有一天、从前、有时、老早等。

第五类，表示速度，如：快、慢、快点、慢点等。

时间的特点包括：(1)流动性，时间与物质的运动相联系，是一秒秒、一分分地过去，川流不息，不以人的意志为转移的。(2)不可逆性，人出生，成长，衰老，死亡，没有反过来的。(3)连续性，时间是永远不能也不会间断的。它具有周期性，是一分一秒地流逝，且又是一秒复一秒，一分复一分地交替更迭。(4)抽象性，时间既看不见也摸不着，所以人们总是要通过某种媒介来认识时间。比如，自然界的周期性现象，如太阳的升落、季节的变化等。(5)相对性，时间的程序不是绝对不变的。如某一天的晚上比该天早上晚，但今天的晚上则比明天的早上早。

(二) 时间与时刻

时间有长短，而时刻没有；时刻有先后，而时间没有。如果用一条线段表示一段时间，那么这条线段上的每个点都表示时刻，而两个时刻之间间隔长短又是时间。例如，早上 8:00 上课铃声响时开始上课，8:00 就是一个时刻，指一个点；8:35 下课，这里的 8:35 也是时刻；而一节课有 35 分钟，它具有长度，这是时间。

在生活中，时刻经常又被说成时间，如：火车什么时间开？但是，一般不会把时间说成时刻。表示时间的单位可以是时、分，也可以是小时、分钟；而表示时刻的单位只能是时、分，不能是小时、分钟。

(三) 年、月、日

现在所说的年、月、日是按公历计算约定而成的。公历，是以地球绕太阳公转的运动周期为基础而制定的历法，由罗马教皇格列高利十三世在 1582 年颁行。公历是阳历的一种，于 1912 年开始在中国正式采用，取代传统使用的中国历法农历，而中国传统历法是一种阴阳历，因而公历在中文中又称阳历、西历、新历。

年，或称地球年、太阳年，是指地球在轨道绕太阳公转一圈所用的时间。由 1984 年起，天文学上采用儒略年作为统一的年的时间单位，规定为精确的 365.25 日。年是一种计时单位，公历平年一年为 365 日，闰年一年为 366 日。[①] 如果年份

① 夏征农. 辞海. 上海：上海辞书出版社，1999：1230.

是 400 的倍数或年份是 4 的倍数且不是 100 的倍数，则该年是闰年。比如，1700、1800、1900 年不是闰年，1600 年、2000 年、2400 年是闰年。

月，是指月球绕地球公转一圈所用的时间。公历一年共 12 个月，其中 1、3、5、7、8、10、12 月都是公历大月，为 31 天；4、6、9、11 月都是公历小月，为 30 天；公历平年的 2 月叫平月，为 28 天；公历闰年的 2 月为 29 天。

日，是指地球自转一周的时长，也就是一个白天加一个黑夜，一日共计 24 小时。自 1967 年后，科学上“日”已被国际度量衡局规定为 86 400 秒。1 日＝24 小时＝86 400 秒。

(四) 24 时计时法

24 小时制的规则是把每日由午夜至午夜共分为 24 个小时，用数字 0 至 23 表示(24 是每日完结的午夜)。这个时间记录系统是现今全世界最常用的。24 小时制是国际标准时间系统。

在 24 小时之中的时间书写格式为“小时:分钟”，例如，01:23。在 24 小时之中，一天开始于午夜 00:00，每天的最后一分钟开始于 23:59 而结束于 24:00。某一天的 24:00 等同于其下一天的 00:00。数字时钟显示从 23:59 到 00:00，它从不会显示出 24:00。这样，从 23:59 到 00:00 就可以精确地确定新的一天的开始。但是，24:00 的表示方法更能明确地确定一天的结束时间。

12 小时制和 24 小时制从上午 1:00 到下午 12:59(01:00 到 12:59)是相同的，从下午 1:00 到午夜 12:00(13:00 到 24:00)是不同的，需要在 12 小时制加上 12 小时就能转换成为二十四小时制，从午夜 12 点到凌晨 12:59(00:00 到00:59)12 小时制需要减掉 12 小时转换到 24 小时制，具体见表 4－1。

表 4－1 12 小时制和 24 小时制

12 小时制	上午 12:00	上午 1:00	上午 2:00	上午 3:00	上午 4:00	上午 5:00	上午 6:00	上午 7:00	上午 8:00	上午 9:00	上午 10:00	上午 11:00	上午 12:00
24 小时制	00:00	01:00	02:00	03:00	04:00	05:00	06:00	07:00	08:00	09:00	10:00	11:00	12:00
12 小时制	下午 12:00	下午 1:00	下午 2:00	下午 3:00	下午 4:00	下午 5:00	下午 6:00	下午 7:00	下午 8:00	下午 9:00	下午 10:00	下午 11:00	下午 12:00
24 小时制	12:00	13:00	14:00	15:00	16:00	17:00	18:00	19:00	20:00	21:00	22:00	23:00	24:00

(五) 计时工具

中国古代的计时仪器有太阳钟和机械钟两类。太阳钟是以太阳的投影和方位来计时，分别以土圭、圭表、日晷为代表。由于地球轨道偏心率以及地球倾角的影响，真太阳时和平太阳时是不一致的，机械钟应运而生，其代表有水钟、香篆钟、沙漏。

1656 年，意大利物理学家伽利略从教堂里的吊灯中受到启示，发明了摆钟，从此钟表就诞生了。随后由于航海导航对时间的精确性要求，时钟的可靠性及精确性得到了进一步提升。不过，当时的钟表极其简陋，只有一根指示“小时”的时针，到了 18 世纪才出现分针，秒针是在 19 世纪才出现的。人们将一天分为 24 小时，1 小时分为 60 分钟，1 分钟分为 60 秒。

时间的基本国际单位是秒。它现在以铯 133 原子基态的两个超精细能级间跃迁对应辐射的 9 192 631 770 个周期所持续的时间为标准。①

四、质量

物理学中，物体含有物质的多少叫作质量。质量不随物体的形状、状态、空间位置的改变而改变，是物质的基本属性，通常用 m 表示。在国际单位制中，质量的基本单位是千克，符号为 kg。质量单位有微克(μg)、毫克(mg)、克(g)、吨(t)等。

在物理学中，重量是指物所受万有引力的大小，它是矢量；它与重力加速度相关联，在地球上不同地点，重力加速度稍有不同则重量也就不同。重量的单位是牛顿。可见，质量和重量是两个完全不同的概念，重量单位与质量单位也不同。

在地球引力下，重量和质量是等值的，但是度量单位不同。质量为 1 千克的物质受到外力 9.8 牛顿时，所产生的重量称为 1 千克重。一般常用质量单位来代替重量，隐含乘以重力加速度。在中国旧时用斤、两作为重量单位。磅、盎司、克拉等也作为重量单位。

五、长度与容积

长度是一维空间的度量。通常在量度二维空间中直线边长时，称长度数值较大的为“长”，不比其值大或者在“侧边”的为宽。所以宽度其实也是长度量度的一种，另外在三维空间中量度“垂直长度”的高也是。长度的测量是最基本的测量，最常用的工具是刻度尺。长度的国际单位是米(m)，光在真空中行进 1/299 792 458 秒的距离被定义为 1 米。常用的长度单位有千米(km)、分米(dm)、厘米(cm)、毫米(mm)、微米(μm)、纳米(nm)等。

容积是指容器所能容纳物体的体积。容积单位一般用升(l)、毫升(ml)。

---

① Leap Seconds. Time Service Department, United States Naval Observatory.

容积与体积的含义不同。体积是指物体所占空间部分的大小，而容积却是指容器容纳物体的多少。一种物体有体积，可不一定有容积。容积与体积的测量方法不同。在计算物体的体积前一般要先测量长、宽、高，求物体的体积是从该物体的外部来测量，而求容积却是从物体的内部来测量。一种既有体积又有容积的封闭物体，它的体积一定大于它的容积。容积与体积的单位名称不完全相同。体积单位一般用：立方米、立方分米、立方厘米；固体的容积单位与体积单位相同，而液体和气体的体积与容积单位一般都用升、毫升。

六、人民币

（一）人民币的定义

人民币是中华人民共和国建国后的法定货币。[①] 中国人民银行是国家管理人民币的主管机关，负责人民币的设计、印制和发行。人民币是中国人民银行成立后于 1948 年 12 月 1 日首次发行的货币，至 1999 年 10 月 1 日启用新版为止共发行五套。人民币简称为 CNY（“CN”一般用于表示中华人民共和国，“Y”即拼音 Yuan 的首字母，是“Chinese Yuan”的缩写），常用的缩写是 RMB（Ren Min Bi），在数字前一般加上“¥”（取“Yuan”的首字母“Y”，上面加一个“＝”号）表示人民币的金额。

（二）人民币的分类与单位

人民币形成了包括纸币与金属币、普通纪念币与贵金属纪念币等多品种、多系列的货币体系。[②] 人民币按照材料的自然属性划分，有金属币（亦称硬币）、纸币（亦称钞票）。纸币、硬币均等价流通。

人民币的基本单位为圆（简作元），人民币辅币单位为角、分。主辅币换算关系：1 元＝10 角＝100 分。

市场上流通的主要是第五套 1999 年版和 2005 年版人民币。1999 年 10 月 1 日，中国人民银行陆续发行第五套人民币，共有 1 角、5 角、1 元、5 元、10 元、20 元、50 元、100 元八种面额，其中 1 角、5 角为硬币，1 元有纸币、硬币两种。各面额货币正面均采用毛泽东主席建国初期的头像，底衬采用了中国著名花卉图案，背面主景图案选用有代表性的富有民族特色的图案，第五套纸币具体信息如表 4－2 所示，硬币具体信息如表 4－3 所示。人民币的设计充分表现了中国悠久的历史和壮丽的山河，弘扬了中国伟大的民族文化。

---

① 《中华人民共和国中国人民银行法》第三章第十五条。

② 中华人民共和国货币概况. 中国金融家，2005，6：48—50.

表 4-2

第五套人民币纸币一览表

券别	正面	背面	主色
100 元纸币	毛泽东头像	人民大会堂	红色
50 元纸币	毛泽东头像	布达拉宫	绿色
20 元纸币	毛泽东头像	桂林山水	棕色
10 元纸币	毛泽东头像	长江三峡	蓝黑色
5 元纸币	毛泽东头像	泰山	紫色
1 元纸币	毛泽东头像	三潭印月	橄榄绿

表 4-3

第五套人民币硬币一览表

券别	正面	背面	主色	直径
1 元硬币	行名、面额、拼音、年号	菊花	钢白色	25 毫米
5 角硬币	行名、面额、拼音、年号	荷花	金黄色	20.5 毫米
1 角硬币	行名、面额、拼音、年号	兰花	镍白色	19 毫米

七、一一对应

(一) 一一对应的定义

对应,也称映射或映照,是数学最基本、最重要的概念之一。对应指两个集合元素之间的一种关系。设 A 与 B 是两个集合,若有一法则 φ,通过它,对于 A 中的任一元素 a,能确定 B 中的唯一的元素 b 与之对应,则称 φ 为从 A 到 B 的一个对应。这一关系常记为 φ: $a \to b$ 或者 $b=\varphi(a)$, b 称为 a 在 φ 下的象,a 称为 b 在 φ 下的一个原象。

一一对应是一种常见的对应,指两个集合元素之间有一对一的对应关系。设 φ 是集合 A 到 B 的对应,如果在对应 φ, A 的任意两个不同元素 a_1 与 a_2 所对应的 B 的元素 b_1 与 b_2 也不同,而且 B 的每个元素在 φ 下都在 A 中有它的原象,则 φ 是从 A 到 B 的一个一一对应。

若 φ 是从 A 到 B 的一个一一对应,则可确定一个从 B 到 A 的一一对应,它把 B 中的每个元素映射成它在 φ 下的原象。这个一一对应称为 φ 的逆对应,并记为 φ^{-1}。

(二) 一一对应的比较方法

两个集合中的元素通过一一对应比较,可以直接地观察到集合中元素的个数。这种一个对一个的方式较具体形象,能够增强学生感知集合元素的准确性。通过比较得出多少或一样多的结论,能够帮助学生逐步感知到各组中物体的数量,从而获得数的感性经验。

1. 重叠比较

将一组物体摆成一排，再将另一组物体逐个一对一地重叠到前一组物体上面，比较两组物体是一样多还是不一样多。比如，将牙刷一一放置在相应的牙刷杯中，让学生观察发现，并比较它们的多少；或将茶水杯摆成一排，再将杯盖一一盖在水杯上，比较两组物体的多少。

2. 并放比较

将一组物体摆成一排（或一列），再将另一组物体一个对一个地并排放在该组物体的下面（或右边），比较它们的数量多少。比如，先将苹果卡片摆成一排，再将香蕉卡片一一对应地并放在苹果卡片的下面，比较苹果与香蕉的多少。

八、排序

（一）排序的内涵与性质

排序是将两个以上物体，按某种特征上的差异或规则排列成序。例如，把长短不同的三支铅笔按照由短到长的顺序排列。排序是一种复杂的比较，建立在两个物体的比较之上。排序能力的发展，有助于学生认识数的顺序，建立起数序概念。在排序活动中，学生获得对物体按某种差异排序的经验，有助于他们理解数序，懂得自然数中每个数字都有一定的位置，它们是按照一定关系排列起来，形成一个有序数列。

排序是人们认识物体性质的一种方法，关键是找出物体间的关系，并且将这些物体按逻辑进行排列。学生必须对排列逻辑顺序关系有一定的认识，在此基础上，把序列前后元素按照一定规则性的模式关系排列，比如这种关系是递增的或递减的。培智学校学生的生活与学习也常涉及排列活动。例如，做早操时，教师总是让学生依由矮到高的顺序排队；服装店的童装按尺码由小到大陈列；书桌上的书按厚度由薄到厚摆放。

序列结构具备如下的共同特性：①

（1）可逆性，指从两个方向排次序的能力，也就是将物体按一定量的差异排列成递增或递减的顺序。如，由小到大，或由大到小；由少到多，或由多到少等。

（2）传递性，指如果一个物体 A 与物体 B 有此关系，物体 B 与另一个物体 C 也有此关系，那么物体 A 与物体 C 也有此关系。例如，A 比 B 长，B 比 C 长，那么 A 就比 C 长。在比较的过程中，A 没有直接与 C 比较，而是通过一个中间量 B 推导出两个量之间的关系。

---

① R.W. 柯普兰著，李其维，康清镳译. 儿童怎样学习数学. 上海：上海教育出版社，1985：85.

(3) 双重性，指按等差关系排列的物体序列中，任何一个元素的量都比前面一个元素大，比后面一个元素小。例如，三根小棒在由短到长的序列中，中间的一根要比前面一根长，比后面一根短；自然数数列中，任何一个自然数都比前面一个数大 1，比后面一个数小 1。

(二) 排序活动

1. 感官排序活动

感官排序活动，是指将一组物体按照其外观或可以感官察觉的特征(颜色、形状的差异)而排出顺序，如图 4-1 所示。

图 4-1

感官排序活动示例

2. 双重排序活动

双重排序活动，是指将两组物体按照某种逻辑顺序排列，并在两个集合之间建立一一对应关系。[①] 例如，3 个大小不同的布娃娃，要拿 3 个大小不同的皮球，请学生将布娃娃和皮球两组图片对应排序，如图 4-2 所示。

图 4-2

双重排序活动示例

3. 时间排序活动

时间排序活动，是指将一组图片根据时间发生的因果关系或根据时间发生的先后排出顺序。例如，学生起床、洗漱、吃早餐、上学等图片按照时间发生的先后排

① R.W.柯普兰著，李其维，康清镳译.儿童怎样学习数学.上海：上海教育出版社，1985：88—91.

序，如图 4－3 所示。

起床	洗漱	吃早餐	上学

图 4－3 时间排序活动示例

4．量的排序活动

量的排序活动，是指将一组物体按照量的差异进行排列。例如，大小排序、长短排序、高矮排序、粗细排序、厚薄排序和宽窄排序等，如图 4－4 所示。

 大小排序	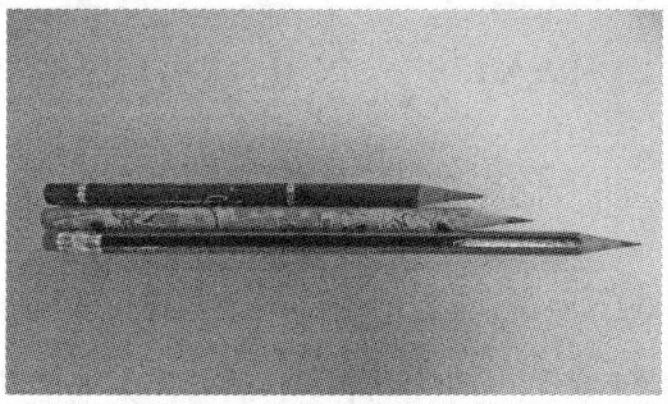 长短排序
 高矮排序	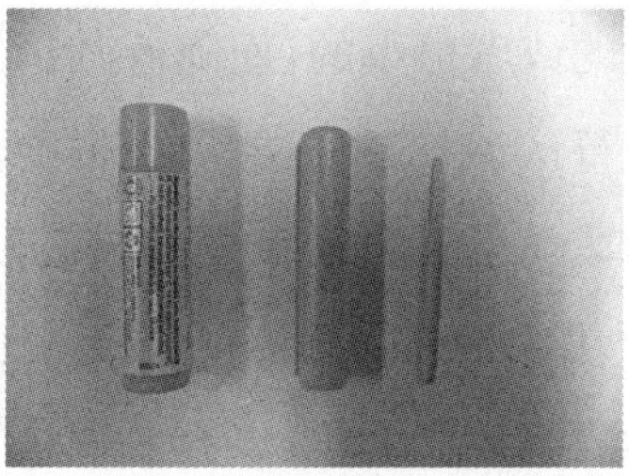 粗细排序
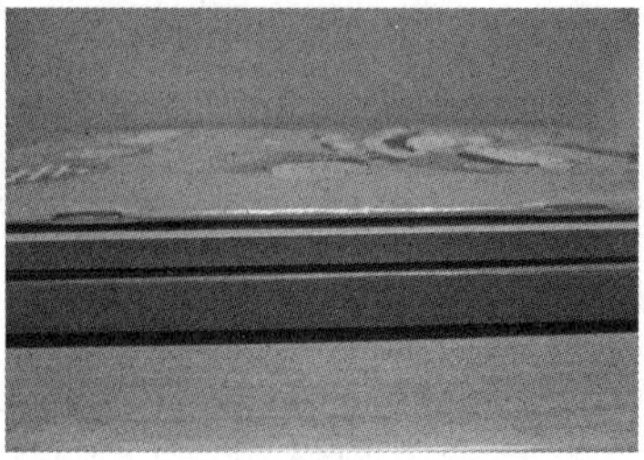 厚薄排序	 宽窄排序

图 4－4 量的排序活动示例

5. 数量排序活动

数量排序活动，是指将一组物体按数量的多少排出次序，它与数量活动密不可分。例如，将圆点卡片或数字卡片进行按数排序，如图 4－5 所示。

图 4－5

数量排序活动示例

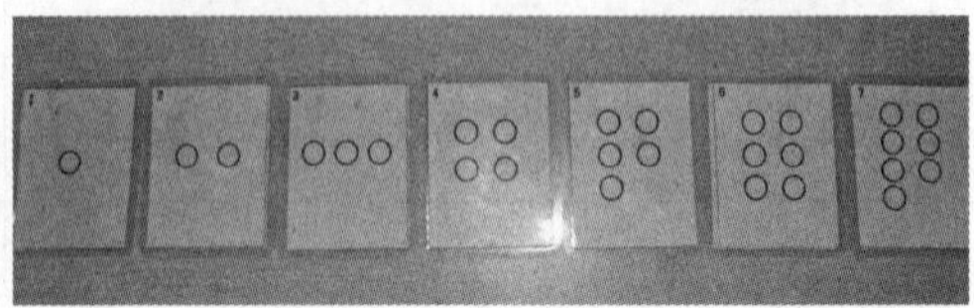

第二节　培智学校学生量概念的发展特点

一、培智学校学生认识量概念的发展特点

（一）培智学校学生认识量概念的一般过程

1. 从明显差异到不明显差异

在心理学中，知觉的分化是指大脑将接受的大量刺激经复杂分析综合后，把被感知的对象从背景中区分开来的功能。[①] 智力障碍儿童知觉分化不够，区分能力较弱。智障儿童对量的明显差异能够感知和区分，能够在差异明显的变量中辨别区分最大的或者最小的，而随着其认知与社会经验的增长，才逐渐能对差异不太明显的量进行认识与区分，能够根据物体量的差异进行排序。在"多少"概念的掌握上，第一学段学生对数量多少的辨别受实验任务差异水平的影响，在比较两组相同物品数量、比较两组不同物品数量、比较三组相同物品数量上的正确率依次降低。从第一学段到第三学段，研究发现培智学校学生在差异不太明显的实验任务上，能够正确辨别数量多少的能力逐渐提升。[②]

2. 从绝对到相对

培智学校学生在感知、区分物体量的特征的过程中还表现出一个重要的特点，即对量概念的理解缺乏相对性。长与短、大与小、多与少等概念，是在比较两个物体的基础上初步建立与认识的。学生最初认为这些是一种绝对化的量，将所掌握的具体物体量的特征（如，大小、长短）看成是绝对不变的。在感知、区分量的学习

① 方俊明，雷江华. 特殊儿童心理学. 北京：北京大学出版社，2011：28—30.
② 柳笛，周琳华. 智力障碍儿童对"多少"概念的理解. 绥化学院学报，2014，10：63—66.

过程中,他们对量的相对性的认识是比较困难的。第一学段学生主要靠直觉形象来感知物体的数量,能够正确判断两组物体数量的多少,但是未能掌握物体数量多少的相对性。在第二学段,能够根据数量关系进行三组物体数量比较、排序的学生大量增加,他们基本掌握数量多少的相对意义。① 因此,学生应从两个物体的比较,逐渐过渡到三个或三个以上物体的比较,进而理解量的相对性。

3. 从模糊到精确

语言是人类社会独有的社会现象,是人类长期生活与劳动中逐渐形成发展的符号系统。② 数的语言对儿童数学知识的学习起着决定性作用,在语言的帮助下才能将现实的多样化的数量、空间和时间关系反映出来。③ 儿童对词汇的理解与应用是和其智力发展水平分不开的。培智学校学生根据已有的生活与学习经验,能够区分物体的大小或长短,但是有时不能用准确的词汇来表达它的意义。培智学校学生常用大、小词汇来表示物体的各种长度,把长的、高的、厚的、粗的物体称为大的,把短的、矮的、薄的、细的物体称为小的。例如,学生把时钟的时针说成是小的针,分针说成是大的针。这种现象反映出学生对物体长度认识上的局限,同时表明其对词义的理解存在问题。长短是指物体两端之间的距离;高矮是指物体从下到上的距离;厚薄是指扁平物体上下两个面之间的距离;粗细是指物体横截面的长度。

学生在词汇的运用和表述上,存在从模糊到精确的发展特点,教师在学生的认知活动中应帮助他们使用准确的词汇,以促使学生形成与变量相一致的概念。研究发现,中度智力障碍学生在成对词汇的掌握上,对正向词的理解先于负向词。④

(二) 培智学校学生量概念的发展特点

培智学校学生在认识与理解常见的量上呈现出学龄的差异。培智学校学生对常见的量的理解能力与对象的知觉线索有关,还与学生数概念的理解能力有关。研究者从对“大小”、“多少”、“长短”概念认识的实验中总结出如下结论。⑤⑥⑦

1. 第一学段学生能够理解量的含义,会进行二者比较

第一学段学生主要通过直观感知理解量的概念,能够正确区分两个物体量的

---

① 柳笛,周琳华.智力障碍儿童对“多少”概念的理解.绥化学院学报,2014,10:63—66.
② 丑荣之,王清汀,梁斌言.怎样培养教育弱智儿童.北京:华夏出版社,1990:160—163.
③ 列乌申娜著,曹筱宁,成有信等译.学前儿童初步数概念的形成.北京:人民教育出版社,1982:158.
④ 孙圣涛,叶欢.中度智力落后儿童对“深”“浅”词义掌握的研究.中国特殊教育,2012,9:30—33.
⑤ 孙圣涛,钟秋婷.中度智力落后儿童对“大”“小”的理解.现代基础教育研究,2011,4:100—104.
⑥ 同①。
⑦ 孙圣涛,钟秋婷.中度智力落后儿童对“长”“短”词义掌握的研究.中国特殊教育,2010,4:7—10.

差异，但是未能掌握量概念的相对性。培智学校学生在做比较时，表现对正向词汇的知觉倾向性。比如，在实验中大部分学生会指着长的物体说“这个长”或者直接把长的物体拿在手中，可见儿童在长短知觉上，对于较长的物体表现出优先选择性。在比较两组物品时，培智学校学生受物品外部特征的影响。在成对相同物品、成对相似物品和成对不同物品比较的实验中，正确率呈现出递减趋势。与完全相同的成对物品相比，相似物品或不同物品在颜色、质地、粗细、大小等方面略有不同。这说明，培智学校学生对两组相似或不同物体的量概念进行比较时，较容易受到物体外部特征的干扰，而忽略物体量的本质属性。

2. 第二学段学生能够对三组物品进行数量排序，基本掌握量的相对性

随着学生学龄的增长，他们对于物体大小的理解逐渐加深，能够对三个或三个以上的物品进行排序。比如，在对 3 个相同物品排列大小的实验中，第二学段学生的正确率为 84%，明显高于第一学段学生的 45%。又比如，在 3 个相同物品多少的排序实验中，第二学段学生的正确率为 51%，明显高于第一学段学生的 17%。经研究发现，在对量概念的理解上，第一学段学生与第二学段学生存在差异，第二学段学生与第三学段学生则没有显著差异。在第二学段，学生的理解能力表现出一个快速的增长。

3. 第三学段学生根据数量关系进行正确排序，处于对量概念认识的稳定阶段

培智学校学生对量概念的理解，在高年级阶段又处于一个发展缓慢的阶段。这主要与培智学校学生思维水平的发展有关。第一学段学生由于其自身认知水平的特点，对数前概念的识别与其目测感知性有关。这种识别能力被看作是早期数概念发展和数数的基础。随着学龄的递增，学生思维能力缓慢增强，由具体形象思维逐渐向抽象逻辑思维过渡，使得他们能够从具体的物体集合中抽象出物体的数量关系。到第二、第三学段，学生对量概念进行判断时，除了依赖视知觉提供的信息之外，其抽象的计数能力也对判断产生影响。

（三）培智学校学生排序能力的发展特点

培智学校学生在物体量的排序能力上呈现出学龄的差异。培智学校学生的排序能力不仅与排序对象的数量有关，还与学生排序中的思维能力有关。我们从对数量多少排序的初步实验中总结出如下结论。[①]

---

① 柳笛，周琳华. 智力障碍儿童对“多少”概念的理解. 绥化学院学报，2014，10：63—66.

1. 第一学段学生通过直观感知选取最大或最小的量，无法正确完成排序

第一学段学生在有关多少的排序时，采用直观感知比较物品的多少，很少采用数数比较数目来进行排列。如果三组物品的数量差异显著（如，对5个、9个、1个三组雪花片进行排序），学生通过观察物体量的多少，往往能够成功找到最多的或最少的；如果三组物品的数量差异不显著（如，对6个、7个、8个三组雪花片进行排序），学生往往通过物体的知觉线索，找到最多的或最少的物体。由于学生对从多到少、从少到多的概念比较模糊，因此不能正确完成任务。例如，二年级学生A对三组物品进行排序，他经常会眼神移向四周，没有进行操作的意向。当主试再次提问，学生A仅能找到三组物品中最多的或者最少的，无法完成排序活动。在整个实验过程中，学生A很难集中注意力，他会不停地触碰物品或东张西望。

2. 第二学段学生通过目测或计数的方法进行排序，排序活动部分正确

第二学段学生在有关多少的排序时，大多采用目测或计数的方法进行排列。如果三组物品的数量差异明显（如，对5个、9个、1个三组雪花片），学生通过目测物体数量的多少进行排序，往往能够成功完成排序活动；如果三组物品的数量差异不明显（如，对6个、7个、8个三组雪花片进行排序），学生能运用计数方法找到最多的或最少的物体，能正确对两组物品进行排序，但对三组物品的排序失误较多。例如，四年级学生B注意力较为集中，对于数量差异不明显的三组物品（对6个、7个、8个三组雪花片）进行由少到多排序，学生B通过计数找到最少的6个雪花片，后面放最多的8个雪花片，之后再放7个雪花片。可以看出，学生B能部分理解排序的含义，却无法准确理解三组物品的排序。与第一学段学生相比，第二学段学生开始运用计数法来比较每组物品的数量，从而提高任务的正确率。研究人员还发现，第二学段学生更懂得合理运用策略来完成排序任务，在完成正排序后，将首尾两组物品互换，得到逆排序。

3. 第三学段学生运用计数方法进行三组物品的数量比较，正确率明显增加

第三学段学生在有关多少的排序时，基本采用计数的方法进行排序。在对三组物品进行排序时，学生运用计数法找到最多（最少）的物品，能正确对三组物品按照递增或递减顺序进行排序。比如，七年级学生C能够数清楚每组物品的数量，且计数动作内隐，准确性较高。而且，学生能够理解由多到少与由少到多是可逆的操作，完成一个正向排序或者逆向排序后，经常采用首尾调换，来完成另一个排序任务。

研究指出，若将学生在排序活动中所达到的思维能力当作排序能力来看待，正

常儿童几种排序能力的发展顺序依次是：正排序、逆排序、传递性、双重性。[①] 这四种排序能力直接受儿童认知水平的制约，从而表现出不同的先后发展顺序。[②] 经研究发现，培智学校学生正排序能力的发展早于逆排序能力。在三组相同物品的数量排序中，"由少到多"正排序的正确率显著高于"由多到少"逆排序的正确率。[③]

二、培智学校学生时间概念的发展特点

（一）认识时间概念的一般过程

1. 对时序的理解是与生活事件相联系

由于时间的抽象性，没有具体形象作为参照，因此培智学校学生认识时间往往与熟悉的生活事件相联系，以此作为参照物。例如，学生理解的早晨，就是天亮了，起床、洗脸上学校的时候；中午，就是吃午饭的时候；晚上，就是天黑了，吃晚饭后写作业的时候；星期一，就是学生上学的日子；星期天，就是在家休息的日子；有小树发芽的是春天，可以游泳的是夏天，有树叶黄了的是秋天，下雪的是冬天等。

2. 对时间的认知经历了一个由近及远，由短及长的发展过程

由于培智学校学生对时间的认知受其生活经验的影响，若他们所直接经历的客观事物越直接越丰富，学生所得的印象越深刻，就越容易形成时间表象。每日的时间周期短，形成的印象自然比每周要深刻，因此学生在循环周期短的时序理解上要好于循环周期长的时序。这说明，学生对时间的认知是由近及远、由短周期到长周期的发展。

3. 对时间的认知是由相对固定性向相对可变性的发展

培智学校学生对时间顺序的认知，由开始认识循环时序周期，认为时序是固定不变的，不具有时间相对可变的概念，到逐渐认识短周期时序的相对可变性，再认识长周期时序的相对可变性。比如，认识"星期"，把"星期五"的图片摆在第一个位置，要求学生摆出后续的图片。学生开始考虑时间关系，他们的思路仍被固定的时间顺序禁锢着，当把"星期五"的图片摆在前面时，学生迷惑不解，随着学生能理解星期和季节时序的相对性，就能清楚准确地完成任务。

4. 受感觉通道、呈现位置、刺激类型的影响

研究者通过对培智学校学生时间知觉特点的实验研究发现，学生进行时间感

---

① 戴佳毅，王滨．4—6 岁幼儿排序能力发展特点的初步研究．幼儿教育（教育科学），2007，10：37—40．

② 林嘉绥，李丹玲．学前儿童数学教育．北京：北京师范大学出版社，1994：168—170．

③ 柳笛，周琳华．智力障碍儿童对"多少"概念的理解．绥化学院学报，2014，10：63—66．

知受感觉通道、呈现位置、刺激类型等因素的干扰。[①] 在时序加工与时距估计任务中，学生采用视听结合的多种感觉通道比仅仅采用单一的视觉通道的效果好。出现这一现象的原因可能是，多感觉通道输入刺激的情况下，被试者接受的刺激方式比较多，各种刺激方式之间形成了很多的融合与弥补，加强了刺激信号的强度，使被试者同时获得了视觉刺激信号和听觉刺激信号。

和正常儿童相比，培智学校学生的位置效应更为明显。研究发现，不少学生只能正确回忆出全部测试项目中刚刚呈现过的那个刺激，而且学生对系列呈现的不同位置的刺激对象的时序记忆表现出明显差异，存在近因效应与首因效应现象。这可能与培智学校学生的记忆容量有限有关，因此他们只能应付最近的时间知觉加工。

在时序记忆任务中，培智学校学生对不同类型刺激的时序记忆成绩有所不同，对数字和图片的时序记忆成绩较好，对汉字的时序记忆成绩次之，对字母的时序记忆成绩较差。出现这一现象的原因，可能因为汉字加工和图片加工是有差异的，汉字加工和图片加工是两个分开独立的加工过程；数字、汉字、字母和图片的识别激活水平上存在差异，图片和数字的激活水平比较高，而汉字与字母的激活水平较低；培智学校学生有限且不同的生活经验以及所处的学习阶段不同，导致他们对不同类型的刺激存在差异。

（二）培智学校学生理解时间概念的发展特点

时间概念的发展主要指不同年龄阶段儿童对客观事物或事件的延续性和顺序性的知觉。智力障碍儿童时间概念的发展与年龄相关，随着年龄的增长而逐步提高，10—12 岁是智力障碍儿童时间概念发展的飞跃期。[②] 在时序、时距的正确率上，中高年龄组高于低年龄组。

研究发现，在简单时序记忆任务与复杂时序记忆任务中，随着年龄的增长，培智学校学生的时序信息加工能力逐步增强，10—12 岁是培智学校学生时序记忆迅速发展的时期。在时距估计任务中，随着年龄的增长，培智学校学生的时距估计的准确率呈现逐步升高的趋势。10—12 岁、13—15 岁两个年龄组的培智学校学生的时距估计正确率均显著高于 7—9 岁年龄组，而 10—12 岁、13—15 岁年龄组之间不存在显著差异。这表明，10—12 岁是学生时距估计能力发展的关键期。

---

① 常倩倩. 智力落后儿童时间知觉特点的实验研究. 上海：上海师范大学硕士论文，2010.

② 同①。

培智学校第一学段学生能初步认识常用时间用语，如“快一点”、“等一下”等，并根据指令做出相对应的动作；对时间量的掌握不准确，没有时间单位量的概念；能够认识上午、中午、下午和晚上，能依照先后次序排列早上、中午、下午、晚上发生的事情；知道经过早晨、中午、晚上就是经过一天，能够逐步认识今天、昨天、明天，能依先后次序排列昨天、今天、明天发生的事件。这个阶段的学生还无法察觉事件重复发生的周期现象，只能隐约感知时间具有连续性。

第二学段学生对时间的认识逐渐向更长的时间段扩展，初步建立起时间更替的观念，发展对时间分化的精确性，能区分较小的时间单位。他们开始认识时钟，钟面上的数字、时针和分针；认识整时、半时、一刻、三刻的含义，能读出钟面上显示的时间；认识电子钟，能读出上面的时间标示；知道一年有 12 个月，一星期有 7 天。

第三学段学生能够灵活运用时间词语，对时刻概念的掌握也较成熟，能使用分为单位来描述时间量，具有了较准确的时间量概念。他们能够了解“时”和“分”的换算，即 1 小时有 60 分钟；能理解 24 小时计时制；能够以“时、分”读出电子钟和时钟上的时间；认识年历表，能根据年历表说出几月几日是星期几。

三、培智学校学生人民币概念的发展特点

（一）培智学校学生认识人民币的一般过程

1. 对钱币概念的理解与其社会生活经验相关

钱币是经济活动中必然涉及的事物，培智学校学生对人民币的认识与其经济活动经验的丰富性有关。[①] 比如，具有初步购物经验的学生一般会购买零食和饮料，因此对 1 元和 5 元人民币比较熟悉。对培智学校第三学段学生的家长进行问卷调查，发现有超过半数的家长带学生到超市去购物，有部分家长平时给学生零用钱购买物品。随着生活经验的丰富，学生会购买图书、玩具、学习用品等，他们对大面额人民币的认识也得到逐步提高。

2. 对钱币的认识受钱币外在属性的影响

智力障碍儿童在辨认硬币时，受硬币的颜色、形状、大小等外观因素干扰。[②] 在计算单位不同的多枚硬币总额时，他们缺乏对硬币面值单位的认识，而将多枚硬币笼统地认为是同一面值进行计算。学生在比较两组硬币的总额时，受硬币数量的

---

① 何金娣. 中重度智障儿童生存教育社会化课堂的实践研究. 上海：上海教育出版社，2010：68.

② 柳笛. 国外智力障碍儿童钱币管理技能教育研究进展. 中国康复理论与实践，2015，21：176—179.

干扰，主要表现为：与比较两枚硬币的币值大小相比，智障儿童在比较两组多枚硬币的币值大小时更为困难；将硬币总额与硬币数量相混淆，即无法分辨相同数量但总额不同的硬币，或相同总额但数量不同的硬币。

3. 人民币的识别能力强于比较币值的能力

智力障碍学生人民币的识别能力强于比较币值的能力。研究者通过货币识别任务与币值比较任务，调查培智学校学生人民币认识与使用的发展，发现培智学校学生在识别货币与比较货币任务的表现上存在极显著的差异。这表明智力障碍儿童对人民币币值大小的掌握要显著落后于辨别人民币。① Suto 等人比较了智力障碍者在货币辨认、货币排序任务上的差异，发现其辨认货币的能力强于货币排序的能力。②

培智学校学生的人民币识别与比较能力，在不同币值范围上存在差异。在人民币识别任务中，10 元以内纸币识别的平均正确率皆高于 1 元以内、100 元以内两个币值范围。在币值比较任务中，平均正确率随着币值范围的扩大而提高，学生在 10 元以内与 100 元以内币值比较的表现显著好于 1 元以内的人民币。

4. 对钱币的认识与其数概念的能力有关

学生对货币面值的判断主要依靠人民币上的数字，因此对数字的识别程度、数量的多少与他们对货币命名的正确率直接相关。数概念的水平与运算技能，直接影响智障儿童对纸币的识别和钱币面值的比较能力。Suto 等人从数概念与基本的货币知识出发对智力障碍儿童进行了考察，通过数量排序、认数、数字排序、货币辨认、货币排序五项任务探索成年智障者货币知识的掌握情况。③ 他们发现，智障者在各项任务的正确率由高到低依次是数量排序、认数、识别货币、数字排序、货币排序。其中，认数的能力强于数字排序的能力，辨认货币的能力强于货币排序的能力。这表明，智障儿童人民币掌握能力与数概念的发展水平有关。

(二) 培智学校学生人民币概念的发展特点

培智学校学生人民币概念的发展表现出随着学龄的增长而逐步提高的特点。各组学生在人民币辨认与比较任务上，总体表现为第二、第三学段优于第一学段，且第二、第三学段之间无显著差异，这表明第三学段是学生人民币理解能力的一个

---

① 柳笛，张黛卿. 中重度智力障碍儿童对简单货币概念的理解. 绥化学院学报，2015，1：10—12.

② Suto，W. M. I.，Clare，I. C. H.，Holland，A. J.，& Watson，P. C.（2006）. Understanding of Basic Financial Concepts Among Adults with Mild Learning Disabilities. *British Journal of Clinical Psychology*，45.

③ 同②。

发展期。[①]

上述发展趋势，与以下几个因素有关。首先，与学生对数字符号的辨认理解能力以及多少概念理解的发展趋势有关。研究发现，学生对多少概念的理解随着学龄的递增而提高，而学生对货币面值的判断主要是依靠人民币上的数字。其次，与学生数概念能力与运算技能的发展有关。随着计数技能与加法运算能力的提高，学生在多张纸币的识别与比较任务上正确率获得大幅提高。再次，与学生社会生活经验的增长密切相关。随着学生学龄的递增，认知能力的发展，教师与家长会有意识地提供学生认识与使用人民币的机会，如到超市购物。

第一学段学生能建立钱币的概念，认识1元、5元、10元，能简单比较10元以内人民币"元"的面值大小，能够识别单张纸币。第二学段学生认识人民币角币，认识1角、5角，比较1元以内角币面值的大小。而且，对单张纸币的识别率明显高于对多张纸币组合的认识。第三学段学生认识10元、20元、50元、100元，能够比较100元以内整十人民币的面值大小。研究发现，学生对1元、10元、100元钱币的掌握略好于5元纸币、50元纸币、1角硬币、5角硬币。[②] 第三学段学生认识多张纸币组合的能力有所提高，如3个1元、7个1元、5个1元、10个1元纸币的得分率高达90%。

第三节　量概念的教学

培智学校数学教育利用学生已有的生活经验和周围环境，将常见的量置于数之前学习，不仅有利于学生形成数概念，更有利于学生理解知识，促进数学思维的发展。

一、认识量

(一) 运用多种感官感知量

培智学校学生最初对量的认识是通过各种感官来理解，在视觉、触觉、运动觉等各种分析器的作用下以及它们的联合活动中，体验到物体的大小、长度、重量等方面的特性。因此，在教学中要让培智学校学生在"看一看"、"摸一摸"、"摆一摆"等活动中感知物体的量，理解量的含义。

---

① 柳笛，张黛卿. 中重度智力障碍儿童对简单货币概念的理解. 绥化学院学报，2015，1：10—12.
② 同①。

1. 视觉观察比较

视觉是人类最重要的一种感觉，它主要由光刺激作用于人眼所产生。认识有无、大小、长短、多少、轻重、高矮、厚薄等概念时，一般让培智学校学生通过视觉观察比较来获得。例如，教师出示一大一小两个皮球让学生观察，问他们哪个大，哪个小，还是一样大小。又如，教师出示一长一短两根木棒让学生观察，问他们哪根长，哪根短，还是一样长短。

2. 触觉感知比较

例如，教师出示一大一小两个皮球，让学生用双手抱球，仔细地触摸，感知球外形大小的区别，感觉到球所占据空间的不同。也可以采用"布袋寻宝"的游戏，让学生不用眼睛看，只用手摸，从布袋里摸出大小不同的皮球，并用正确的语言表述。

3. 运动觉感知比较

运动觉反映身体各部分的位置、运动以及肌肉的紧张程度，是内部感觉的一种重要形态。[①] 例如，教师可以出示一个西瓜与一个气球，让学生用手掂一掂，或提一提两个不同的物体，来获得有关重量的直接经验。以下一则教学案例设计就是运用各种感官认识与理解"轻与重"，可供借鉴。

案例 4－1

"轻与重"的教学设计（一年级）[②]

教学目标：

A 组教学目标：

（1）感受物体的轻与重，知道轻重的含义。

（2）通过动手操作（用手掂一掂、简易天平称重），正确指出哪个物体轻，哪个物体重，并能简单地表述。

B 组教学目标：

（1）感受物体的轻与重，知道轻重的含义。

（2）在教师的身体协助下通过动手操作（用手掂一掂），指出哪个物体轻，哪个物体重。

C 组教学目标：

感受物体的轻与重。

教学准备：

装有重物的袋子、苹果、泡沫、铁球、积木、简易天平。

① 彭聃龄. 普通心理学. 北京：北京师范大学出版社，2004：129.

② 此教学案例来自上海市特殊教育资源中心（作者：张颖），有改编。

教学过程：

一、初步感知轻和重

出示两个袋子，先请同学拎一拎，看这两个袋子有什么不同。

请几个学生分别拎一拎这两个袋子，询问学生哪袋拎不动，哪袋拎得动。

二、学习比较轻重的办法

(1) 出示一个苹果和一颗草莓，请学生来掂一掂，这两样物品谁重谁轻，边比较边说。如：苹果重，草莓轻。

(2) 出示一个苹果和一块泡沫(泡沫比苹果大)，请学生来掂一掂，这两样物品谁重谁轻，边比较边说。如：苹果重，泡沫轻。出示一个苹果和一个铁球(苹果比铁球大)，请学生来掂一掂，这两样物品谁重谁轻，边比较边说。如：铁球重，苹果轻。讨论得出，比较轻重不能只看大小，大的不一定重，小的不一定轻，必须掂一掂才能分辨。

(3) 出示两块重量区别不大的积木，请学生来掂一掂，发现难以比较出来，由此引入借助工具来比较轻重。"这两块积木差不多重，这时候我们就要借助一些工具来判断它们谁重谁轻。"(出示天平、跷跷板、秤等图片)

"同学们玩过跷跷板吧？玩的时候跷跷板的两头会出现什么情况呢？"教师演示，当跷跷板两端一样重的时候，跷跷板会在摇晃后最终平衡。接着，拿出苹果和泡沫，这时跷跷板放苹果的一端被压下去，放泡沫的一端翘起来。总结借助跷跷板来判断谁重谁轻，放重物的一端在下面，放轻的物体的一端会翘起来。

请学生动手操作，运用简易天平比较同样这两块积木，判断谁轻谁重。

教师总结比较轻重的方法：掂一掂和借助工具。

三、巩固已学的知识

请学生将学具篮中的物品用掂一掂的方法比较轻重，如果无法判断，则可使用简易天平。

四、总结新知

认识物体的轻重，并学习比较物体轻重的方法。

(二) 运用重叠法和并放法进行量的比较

重叠比较法，是把一个物体重叠放在另一个物体的上面，形成两个物体之间的一一对应形式，从而进行量或数的比较。[①] 例如，出示两个大小不同的雪花片让学生比较大小，可以把这两个雪花片重叠在一起进行比较，区分大小，如图 4－6A 所示。

---

① 黄瑾.学前儿童数学教育.上海：华东师范大学出版社，2007：78—79.

图 4 - 6

A 重叠比较法　　B 并放比较法

并放比较法，是把一个物体并放在另一个物体的下方，形成两个物体之间的一一对应形式，从而进行量或数的比较。例如，出示两支长短不同的铅笔让学生区分长短，可以并排横放两支长短不同的铅笔，区别哪支长，哪支短；出示两个大小不同的雪花片，让培智学校学生区分大小，可以把这两个雪花片并列放在一起，比较哪个大，哪个小，如图 4 - 6B 所示。

（三）寻找和描述量

在培智学校学生初步认识量的基础上，教师可以有意识地引导学生在周围环境中寻找哪些物体是大的，哪些是小的，哪些物体是长的，哪些是短的，并且用正确的语言加以描述。首先，在准备好的任务情境中寻找。在学具篮或任务板上事先放一些大小各异的同类物体，让学生用目测的方法寻找并描述物体的特征，即找出并描述"什么东西是大的"、"什么东西是小的"等。其次，在生活情境中寻找。让学生在教室里或自己身上寻找和描述。例如，学生会找出教师高、学生矮，教鞭长、铅笔短等。

教学生运用各种感官感知和比较量时，应注意以下一些事项：

第一，选择比较的物体，可遵循比较相同物体、比较同类物体、比较不同类物体的呈现顺序。例如，为了感知物体的大小，可以选择两个有大小差别的相同实物，如一个大的皮球和一个小的皮球；接着比较两个有大小差别的同类物体，如乒乓球与篮球；再比较两个有大小差别的不同类物体，如粉笔盒与书包。此外，教学遵循由具体到表象再到抽象的教学原则。一般情况下，初步感知量的差异较明显的物体，然后酌情减小物体的差异程度。

第二，学生进行比较操作，使用重叠比较法或并放比较法时，两个物体需要一端对齐。如比较长短时，被比较物体的一端应对齐；比较高矮时，被比较的物体应放在同一水平面上。使用重叠法比较大小时，需要将大的物体放在下面，小的物体放在上面，一端对齐才能发现它们的不同。以下一则教学设计就是采用多感官建立量的概念，通过重叠法比较物体的大小。

案例 4-2

“比较大小”的教学设计(一年级)[①]

教学目标：

A组教学目标：

(1) 感受物体的大小，知道大小的含义，初步理解物体大小的相对性。

(2) 掌握辨别物体大小的基本方法，正确指出哪个物体大，哪个物体小，并能简单地表述。

(3) 在生活情境中，能根据实际需要选择大小物品。

B组教学目标：

(1) 感受物体的大小，知道大小的含义。

(2) 能对两个大小差异显著的物体进行辨别，正确指出哪个物体大，哪个物体小。

(3) 在教师的口头提示下，选择所需要大小的物品。

C组教学目标：

(1) 感受物体的大小。

(2) 在教师的动作提示下，能对两个大小差异显著的物体进行指认。

教学准备：

两个大小差异显著的球；两个大小不同的梨；两个大小不同的圆片；两个大小不同的毛绒玩具、雪花片、PPT图片等。

教学过程：

一、运用实物，初步感知大小

教师出示一只大的体操球和一只乒乓球，请学生用一只手拿球，初步感知大小的差异。

二、学习比较大小的方法

(1) 出示一个梨，让学生说一说是大的还是小的，初步体会物体的大小是相对性概念，需要在两个或两个以上物体之间进行比较。

(2) 出示两个大小不同的梨，请学生比较哪个大哪个小，按指令说一说、指一指。教师用并放法比较大小，强调把两个梨并排放在同一平面内比较。

(3) 出示两个大小不同的圆片，请学生比较哪个大哪个小，按指令说一说、指一指。教师用重叠法比较大小，强调把两个圆片重叠放置进行比较。小结比较物体大小的基本方法。

① 此教学案例来自上海市启慧学校(作者：董俊梅)，有改编。

三、巩固练习

(1) 比一比。出示两个大小不同的毛绒玩具，请学生比较大小，按指令说一说、指一指。

(2) 分一分。出示两个大小不同的雪花片，请学生按指令说一说、分一分，把大的雪花片放在大篮子里，把小的雪花片放在小篮子里。

(3) 说一说。出示大小各异的不同类物体的图片，请学生比较大小。从实物操作过渡到图片观察。

四、生活运用

从PPT中任意挑选两件物品，如下图所示，请学生再比一比物品之间的大小。

"比较大小"在生活中的运用

二、量的排序

(一) 示范讲解排序的方法

在培智学校学生学习量的排序过程中，教师首先要明确排序对象及排序方向，其次要向学生讲清排序的起始线、排序的规则，最后指导运用排序的方法。

1. 明确排序对象与方向

教师在排序教学中应予示范，首先说明是对什么量进行排序以及排序的方向。对高矮量进行排序，采用竖向排列；对长短量进行排序，采用横向排列；而对大小、宽窄、多少等排序，既可以采用竖向排列，也可以采用横向排列，这需要教师在活动前明确提出要求。

2. 明确排序的起始线

有些量的排序需要在同一条起始线上进行，才能做到正确排序。例如，高矮排序，需要明确物体的下端对齐，或位于同一平面；长短排序，需要物体的左端对齐等。

3. 明确排序的规则

在排序之前，教师应说明排序顺序是逐一递增的正向排列（如，先排最小的，然后一个比一个大地往后排），还是逐一递减的逆向排列（如，先排最大的，然后一个比一个小地往后排）。

4. 明确排序的方法

学生进行量的排序时，采用的方法与排序对象的数量有关。对三个物体的量进行排序，一般采用两两比较法：先比较第一个和第二个物体之间量的不同，再比较第二个和第三个物体之间量的不同。教师应引导学生初步建立相对性的思想。例如，三支长短不同颜色各异的铅笔，先出示最长（红色）和第二长（蓝色）的铅笔，一端对齐，比较得出红色铅笔长，蓝色铅笔短；再出示第三支最短（黄色）的铅笔，将它与蓝色铅笔一端对齐比较，结果是蓝色铅笔长，黄色铅笔短。教师可以提问："这支蓝色铅笔，一会儿说它短，一会儿说它长，请大家想一想，这支蓝色铅笔到底是短还是长呢?"经过讨论，师生得出这样的结论："看一支铅笔是长还是短，要看它和谁比。"

对三个以上物体的量进行排序，目测判断或两两比较的方法既费时又易混淆。教师应指导学生寻找简便的排序方法，即将物体集中在一起一端对齐，每次都先找出最多（或最少）的一组依次排列，这样就能准确完成任务。

案例 4－3

"按物体多少排序"的教学设计（四年级）[①]

教学目标：

A 组教学目标：

（1）感知物体多少的序列。

（2）能运用简便排序法，对三组物体按从少到多或从多到少的顺序进行排序。

B 组教学目标：

（1）感知物体多少的序列。

（2）能运用简便排序法，对三组物体按从少到多的顺序进行排序。

C 组教学目标：

感知物体多少的序列。

① 此教学案例来自上海市特殊教育资源中心（作者：周琳华），有改编。

教学准备：

颜色不同的圆形塑料片若干。

教学过程：

一、观察

出示教具，发给学生三种颜色的塑料圆片（打乱），请学生按颜色对塑料片分类，让学生说一说有哪三种颜色的塑料片。

二、引导学生按多少进行排序

(1) 请学生将塑料片按照一一对应的方法排列整齐。

(2) 依次按从多到少的顺序进行排序：先找出同种颜色、数量最多的塑料片，把它们摆放在第一排，再从剩下的两组中继续找出相对比较多的同种颜色的塑料片，最后剩下的就是同种颜色数量最少的那一组。看教师是怎么摆放的，请学生也来摆一摆。

(3) 请学生看一看教师摆放的塑料片是按什么顺序进行排序的，指定学生回答。

三、引导学生对糖果的多少进行排序

将三种口味的糖果按从多到少的顺序排列。先从糖果堆里找出最多的那种糖果，把它们摆放在第一排，再从剩下的糖果中找出比较多的，摆放在第二排的位置，剩下的那种糖果就是最少的。请学生动脑筋想一想，从少到多该怎么排列呢？

四、巩固练习

(1) 比一比，这三个盘子里的雪花片，哪个盘子里的雪花片最多？哪个盘子里的最少？请从多到少排序。

(2) 比一比，这一堆彩色积木中，哪种颜色的积木最多？哪种颜色的最少？请从少到多排序。

(二) 理解排序中的可逆性、传递性与双重性

排序教学的教育目的不仅在于教会学生做出正确排序，更重要的在于要发展他们相应的思维能力。通过排序，学生能够在学习数学之前获得必要的思维能力，如可逆性、传递性和双重性。因此，教师要有意识地引导学生理解序列中的三种关系。在学生进行各种排序活动的过程中，教师要结合排序结果启发学生理解序列中的关系。例如，将5根小棒由短到长排列后，教师可以提问：“这么排与老师刚才排的（从长到短）有什么不一样（可逆性）？”“你怎么知道红棒比蓝棒长呢（传递性）？”“为什么说排好的这5根小棒中，随便抽哪一根它都比前面一根长，比后面一根短呢（双重性）？”

第四节　人民币的教学

数学学习强调数学知识与现代生活相联系，让学生体验数学生活化的功能。把数学知识运用到实际生活当中，最直接的例子就是人民币的运用。在培智学校生活数学教学中，要让学生正确认识人民币的各种面值，学习人民币的单位元、角、分及其进率关系，会简单的计算，会用人民币简单购物。

一、认识不同面值的人民币

（一）建立人民币概念

培智学校学生在生活中多多少少都接触过人民币，比如买早饭、买书报、买零食等。他们多数知道人民币的一些用处，能指认常用的人民币，如 1 元、10 元、100 元等。教学时可结合各种使用人民币的情境图（图 4－7），请学生说一说图意，让学生知道买东西要用到钱。人民币是我国的法定货币，要爱护人民币，不要乱折或者在上面乱画。然后再让学生根据自己的生活经验，说一说什么时候会用到人民币，使学生体会到人民币的功能及其在生活中的重要作用。

图 4－7

报亭买报

超市购物

（二）认识人民币

第一学段，以认识小面额人民币为主。在学习 10 以内数的基础上，认识 1 元、5 元、10 元面值的人民币，比较 10 元以内人民币的面值大小，会换算。第二学段，认识 1 角、5 角面值的人民币，比较 1 元以内人民币的面值大小，会换算。第三学段，以认识大面额人民币为主。在掌握 100 以内数的基础上，认识 20 元、50 元、100 元面值的人民币，比较100元以内整十人民币的面值大小，会换算。教学前，教师应提前准备好各种面值的仿真人民币。

1. 结合学生已有的生活经验，初步认识人民币

"认识人民币"的教学，教师应结合学生已有的人民币使用经验，让学生自己找出特定面值的人民币，并总结找特定面值人民币的方法。比如，1元的认识：教师让学生从学具篮中找出1元，说明"元"表示人民币的单位，数字"1"表示人民币的面值。同时将1元的"纸币"和"硬币"介绍给学生，总结寻找1元的方法，即"找单位、看面值"。让学生认识到同一种面值的纸币和硬币是等值的。对于人民币上的繁体字"壹"，教师作简单介绍。

2. 观察人民币的票面特征，深入认识人民币

教师引导学生观察人民币票面的图案、色彩、大小等特点，加深学生对人民币的认识。人民币正面均采用毛泽东主席建国初期的头像，人民币背面有我国著名景点的图案，1元是三潭印月、5元是泰山、10元是长江三峡、20元是桂林山水、50元是布达拉宫、100元是人民大会堂。教学时教师要将人民币上的国徽、不同民族的文字、国家领袖的头像等适度地介绍给学生，让学生对中国历史和文化有所了解，增进爱护人民币的情感。

3. 通过分类练习，认识不同面值人民币之间的关系

在能够识别不同面额人民币的基础上，让学生尝试对不同面值的人民币进行分类，在汇报交流中教师应突出按人民币的单位进行分类，让学生认识人民币的单位"元"和"角"，因为分币使用较少，可简单带过。案例4-4呈现了一个完整的教学活动。

案例4-4

"认识1元"的教学设计(三年级)[①]

教学目标：

A组教学目标：

(1) 认识1元，掌握识别1元的方法。

(2) 能1元1元地数出钱币。

(3) 会用1元购物。

① 此教学案例来自上海市董李凤美康健学校(作者：杨健)，有改编。

B组教学目标：

(1) 认识1元，能在同一单位的人民币中找出1元。

(2) 在教师的口头提示下，用1元购物。

C组教学目标：

(1) 会配对找出1元。

(2) 在教师的动作提示下，用1元购物。

教学准备：

1元的纸币和硬币若干，代金券，超市广告，1元的商品，钱包。

教学过程：

一、创设情境，激趣导入

教师出示广告纸，让学生说说自己喜欢的商品。并告知学生，买东西要用钱，从而引出“认识1元”的课题。

二、结合情境，自主学习

(1) 认识1元硬币。教师出示一堆硬币，要求学生从中找出1元的硬币，提问：“怎么找出1元的硬币？”教师分析1元硬币的特征以及硬币上的特殊图案等，总结找1元硬币的方法。

(2) 认识1元纸币。教师出示一些纸币，要求学生从中找出1元的纸币，指导学生发现纸币上的“元”写作“圆”。要求学生观察1元纸币的颜色、图案、标识、字样，总结找1元纸币的方法。

三、总结知识，反馈信息

认识1元人民币，掌握分辨1元的方法，即“找单位，看面值”。

四、实践购物活动

教师出示自制的广告单，询问学生各种商品的价格，用哪种钱币购买。例如：“同学们，棒棒糖是几元的？我们应该用哪种钱币来买呢？”教师指导学生用不同的1元钱币来买糖，并让学生口述：硬币和纸币都是1元的，我们可以用它们来买1元的棒棒糖。让学生清楚地说出买什么，买几个，需要多少钱，然后通过数数的方法，1元1元地付账。

二、数出钱币数

如今人们在购物时经常会使用信用卡或消费卡，但我们仍需使用现金，比如去连锁超市购物、到菜场买菜、到快餐店用餐、看病付费等。在使用人民币的过程中，需要能正确数出相应数额的钱币。数出钱币有多种方法，正确掌握这些方法有助于加深学生对数的理解，体会数的概念与实际生活的密切联系。

(一) 按照相同面值的人民币来数

按照相同面值的人民币1元1元地数，1角1角地数是学习掌握数出钱币的

"基本功"。初学钱币的学生在点数钱币时，会模仿教师一张一张地点数，却不管钱币的面值是多少。在认识 1 元人民币的基础上，教师让学生 1 元 1 元地点数。教师出示一些整元整角的商品，指导学生购物实践。要求学生先练习直接拿出等值的钱币，再练习用 1 元点数。如教师问：买 1 根棒棒糖要花 1 元，就直接拿出 1 元，那么买 6 根棒棒糖呢？因为没有 6 元的人民币，就要用 1 元来数。数的时候要指导学生拿 1 元数 1 元，1 元、2 元……数出 6 个 1 元就是 6 元(图 4 - 8)。

图 4 - 8

按相同面值点数人民币

(二) 按照不同面值的人民币来数

按照不同面值的人民币来数，就是用 1 元、5 元、1 角、5 角数出 10 元以内的钱币数，用 10 元、20 元、50 元数出 100 元以内的钱币数。数钱时，需边点数边计算。教学时可以指导培智学校学生先拿出大票面的人民币，再数小票面的人民币。如，要数出 90 元，可以先拿出 50 元，然后 10 元 10 元地数到 90 元，或者再拿两张 20 元(图 4 - 9)。若学生在计算上有困难，也可借助电子计算器辅助。

图 4 - 9

按不同面值点数人民币

案例 4－5

点数 10 元以内的人民币[①]

教学目标：

A 组教学目标：

点数 10 元以内任意人民币组合。

B 组教学目标：

1 元 1 元或 1 角 1 角地数出 10 元以内人民币组合。

C 组教学目标：

在教师的动作提示下，拿出某一面值的人民币。

教学准备：

若干 1 元、5 元、1 角、5 角面值的人民币。

教学过程：

一、创设情境，引发思考

结合班级开展的爱心捐款活动，教师从学生废品回收得到的许多零钱中出示若干 1 元、5 元、1 角、5 角面值的人民币，要求学生点数清楚。教师指导学生认读，指认人民币的单位，读出人民币的面值。教师指导学生将单位是“元”的人民币放在一起，将单位是“角”的人民币放在一起。

二、实践操作，学习新知

(1) 教师出示筹集到的捐款：4 个 1 元硬币，7 个 1 角硬币。教师提问：有哪些面值的硬币？应该怎么把这些钱点算清楚？教师引导学生将硬币按单位分类，单位是“元”的放一起，单位是“角”的放一起，先数“元”(4 个 1 元)，后数“角”(7 个 1 角)，边数边记。合起来读一读，一共是 4 元 7 角。

(2) 出示筹集到的捐款：1 张 5 元纸币、1 个 1 元硬币，1 个 5 角硬币、3 个 1 角硬币。教师提问：有 5 元又有 5 角怎样点数呢？教师示范先分“元”“角”，再拿出 5 元，再点数 1 元，共 6 元，然后再拿出 5 角，再点数 1 角，共 8 角，一共是 6 元 8 角。

三、课堂小结

教师小结点数出 10 元以内的人民币的方法，通过一首儿歌让学生学会数人民币。

要数人民币先分“元”和“角”；
有 1 元数 1 元，有 1 角数 1 角；
5 元和 5 角记得要先数；
最后再检查“元”“角”的总数。

四、小组活动，巩固练习

---

① 此教学案例来自上海市董李凤美康健学校(作者：陈艳)，有改编。

教师将事先准备的零钱包分给各小组，请小组长带领同学一起点数。A组有5元和5角钱币若干，B组的钱币都为1元和1角，C组区分“元”和“角”。将全班同学分为4组，每组3—4人，有一名助教。

要求：请每组学生轮流点数自己钱包中的人民币，其中一人在点数时，其他学生观察他的点数是否正确，将数出的结果贴在题板上，小组长记录小组内学生点数出人民币的数量。

三、人民币的兑换

在第一学段和第二学段，教学人民币的兑换以小面额人民币为主。在认识1元、5元、10元、1角、5角的基础上，学习10元以内人民币兑换、10元以内人民币任意兑换、1元以内角币兑换、1元以内角币的任意兑换。在第三学段，教学以大面额人民币的兑换为主。在认识10元、20元、50元、100元的基础上，进行100元以内整十的人民币兑换、100元以内人民币的任意兑换。

（一）10元以内人民币的兑换

10元以内人民币兑换包括5元以内人民币兑换和10元以内人民币的兑换。5元以内人民币兑换，让学生明确1个5元与5个1元的互换。在认识1元人民币的基础上，学生能够1元1元地数。

10元以内人民币兑换，让学生明确1个10元与10个1元的互换（图4-10）。教学时可以设计成“换钱活动”，如教师出示10个1元硬币，提问：“用10个1元可以换几元面值的人民币？”反过来再提问：“用面值1元的人民币换10元，要数出几个1元？”由此得出结论10个1元等于10元。在此基础上学习用2个5元换10元，进一步理解不同面值人民币间的兑换关系。在换钱活动中，要根据学生的实际情况提出恰当的兑换要求。这里需要注意，换钱的方法不必求全，也不必追求多样而复杂的兑换过程。

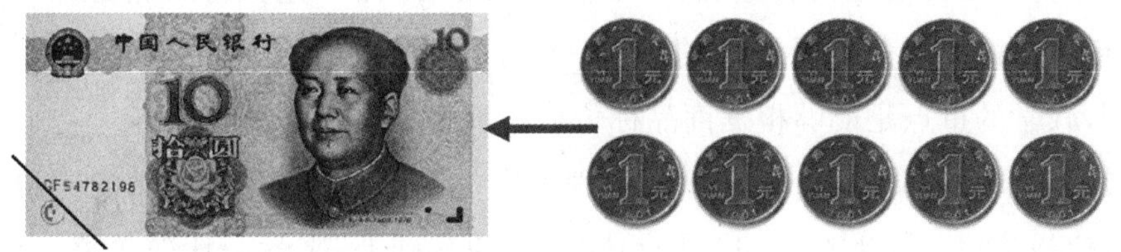

图4-10

10元以内人民币的兑换

(二) 1元以内角币的兑换

1元以内角币的兑换，让学生明确1元与10个1角的互换。教学时，教师可创设去菜场买菜的生活情境，提问："买一块冬瓜要花1元，用1角的硬币怎样数出1元？"待学生数出10个1角后说明：10个1角是1元（图4-11）。当学生能正确兑换后要增加学生的实践机会，使学生在实际体验中练习巩固。教师可以再提问："这里还有5角，任选角币还可以用哪几个硬币兑换1元？"让学生认识到不管用哪种面值的人民币来换1元，换出的人民币的总数都是10角。

图 4-11

1元以内角币的兑换

(三) 100元以内人民币的兑换

100元以内人民币的兑换包括100元以内整十的人民币兑换和100元以内人民币任意兑换。100元以内整十的人民币兑换，就是用10元数出100元以内的钱币数。比如，2个10元与20元的互换，5个10元与50元的互换，10个10元与100元的互换。

100元以内人民币任意兑换，就是用10元、20元、50元数出100元以内的钱币数。兑换时，需边点数边计算。教学时，教师引导学生先拿出大票面的人民币，再数小票面的人民币。比如，要数出70元，可以10元10元地数到70元；也可以先拿出50元，再拿一张20元。

四、简单购物

在购物活动中会涉及商品价格的比较、估算、人民币的计算等，掌握购物中所需的基本知识与技能，有助于学生更好地融入生活，适应社会。

(一) 比较商品的价格

在进行商品价格比较时，人们经常会综合考虑商品的重量、品质的优劣、使用的安全等，这都离不开生活经验的积累。课堂上我们假设这些价格之外的因素基本相同，教学的重点是能够根据商品标价或者价目表比较商品的价格。

教学时，教师要求学生能认识标价牌上所标示的价格，会读商品的标价，能根据标价比较价格。学生在学习比较小数大小的基础上，来学习比较价格。比较的方法是：先比较小数点前"元"位上数的大小，即整数部分，哪一个数大，哪件商品就贵；若“元”位相同，再比较“角”位，即小数十分位，哪一个数大，哪件商品就贵。由于分币在生活中很少使用，比较价格仅到“角”位即可。

案例 4－6

用 5 元购物[①]

——“10 元以内商品标价的认识”的教学设计（三年级）

教学目标：

A 组教学目标：

(1) 能认、读 10 元以内商品的标价。

(2) 能用商品的标价与 5 元比较。

B 组教学目标：

(1) 能认、读 10 元以内商品的标价。

(2) 能找出标价为 5 元的商品。

C 组教学目标：

(1) 能认、读 5 元人民币。

(2) 指认图片中的商品。

教学准备：

不同商品及标价，5 元人民币，广告纸（分层设计）。

教学过程：

一、复习数字大小

教师出示数字“5”和“10”，提问：比 5 大，比 10 小的数有哪些？复习数的顺序，为接下来的比较价格作准备。

二、通过不同的价格引入新课

出示商品广告及其标价：

棒棒糖 2.00 元　酸奶 5.00 元　薯片 5.00 元　巧克力 9.00 元

面包 7.50 元　矿泉水 0.90 元　饼干 5.10 元　海苔 5.60 元

提问：你会读这些商品的标价吗？5 元能买以上哪种物品？教师在黑板上出示课题“用 5 元购物”。

三、新授知识

(1) 比较“元”位

等于 5：教师出示薯片，价格正好是 5 元，因此可以用 5 元购买。

大于 5：教师出示巧克力，巧克力的价格是 9 元，提问：5 元能不能买到呢？教师指导学生比较“元”位，“元”位上 9 比 5 大，因此买不到。教师总结，“元”位上大于 5 就买不到（指数序）。

① 此教学案例来自上海市董李凤美康健学校（作者：杨健），有改编。

小于5:教师出示棒棒糖,棒棒糖的价格是2元,提问:5元能买到吗?教师指导学生比较"元"位,"元"位上2小于5,因此用5元就能买到(指数序)。

请学生找出矿泉水。

(2) "元"位相同,再比较"角"位

教师出示饼干,饼干的价格是5元1角,提问:用5元能买到吗? 教师指导学生比较"元"位,"元"位相同,都是5元,再比较"角"位,"角"位上多出了1角,因此不能购买。

四、课堂小结

这堂课学习了认识商品的价格,并且知道哪些商品可以用5元买到,哪些不行,看板书,让学生归纳总结。

五、购物练习

教师根据学生的能力分发自制的广告纸,请学生从中找出5元能够买到的东西,并把它们标示出来,进一步巩固本堂课所学的知识。

(二) 根据商品的价格估算

估算在日常生活中有着广泛的应用,有利于人们事先把握运算结果的范围,是发展学生数感的重要方面。对学生而言,在人民币使用中学习掌握估算的能力,可对购物活动中所需支付的钱币数有预先的估计,从而拿取合适的钱币支付欲购买的商品。

估算方法有凑整法、去尾进一法、四舍五入法等。根据商品的价格进行估算,对标价为整元的商品可采用凑整法,即化为整十、整百、整千的数。比如,将7.00元化整为10.00元、18.00元化整为20.00元、145.00元化整为150.00元等。对又有元又有角的商品标价,可采用多一元策略,即学生仅需知道把商品价格取整数来付款。比如,需支付5.49元,则需要教学生拿出6元。这种凑整的策略,极大地简化了取币、换币、付币、找币等过程。[①] 教学时,教师可以选用数轴作为辅助工具,帮助学生找最接近的整十数,或看百数图(1—100)直接说出最邻近的整十数。

(三) 人民币的简单计算

人民币计算的教学包括计算商品的总价、比较商品的差价、求应找回(剩余)的

---

① Browder D. M., Grasso E. (1999). Teaching Money Skill to Individuals with Mental Retardation: A Research Review with Practical Application. *Remedial Spec Educ*, 20, 297 - 308.

钱币数、计算折扣等。学生初学时，第一次接触对单位不同的两个数量进行计算，可能会遇到一定的困难。教师应注重计算过程的指导，学生先学习只带人民币单位“元”或“角”的计算，再学习几元几角的计算。人民币计算的法则与数的运算相同，加法从低位即“角”位算起，满 10 进 1，减法从高位即“元”位算起，不够退 1，如有困难可借助计算器。

人民币计算的难点在于计算方法的正确运用，教学中教师应多创设各种购物活动的情境，引导学生理解题目中的问题，找出可运用的已知条件，分析数量关系并选择正确的计算方法，从而掌握关于人民币的简单计算。

案例 4－7

求商品总价的教学设计（九年级）[①]

教学目标：

A 组教学目标：

能结合购物实际说出单价、数量，能算出商品的总价和购物合计。

B 组教学目标：

会看收银单找出单价、数量和总价，能算出商品的总价。

C 组教学目标：

会读出商品的单价，数出商品的数量。

教学准备：

收银条，商品，广告纸等。

教学过程：

一、基础训练

通过投影出示超市广告，提问广告上促销活动的起始和截止日期，然后带领学生一起读广告上的商品标价。

二、情境引入

教师展示超市的收银条，明确告诉学生收银条的作用，即核对所购商品的单价、数量、总价是否正确。发给学生收银条，让学生根据广告上的标价一起来核对收银条的正确与否。

① 此教学案例来自上海市董李凤美康健学校（作者：奚姣），有改编。

家乐福超市

票号:0281		2012 年 5 月 12 日	星期六 11:30
机号:0021			收款员:6260
商品	数量	单价	总价
372054 海苔	3	4.00	12.00
401437 棒棒糖	9	2.00	18.00
100909 购物袋	4	0.20	0.80
880907 奇多干脆杯	4	1.50	6.00
总计总件数:20		总计:	36.80
实收:37.00		找零:	0.20

三、知识新授

1. 认识单价、数量、总价的含义

教师提问:“海苔单价是多少? 买了几包海苔?”教师指导学生根据收银条所提供的信息逐一找出答案。总结:单价就是单个物品的价钱,买了多少就是商品的数,总价就是一共要支付的钱数。

2. 认识单价、数量、总价之间的数量关系

教师让学生观察收银条上总价与前面的单价、数量有什么关系,引导学生逐行观察,指导学生思考是加、减,还是乘。棒棒糖的数量是 9 个,单价是 2 元,总价 $9 \times 2 = 18$ 元,找到数量关系:单价 × 数量 = 总价。

3. 学用公式

教师出示一些商品,要求学生算一算商品的总价。如:买 2 瓶单价为 5.00 元的酸奶;买 6 盒单价为 8.50 元的油画棒。教师提问商品的单价、数量,请学生计算出总价,教师板演。最后加上另外购买的东西,和之前收银条上的物品算在一起,一共花了多少钱。让学生说出自己的计算方式。

四、课后小结

求商品的总价:单价×数量=总价。提醒同学们购物以后要拿收银条,记住核对所购买商品的单价、数量、总价是否正确。

五、巩固练习

分组活动,让学生在广告纸上寻找自己需要的物品,找出它们的单价,想象自己要买多少,然后在练习纸上算出总价。小组活动结束后,全班交流汇报。要求:C组学生在广告纸上圈出所要购买的商品;B组学生找出单价,写出数量,套用公式写出算式;A组学生检查计算,并做好相应的记录。

第五节　时间的教学

认识时间有助于学生感知时间的存在，发展时间知觉，帮助学生树立时间概念，养成良好的生活习惯。认识时间的教学内容主要包括认识一天的时间、时刻（分秒）、年月日和时间的换算。教学时要遵循培智学校学生对时间概念认知的特点，即由近及远，由短周期到长周期的发展，要结合他们的生活实际，做到准确掌握时间，珍惜时间的重要性。

一、一天的时间

（一）白天与黑夜

教师通过日常谈话帮助学生认识白天与黑夜。能区别昼夜并表达辨识，是学习时间的基础。教师可以采用白天与黑夜有明显区别的图片帮助学生加以认识。例如，白天能看到太阳，学生要起床上学；黑夜有月亮和星星，到处一片漆黑，学生要睡觉。也可以设计互动游戏，如教师出示“太阳”的图片，说“太阳出来了，天亮了”，同学们就可以起身活动；教师出示“月亮”的图片，说“月亮出来了，天黑了”，同学们就在座位上趴着睡觉。

（二）一天中不同的时段

学生最先学会认识一天之内三个较大的时间单位，即上午、下午、晚上。这种自然现象是有规律变化的，日复一日，周而复始，有明显的生活事件作为参照。教学时，教师应从培智学校学生熟悉的生活情境入手，选取各个时段的代表性事件（图 4 - 12）。比如，教师提问：“同学们什么时候在上课？”“什么时候做游戏？”“什么时候看电视？”让学生看图并回答问题，引导学生正确判断上午、下午和晚上。同时，“上午”和“下午”的教学可结合学校课程表进行。

上午上课

下午做游戏

晚上和家人看电视

图 4 - 12　一天中不同的时段

日常教学时，教师可利用平时与学生交谈的机会，谈论与时间事件相关的话题，帮助他们有意识地关注时间的交替变化，学习使用时间词语。例如，晨会课时，问问早上吃了什么；放学时，说说今天下午做了什么游戏，中午吃了什么菜等。

二、时钟的认识

在认识时钟的教学中，首先教师出示各种时钟，让学生知道它们都是计时工具，组织大家讨论时钟的作用，即人们从事各种社会活动以及飞机、火车、地铁等的运行都需要时钟来告知时间。其次，认识时钟的钟面结构，在此基础上，认识整时、半时。教师可根据学生已有的知识与经验，运用讨论、讲解演示、动手操作等方法进行教学，具体步骤如下。

(一) 钟面的认识

教师引导学生观察，讲解演示钟面上有什么：钟面上有 1—12 个数字，它们是按 1、2、3……12 的顺序排列的；钟面上有两根针，长针叫分针，短针叫时针；钟面上有格子，大格有 12 格，小格有 60 格。教学时需要注意的是，钟面教具模型要简单，只需要有时针和分针，钟面上只有 12 个大格，每个大格之间最好没有 5 小格之分，这可减少对学生的干扰。当学生熟悉常见的钟面后，再介绍较为复杂钟面的组成部分。

教师演示将分针拨动一圈，经过 1、2、3……又走回到 12 的位置，讲解分针走得快，时针走得慢，分针走一圈，时针走 1 个数字，就是经过了 1 小时。教师可以通过讲故事的方式来帮助学生掌握长针和短针的行走速度。例如，把长针和短针比作白兔和乌龟，龟兔赛跑，白兔和乌龟都用全力跑，但白兔的速度要比乌龟的快。也可以让学生背诵关于时间的儿歌，帮助学生理解时间。

钟面的知识

分针长，时针短，1 到 12 团团坐。
伸出手指数一圈，大格共有 12 个。
1 大格，5 小格，一圈小格 60 个。
1 时等于 60 分，珍惜时间别挥霍。

时针与分针

小小表盘圆又圆，时针分针跑圈圈。
分针长，时针短，一个快来一个慢。
分针跑完一满圈，时针刚跑一小段。

钟表的时刻

分针时针长着脚，小小时钟真奇妙！
时针走过1大格，1个小时已度过。
分针每走1小格，1分钟就不见了。
要是分针指12，时针指几是几时。
要是时针走过几，时间就是几时多，
到底多了多少分，咱们再来看分针。
大格千万别忘记，小格可要数仔细。

(二) 整时、半时的认识

认识整时的教学，教师要强调分针从12开始，沿着1、2、3……的方向转动。当分针指向12，时针指向3，此时表示3时。再次演示，分针指向12，时针指向4，此时表示4时。也就是说，分针指向12，时针指向几，就表示几时。在认识整时的教学中，12时是教学的重点和难点。由于12时的时针与分针都指向12，且重叠在一起，导致学生不容易辨认。

认识半时的教学，教师要用时钟模型演示分针从12开始行走，走到数字6，正好走过钟面的一半，时针则走过几就是几时半。如此，可多次演示3时半、7时半、9时半。由于在6时半，时针分针在数字6几乎重叠，在12时半，时针分针一上一下，学生容易混淆误读，因此6时半和12时半应重点讲解。

(三) 操作练习

为了让学生得到充分的练习，巩固学到的知识和技能，教师可以分发给学生每人一只学具钟，老师报时间，学生拨时钟，在时钟模型上将时针和分针拨到正确的位置上。在学生每次操作练习后，教师应不断提问“现在分针指着几，时针指着几”、“为什么说现在是6时”等问题，以便学生对整时、半时有确切的理解。

同时，结合电子钟的认识，让学生读出电子钟上的时间标识，教学生看钟面写时间。也可以组织学生做“送钟宝宝回家”的游戏，把钟面为6时的钟宝宝放到标有“6:00”的牌号家里，把钟面为4时半的钟宝宝放到标有“4:30”的牌号家里。还可以结合一天的学习生活，让学生说说几时上学，几时半吃午饭，将时间的认识融入到日常活动中。

三、时、分、秒的认识

在初步认识钟面上整时、半时的基础上，教师可进一步指导学生学习认识时间单位“时”、“分”、“秒”，知道“1 小时＝60 分钟”，要求学生根据钟表上指针的位置读出时刻。

(一) 时、分、秒的认识与进率

教师可以安排一些活动，加强学生对时、分、秒的感性认识。时间单位比较抽象，不像长度、质量单位那样容易被感知，因此教学应结合具体实践活动，帮助学生体会时、分、秒的持续时间有多长。例如，通过“1 分钟能做什么”的实践活动，使学生体验到时间的长短：在 1 分钟里能写多少个数字，看几页书，串几个珠子，跳多少次跳绳等，把抽象的时间变成学生们“看得见、摸得着”，并懂得珍惜时间。还可以让学生观察时钟上秒针的移动，结合数数或数脉搏，来体会 1 分钟、1 秒钟持续的时间。

教学时、分、秒的认识及进率时，要利用直观教具，通过讲解演示帮助学生学习时与分之间的进率。教师出示时钟，引导学生观察钟面，由时针和分针的运行得知，时针走 1 个大格表示 1 小时，分针走 1 个小格表示 1 分钟，分针走 1 个大格表示 5 分钟，分针走 1 圈是 60 分钟。时针走 1 个大格，分针正好走 1 圈，60 个小格为 1 小时，所以“1 小时＝60 分钟”。

(二) 认识几时几分

认识几时几分的教学，首先让学生观察钟面上时针和分针分别指向哪个数，大概是什么时刻。由于有了整时和半时的学习经验，学生会说“超过”几时，或有点像几时半。在此基础上，教师可提问“‘超过’几时，究竟是几时几分呢”来激发学生的认读兴趣。教学时，应重点教会学生看时间的方法：先看时针，时针刚走过的数是几，就是几时多；要知道走了多少分钟，就要看分针走了几个“小格”，走了几个“小格”，就是走了几分钟，合起来就是几时几分。比如，时针刚刚走过 8，肯定是 8 时多，分针走过 10 个小格，就是 8 时 10 分，写作 8:10。

认识分针表示的时间不易认读，需要教会学生看分针的方法，用五的乘法口诀来计算。也就是，从数字 12 开始，按分针运行的方向，先数出分针走过了几个大格，每两个大格之间都分了 5 个小格，走过几个大格就是几个 5，用 5 乘以几再加上最后不够一个大格的那几个小格，就是分针走过的时间。例如，分针表示 42 分，可以先看到 8(“五八四十”)，再数 2 个小格，就是 42 分。认读几时几分对学生比较困难，教师可将任务分解，先学习利用乘法口诀直接计算的分钟，如 5 分钟、10 分钟、15 分钟等，再学习需要再数几格的分钟，如 6 分钟、13 分钟、17 分钟等。

四、年、月、日的认识

(一) 认识年、月、日

年、月是较大的时间单位，要理解一年或一个月的时间有多长，不但要借助学生在日常生活中积累的感性知识，还要具有一定的想象力。为此，教学时应利用年历表、月历表和日历表等直观教具。让学生观察年历表，知道一年有 12 个月；1 月、3 月、5 月、7 月、8 月、10 月、12 月，每个月有 31 天，称为大月；4 月、6 月、9 月、11 月，每个月有 30 天，称为小月；2 月(平年)有 28 天，一年(平年)有 365 天。

学生熟悉年历表后，教师再出示月历表，引导学生边观察边说一说这是哪年哪月的月历表，这个月是大月还是小月，这个月一共有多少天。然后教师再出示日历表，可以让学生说一说这张表上标识的是哪一年哪一月哪一天，从日历表上看这一天是星期几。为让学生牢固地记住一年里哪个月是大月，哪个月是小月，可以介绍用拳头数大小月的方法。点数的顺序是从一月数到七月，再从八月数到十二月；点数拳头上的位置顺序是从食指到小指拳头上凸起来的地方和凹下去的地方。数到凸起来的地方，那个月就是大月，数到凹下去的地方，那个月就是小月。年、月、日的教学，可以通过社会实践活动进行，从而提高学生数学知识的应用能力。比如，开展“我是小小调查员”的主题活动：[①]教师带领学生进入社区超市，检查每件商品的生产日期和有效期，以及超市促销活动的截止日期等，进一步拓展学生在课堂上所学的知识。

在教学平年和闰年时，教师可以先介绍一些历法知识，然后再介绍平年、闰年的知识，让学生知道平年有 365 天，闰年有 366 天，平年的 2 月有 28 天，闰年的 2 月有 29 天。学生可以根据 2 月的天数，来判断平年与闰年。比如，知道 2012 年的 2 月是 29 天，就能知道这一年是闰年。

(二) 年、月、日的计算

在认识年、月、日之后，学生可进一步学习简单的时间计算。生活中我们经常会在月历上标注各种重要活动，然后计算一下到某一天还有多少天。要教会学生掌握这种计算。计算到当月某日还有几天，就是将该日期减去已过去的天数。教学时，要指导学生通过读题找到已知的信息，然后再列式计算。

---

① 何金娣.中重度智障儿童生存教育社会化课堂的实践研究.上海:上海教育出版社,2010:62.

五、24 时计时法

1 日是指一昼夜，1 日是 24 小时。平时说的 1 天（或 1 日）是指白天，而且是按 12 时计时。由于学生平时生活、学习中很少使用 24 时计时法，因此让他们学用 24 时计时法表示下午或晚上的时间可能会有许多不习惯。教师先安排学生认识“1 日＝24 小时”，让学生通过计算 1 日内经过的时间，知道 1 日是指一天一夜，1 日是 24 小时。这是学习 24 时计时法必须具备的知识基础。

在 24 时计时法的教学中，首先教师用钟表作直观教具，也可以自制一个表盘教具。教师拨动指针演示说明 1 日之内时针正好转两圈，经过 24 小时，使学生加深 1 日等于 24 小时的印象。再用标有 24 时计时时刻的钟表讲解 24 时计时法，午夜 0 时是 1 日的开始，从午夜 0 时至中午 12 时，钟面上时针转第一圈，再从中午 12 时至午夜 12 时，时针转第二圈，一共是 24 小时。教师拨动表针，按照时间顺序，结合学生的实际情况叙述一些生活事件。例如，在夜里，时针、分针都指向 12，夜里 12 点人们都在睡觉休息，是一天的结束，也是下一天的开始，所以称之为零时；表针拨到 6 时，天快亮了，准备起床了；表针拨到 12 时，中午准备吃午饭了；时针走两圈是 1 天。

24 时计时法就是把一天中时针走第二圈时，时针所指钟面上的数字，分别加上 12。这样，下午 1 时、2 时……12 时，分别是 13 时、14 时……24 时。24 时就是第二天的 0 时。教师要引导学生在理解的基础上记住普通计时与 24 时计时的对应时刻，然后教给学生具体的推算方法。

讨论与探究

1. 简述时间与时刻的区别。

2. 简述排序的内涵与性质。

3. 排序活动有哪些？请举例说明。

4. 简述培智学校学生认识量概念的一般过程。

5. 简述培智学校学生排序能力的发展特点。

6. 举一个案例说明培智学校学生时间概念的发展特点。

7. 培智学校学生认识与理解量概念的教学应如何开展？其中的注意事项有哪些？

8. 如何教学钟面的认识？

9. 写一份关于“简单购物”的教学设计。

进一步阅读的文献/网站

1. 刘全礼. 实用培智学校教学法. 长春:东北师范大学出版社,2009.

2. 周欣. 儿童数概念的早期发展. 上海:华东师范大学出版社,2004.

3. 吴正宪. 小学数学学科主题教学案例研究. 北京:首都师范大学出版社,2009.

4. 上海特教之窗,http://shsedu. sherc. net/web/stjzc/221018. htm.

5. 上海市特殊教育资源库,http://sser. sherc. net/shserc/resource. do? method=main.

第五章　数的认识的教学

通过本章学习，你能够：

1. 了解数与数量的区别与联系；
2. 了解自然数的内涵；
3. 了解分数、小数、百分数的定义；
4. 了解计数活动原则；
5. 明确培智学校学生计数能力的发展特点；
6. 掌握培智学校学生认识整数的教学过程；
7. 掌握培智学校学生认识小数、分数、百分数的教学过程。

数在培智学校义务教育阶段的数学课程中占有重要地位，它不仅是整个数学知识体系的基石，也是进一步学习数学的必备基础。整数、小数、分数、百分数的认识，是数学教学内容的主体，同时也为后续学习数的运算、图形与几何、统计打下基础。通过数的教学，能使学生体会到数学与现实生活的紧密联系，体会到数学就在身边，从而感受到数学的价值。本章将首先介绍数的基础知识，数概念的发展特点，然后介绍整数、小数、分数、百分数的教学。

第一节　数的基本知识

一、集合

(一) 集合

在数学中，集合(set)简称集，是数学中最基本的概念之一，也是集合论的主要研究对象。集合是一个不加定义的原始概念。康托尔(Cantor)认为："所谓集合，是一些对象的汇集。这些对象是人们的直观或思考中所涉及的，在一定范围内是明确而可鉴别的。"[①]通俗地说，集合就是把具有某种相同属性的事物的全体归放在一起。比如，把苹果、香蕉、橙子等归在一起，称为水果；把桌子、椅子、衣柜等归在一起，称为家具。

（二）集合中的元素

组成集合的对象称为这个集合的元素或简称元。若 a 是集合 A 的元素，则称 a 属于 A，记为 $a \in A$。若 a 不是集合 A 的元素，记为 $a \notin A$。当某一集合 A 的元素为 $a,b,c,\cdots$ 时，可写作 $A=\{a,b,c,\cdots\}$，称集合 A 由元素为 $a,b,c,\cdots$ 聚合而成。由所有具有某一性质 $\phi(x)$ 的对象 x 聚合而成的集合，通常记为 $\{x \mid \phi(x)\}$。这种确定集合的方法称为概括性原则。

一般地，集合中的元素具有以下三个性质：

(1) 确定性。任一元素都能确定它是否为某一集合的元素。

(2) 互异性。集合中任何两个元素是可以区分的，如：一个集合表示为{1,2}，但不能表示为{1,1,2}。

(3) 无序性。不需要考虑元素之间的顺序，只要元素相同，就可以认为是同一集合。如：{1,2,3}与{3,2,1}就可以看成是两个完全相同的集合。

二、数

数是对数量的抽象，在认识数之前，首先要认识数量。认识数量或认识数都不是数学的本质，数学的本质是在认识数量的同时认识数量之间的关系，在认识数的同时认识数之间的关系。

（一）数与数量

数量是关于对象所持性质的量的多少的表达，如一粒米、两条鱼。数量是对现实生活中事物量的抽象，数是对数量的抽象。[②] 一般地，可以从两个角度来把握这种抽象：在形式上，数去掉了数量后面的后缀名词；在实质上，数去掉了数量所依赖的实际背景。数是一类等价的非空有限集合的共同特征的标记，它和对象所持有的性质无关。例如数"6"表示非空有限集合中的元素个数是6，6个苹果的"6"，6支铅笔的"6"。在现实世界中，抽象的数是不存在的，存在的只是数所对应

① 夏征农. 辞海. 上海：上海辞书出版社，1999：593—594.

② 史宁中. 基本概念与运算法则. 北京：高等教育出版社，2013：3—5.

的数量。比如，在生活中，自然数 6 是不存在的，存在的只是具体的 6 个苹果等。对培智学校学生来说，数通常是与实际的对象连在一起的，例如手指或珠子。因此，在教学中要通过对不同对象使用不同类型的数的语言来引导学生理解具体数的意义。

(二) 自然数

在古代，所谓数，就是指自然数。“自然数”这一术语首先被罗马学者波伊修斯(Boethius, A.)使用。自然数是英文 nature number 的直译。人类对数的认识，从自然数开始，扩充到整数，然后是有理数和实数，最后是复数、四元数和八元数。

古代先人们在生产和生活实践中，通过对物体的计量逐渐形成了“多少”的概念。例如狩猎收获的多少，祭祀牺牲的多少等。渐渐地，从一只羊、一头牛、一个人，抽象出了自然数“1”的概念。由于当时没有语言文字，只能靠“结绳”、“刻画”为替代物，通过一一对应的方式来判断和计量两个集合元素的数量。如果两个集合的元素能够一一对应，那么这两个集合的元素一样多；如果一个集合有剩余，那么这个集合元素的个数就多于另一个集合元素的个数；反之，就少于另一个集合元素的个数。后来根据数量大小的不同，有了关于“自然数”的言语称谓：yi，er，san 等。儿童要了解一堆事物的个数，必须通过“数(shǔ)”的过程。目前，国际通用的数字记法，1、2、3 等是古印度人创造的，通过阿拉伯人传到西方。

在自然数中，最小的数是“0”。之前人们一直认为自然数从 1 开始，0 不算自然数。但是，1993 年颁布的《中华人民共和国国家标准》(GB3100—3102—93)《量和单位》规定自然数包括 0。[①] “1”是自然数的单位，任何一个非零的自然数，都是由若干个单位“1”合并而成的。

(三) 基数和序数

自然数作为一类等价的非空有限集合的标记，既可以用来表示有限集合中元素的个数，也可以用来表示有限集合中每个元素的位置，这就是自然数的两个属性。基数表示集合中元素的个数，是计数的数。[②] $M=\{a, b, c\}$ 是一个集合，所有能和 M 构成一一对应的，例如三个人的集合，三棵树的集合，三个苹果的集合等，它们都能彼此一一对应，我们用数目 3 加以表示。

---

① 张奠宙，孔凡哲等. 小学数学研究. 北京：高等教育出版社，2009：21—26.
② 同①。

序数表示某个有序集合中每个元素所占的位置，是记顺序的数，如第一，第二，第三等。对于一个集合，依次地数(shǔ)数，1个，2个……到第N个数完了，就称这个集合的序数是N。序数，可用来作为一个全的有序排列中元素位置的标记。依次将序数写出来，也是1，2，3，…，N。

三、分数、小数、百分数

(一) 分数

德国数学家克罗内克(Kronecker，L.)说："上帝创造了自然数，其余都是人为的。"第一个"人为"的数是正分数。分数的定义有以下四种。

定义1(份数定义)：分数是一个单位平均分之后中的一份或几份。

定义2(商定义)：分数是两个整数相除的商。

定义3(比定义)：分数是q与p之比。

定义4(公理化定义)：有序的整数对(q, p)，其中$q \neq 0$。

数学教学中，一般都采用份数的分数定义，即将一个单位的物体平均分，表示这样的一份或几份的数，叫作分数。表示把单位1分成多少份的数p，叫作分母，表示取了多少份的数q，叫作分子。分数写成$\frac{\text{分子}}{\text{分母}} = \frac{q}{p}$，读作$p$分之$q$。这个定义的优点在于直观，强调了"平均分"，特别是对"几分之几"作了贴切的说明，有助于学生对分数的理解。

(二) 小数

小数是一种特殊的分数，但是又独立于分数。小数是十进位制记数向相反方向延伸的结果。根据十进制的位值原则，把十进分数(分母是10、100、1 000等的分数)仿照整数的写法写成不带分母的形式，这样的数叫作小数。小数中的圆点叫作小数点，它是一个小数的整数部分和小数部分的分界号，小数点左边的部分是整数部分，小数点右边的部分是小数部分。整数部分是零的小数叫作纯小数，整数部分不是零的小数叫作带小数。例如0.3是纯小数，3.1是带小数。小数分为无限小数和有限小数。所有分数都可以表示成小数，小数中除无限不循环小数外都可以表示成分数。

(三) 百分数

表示一个数是另一个数的百分之几的数，叫百分数。百分数也叫作百分率或百分比。百分数通常不写成分数的形式，而采用符号百分号(%)来表示。如写为

41%，1%。由于百分数的分母都是 100，也就是都以 1%作单位，便于比较，因此百分数广泛应用于社会生活。如 1%，即代表百分之一，或 1/100 或 0.01，而 82%，即代表百分之八十二，或 82/100 或 0.82。“成”和“折”则表示十分之几，例如“七成”和“七折”，代表 70/100 或 70%或 0.7。百分数后面不能接单位。

四、十进位值制

十进位值制的计数法是古代世界上最先进、最科学的计数法。计数法最早可以追溯到文明古国巴比伦，它采用六十进位制（该进位制至今仍留有痕迹，如“1 分＝60 秒”等）和十二进位制。

十进位值制包括十进位和位值制两条原则。“十进位”指每相邻的两个计数单位之间的关系，一个大单位等于十个小单位，也就是说它们之间的进率是“十”。其中，十叫作进位基数，十进就是逢十进一。10 个一是十，10 个十是一百，10 个一百是一千，……，10 个一千万是一亿。

“位值制”是指一个数码表示什么数，要看它所在的位置而定。从右算起，数码所在的位置依次称为个位、十位、百位、千位、万位、十万位、百万位、千万位、亿位等。也就是说，同一个数在不同的位置上所表示的数值也不同。比如，三位数“222”，右边的“2”在个位上表示 2 个一，中间的“2”在十位上就表示 2 个十，左边的“2”在百位上则表示 2 个百。十进位值制的概念是建立在“捆扎”(bundle)活动的基础上。例如，10 根小棒是一捆，10 捆装一盒，10 盒装一箱，依次下去。这些捆扎活动是产生十进制的模型。

按照我国的计数习惯，从右起每四个数位是一级，即个位、十位、百位、千位是个级；万位、十万位、百万位、千万位是万级；亿位、十亿位、百亿位、千亿位是亿级。表 5－1 是从个位到千亿位的数位顺序表。

表 5－1

数位顺序表

数级	……	亿级	万级	个级
数位	……	千亿位 百亿位 十亿位 亿位	千万位 百万位 十万位 万位	千位 百位 十位 个位
计数单位	……	千亿 百亿 十亿 亿	千万 百万 十万 万	千 百 十 一

五、唱数与计数

唱数，也就是口头说数，是口头按顺序说出数词。[①] 它仅是口头上的唱数，没有手与实物的对应。唱数是机械记忆的结果，正如背诵一首儿歌一样，并不代表对数的实际含义的理解。能够唱数，并不意味着能计数。如有培智学校学生能唱数到20，却无法正确地数5件物品。

计数就是计算出事物的个数，也叫数数。计数的过程就是要把计数的对象与自然数列里从“1”开始的自然数之间建立一一对应关系，即口说数字、手点实物，使数词和要数的单位物体之间一一对应，结果用数字来表示。[②] 例如，要知道教室里有多少学生，我们可以一个一个地指着学生，同时依次念出自然数列中的数1、2、3等和所指的学生一一对应。在数的过程中，要不重复也不遗漏，数到最后一个学生所对应的那个数就是教室里学生的人数。上述逐个地计算事物的方法，称为逐一计数。若按几个一群的方法计数，则称为分群计数。

美国心理学家格尔曼(Gelman, R.)提出了正确计数的五条原则：[③]

第一，固定顺序原则(the stable order principle)。在每一次计数时，计数的标记必须遵循同样的顺序，如用“1、2、3、4、…”的顺序去数一个集合，在数另一个集合时，也应当是相同的顺序，而不能是“3、1、2、4、…”的顺序。

第二，一一对应原则(the one to one principle)。集合中的每一个对象只能用一个数目标记，也就是说一个对象只能数一次，一个数词也只能用一次，对象不能重复数，数词也不可再用。

第三，基数原则(the cardinal principle)。计数后集合中最后一个项目的标记代表集合所含对象的总数，也就是说计数到最后一个物体时的数词表示该组物体的总数。

第四，抽象性原则(the abstraction principle)。以上三个原则均可适用于任何可数的事物，即任何东西皆可拿来数(实物、想象中的事物等)。

第五，顺序无关原则(the order irrelevance)。只要遵守其他计数原则，集合中的对象无论从哪一个对象数起，并不影响其结果，也就是说无论从左往右数、从右往左数、从上往下数、从下往上数、从中间往两边数，等等，数的结果都

---

① 林嘉绥，李丹玲. 学前儿童数学教育. 北京：北京师范大学出版社，1998.

② 黄瑾. 学前儿童数学教育. 上海：华东师范大学出版社，2007：126—127.

③ Gelman, R. & Gallistel, C. R. (1978). *The Child's Understanding of Number*. Cambridge, MA: Harvard University Press.

是唯一确定的。

第二节 培智学校学生数概念的发展特点

一、数概念的基本理论

(一) 皮亚杰的研究

在20世纪的上半叶，皮亚杰从认知发生论的理性主义观点出发，认为儿童对数的理解依赖于其逻辑概念的发展，数概念的发展可以用思维结构的质的变化来解释，且这种发展完全是儿童自己主动建构的过程。

关于儿童数概念的发展，皮亚杰的主要观点包括：

第一，对数概念的真正理解源于儿童的心智发展，数概念的发展是独立自发、无人教导的。[①]

第二，数的守恒性是数学理解的先决条件，儿童到了6岁半左右就会自然发展出这样的能力。[②] 数的守恒性，是指相同数目的两个集合，不管如何排列或物理外观如何变化，儿童都能辨认出其数量相等。[③] 皮亚杰认为，虽然儿童在6岁半以前会唱数、计数甚至会一些简单的加减运算，但是他不具备守恒的心智能力，因此都不算是对数有真正的了解。

通过一系列实验，皮亚杰发现儿童对数的了解有三个发展阶段：

第一阶段(4岁左右)儿童不理解数的概念，无法建立一一对应关系。通常，儿童以排列出实物的长度是否相同来判定两组物体的数量是否相等，其评价的依据是对物体集合的长度或全部集合所占空间的“笼统的”感觉，而不是数目。因此，儿童可能构建两个物体集合具有相同的长度(两端同长)，但数目却不等(图5-1)。

图5-1

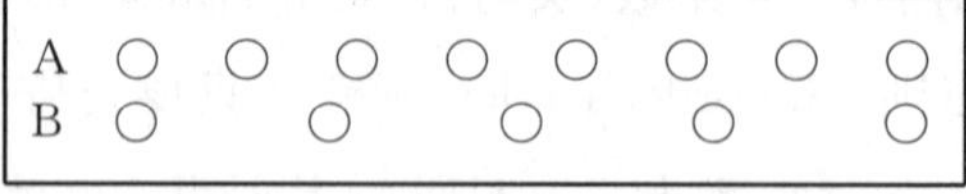

数概念发展第一阶段儿童特征

第二阶段(5—6岁)是过渡阶段，儿童会运用一一对应的方法将两个集合建立

① Piaget, J. (1953). How Children form Mathematical Concepts. *Scientific American*, 189(5), 74-79.
② Piaget, J. & Szeminska, A. (1952). *Child's Conception of Number* (C. Gattegno and F. M. Hodgson, Trans.). New York: The Humanities Press. (Original work Published 1941)
③ R. W. 柯兰. 儿童怎样学习数学. 上海：上海教育出版社，1985：130.

起等价关系(图 5 - 2A),但仍没有"持久等价"或守恒思想。当儿童所排出的一一对应关系被破坏(拉长或缩短其中一组实物)后,他们就无法保留自己所建立的守恒性,会认为这两个集合的数量不等(图 5 - 2B)。相比第一阶段,儿童的关注点已得到发展,能够注意到物体的长度、密度,不像第一阶段儿童只能注意到长度。

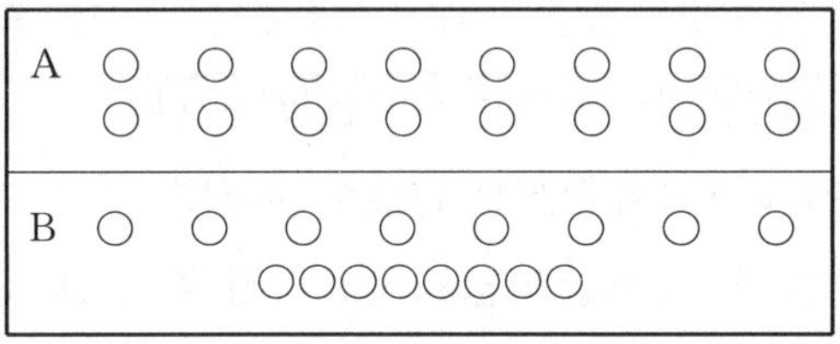

A ○ ○ ○ ○ ○ ○ ○ ○
○ ○ ○ ○ ○ ○ ○ ○

B ○ ○ ○ ○ ○ ○ ○ ○
○○○○○○○○

图 5 - 2

数概念发展第二阶段儿童特征

第三阶段(6 岁半以后)是真正理解数概念的阶段,儿童能用各种方法建立同等性(如计数或采用一一对应的方法),并且能理解数量守恒,不管事物外观如何变化(拉长或缩短),都不会影响其对同等性的判断。根据皮亚杰的划分,第一、第二阶段儿童处于认知发展的前运算期,而第三阶段儿童则进入具体运算期。

综上所述,判断两个集合的数量时儿童受物体知觉的外观影响,经常根据物体的整体外形来作决定,把离散量当作连续的形态那样(如一组弹珠好像有长度一样)。皮亚杰发现,前运算期儿童对连续量(容积、体积、重量等)的认识也不具有守恒性,无法了解某一定量无论如何转换,其整体量仍保持不变。

皮亚杰理论认为数量守恒能力是数学理解的先决条件,低龄儿童的心智逻辑能力尚未发展,无法保留数量的不变性,因而无法真正理解数量。对于此论点,诸多学者予以肯定的回应,但也提出了不少质疑,主要针对守恒实验本身。有研究指出,实验中的知觉线索也会影响儿童守恒能力的表现。①

(二) 格尔曼等人的研究

在 20 世纪 70 年代初,格尔曼(Gelman, R.)和加利斯特尔(Gallistel, C. R.)对皮亚杰儿童数学发展的理论提出疑问。皮亚杰认为守恒概念是无法教导的,然而格尔曼等人坚称守恒概念是可以被训练的。② 格尔曼等人批评皮亚杰的守恒研究的不足之处是着眼于儿童数学能力上的短处,他们开始从儿童在数方面表现出来

① Gelman, R. (1969). Conservation Acquisition: A Problem of Learning to Attend to Relevant Attributes. *Journal of Experimental Child Psychology*, 7, 167 - 187.

② Gelman, R., & Gallistel, C. R. (1978). *The Child's Understanding of Number*. Cambridge, MA: Harvard University Press.

的长处——"数数"着手研究。其结果不仅表明儿童的数概念可以通过有意义的计数逐渐发展出来，甚至能表现出复杂的计数技巧和数概念。格尔曼等人还发现，儿童的数数都不仅仅是单纯的语言能力，而是一种受到数数原则支配的复杂的认知能力。这一理论的主要观点包括：①

（1）儿童数概念的发展并不一定如同皮亚杰所说的是儿童逻辑思维能力发展的结果，这两种能力的发展更可能是一种平行和相互促进的关系；

（2）儿童的数概念在早期已得到了不同程度的发展；

（3）数概念的发展涉及对数数技能的整合和应用；

（4）儿童数数的学习经验与数概念的发展有着直接的联系；

（5）儿童的数数也是他们最初学习加减运算不可缺少的工具。

研究者一致认识到计数活动对儿童数概念发展的重要性，但在解释儿童数数技能的发展方面出现了三种不同的观点。

"技能为先"(skills first)观点认为，儿童计数技能的获得是通过模仿、练习、强化而背诵的，他们并未真正地理解计数的原则与概念。②

格尔曼和加利斯特尔是"原则为先"(principles first)理论的主要代表，他们认为儿童计数技能的发展受到计数原则的教导与指引，要成功完成计数活动必须掌握五个原则(固定顺序原则、一一对应原则、基数原则、抽象原则和顺序无关原则)。③

格尔曼及其同行扩大了他们的理论内涵以进一步解释儿童的计数行为，并提出计数能力由三个组成部分构成：概念性能力、过程性能力与应用性能力。④ 他们认为儿童很早就掌握了概念性能力，儿童之所以在计数活动中表现出弱点和不稳定性的行为，是因为他们的过程性能力和应用性能力较差。过程性能力是指计数每一实物后(尤其是非直线排列者)，将已数过的推到一边或作记号，以便于计数。年龄越小的儿童，就越有可能欠缺该能力，因而造成错误，但这并不代表幼儿没有

---

① Clements, D. H. (1984). Training Effects on the Development and Generalization of Piagetian Logical Operations and Knowledge of Number. *Journal of Educational Psychology*, 76(5), 766-776.

② Baroody, A.J. (1992). The Development of Preschoolers' Counting Skill and Principles. In J. Bideaud, C. Meljac & J.P. Fischer (Eds.), *Pathways to number: Children's Developing Numerical Abilities*. Hillsdale, N.J.: Lawrence Erlbaaum.

③ Gelman, R. & Gallistel, C.R. (1978). *The Child's Understanding of Number*. Cambridge, MA: Harvard University Press.

④ Gelman, R., Meck, E. & Merkin, S. (1986). Young Children's Numerical Competence. *Cognitive Development*, 1, 1-29.

概念上的理解。

随着研究的深入，又有一种所谓的"原则—技巧相互发展观"(mutual development)的理论脱颖而出。该理论将前两种观点融合在一起，认为计数原则与技巧二者是相互交织，共同发展的。[①] 无论是"原则为先"还是"原则—技巧相互发展"观点，均认为儿童对计数活动有一些概念上的理解。例如：儿童都知道"每件东西只能数一次"是很重要的，但在数大量的东西时，却无法正确运用这些原则，因为他们缺少系统性地记录已数过东西的能力，常常必须靠记忆，造成记忆上的负担。研究发现，3岁至3岁半，3岁半至4岁，与4岁至4岁半幼儿数直线排列的4—14个实物，其成功率分别为84%、94%、97%；若直线排列的实物增加至32个，其正确率稍降为56%、64%、71%。[②] 一般而言，4岁左右的幼儿能计数9件东西，5岁幼儿能计数大约20件，6岁儿童则能正确计数28件。[③]

二、培智学校学生计数能力的发展特点

数概念是通过有意义的计数活动而逐渐发展起来的。一般来说，学生先习惯使用口语的数数游戏学习数字，逐渐发现或建立更深刻的数量与计数概念。当学生熟练数量与计数之后，也开始会以复杂的方式进行数量计数，进一步发展数概念。可以说，计数活动是儿童数概念形成与发展的重要方式，计数能力标志着儿童对数概念理解的程度。

从结构来看，计数活动可以分为内容和动作两个方面。

(一) 计数活动的内容

培智学校学生计数活动的内容主要包括：口头数数、按物点数、说出总数。具体分析如下。

1. 口头数数

口头数数是指口头按自然数数序说出数词的能力。学生最早学会的是口头数数，就是按自然数的顺序如同背儿歌一样唱出数词，没有数与实物的对应。学生会

---

① Baroody, A. J. (1992). The Development of Preschoolers' Counting Skill and Principles. In J. Bideaud, C. Meljac, & J. P. Fischer (Eds.), *Pathways to Number: Children's Developing Numerical Abilities*. Hillsdale, N. J.: Lawrence Erlbaaum.

② Fuson, K. C. (1992). Relationships between Counting and Cardinality from Age 2 to age 8. In J. Bideaud, C. Meljac & J. P. Fischer (Ed.), *Pathways to Number: Children's Developing Numerical Abilities*. Hillsdale, N. J.: Lawrence Erlbaum.

③ Ginsburg, H. P. (1989). *Children's Arithmetic: how They Learn It and how You Teach It*, 2nd ed. Austin: Tex.: Pro Ed.

逐步说出个别数词,并能机械记忆,按一定顺序背诵数词的名称,但他们不理解自然数本身的含义,无法做到用数来表示物体的数量。

培智学校学生都能进行口头数数,且口头数数能力在第二学段迅速发展,第二、第三学段区别不明显。第一学段学生能从 1 数到 60 或 70,在数数过程中经常会出现漏数、跳数(如从 79 直接数到 90)、回数(如 41 数完接着数 12、13…)现象,数的速度较慢。但由于学生个体差异较大,有的一年级学生能从 1 数到 100。第二、第三学段学生能从 1 数到 90 或 100,在数数过程中会出现漏数、跳数、回数现象,数的速度较快。在倒数方面,第一学段学生能够从 10 倒数到 1,但是从 20 或 30 倒数的能力较差。第二、第三学段学生能正确地从 10 倒数到 1,有的学生能正确地从 20 或 30 倒数到 1。

2. 按物点数

按物点数是指用手逐一指点物体,同时有顺序地逐个说出数词,使说出的每一个数词与手点的一个物体一一对应。从口头数数发展到按物点数,儿童要经历一个手口不一致的阶段,即口说的数词与实物没有一一对应。具体表现为:儿童按顺序说出数词,手却乱点实物,口快手慢或口慢手快,再逐步做到手口一致地点数实物。在这个阶段,儿童能用手逐一指点物体,按照数序说出数字,但他们往往不知道物体的总数。

培智学校学生在按物点数时,呈现出学龄的差异。第一学段学生还不能完全正确地按物点数。比如,会出现重数现象(一个物体数两次或一个数词说两次);漏数现象(无论是将雪花片排列好再数,还是未排好数,都有漏数情况);数序错误("1, 2, 4, 5, 6"或"1, 2, 3, …, 19, 1, 2, 3"或"1, 2, 3, 4, 5, 6, 7, 12, 13, 14, 15, 16, 17")。培智学校学生按物点数能力在第二学段迅速发展。第二、第三学段学生也会出现漏数、重数、数序错误的现象。此外,随着所数物品数量的增加,第二、第三学段学生会采用"接着数"的策略,而第一学段学生基本上采用"从 1 开始数"的策略。

3. 说出总数

说出总数是指按物点数后,能将说出的最后一个数词来代表所数过物体的总数。例如,儿童点数到 6,问他一共有几个,他能回答"6"。理解数到最后的那个数,就是代表所数物体的总数。儿童能按物点数并说出总数,标志着他已经开始理解数的实际意义。知道把最后说出的数词作为所数过的一群对象的总体来把握,意味着形成了最初的数概念。

培智学校第一学段学生在计数过程中，能将说出的最后一个数词来代表所数过物体的总数，但存在数对但说错总数的情况。比如，数到6后说一共有8个，数到20后说一共有10个。第二、第三学段学生在点数过后，基本能说对总数。

（二）计数活动的动作

儿童计数活动的动作包括手的动作与语言动作。计数活动中这两部分动作的发展过程，具体分析如下：

1. 手的动作

随着儿童计数活动日益熟练，手的动作依次表现为触摸物体、指点物体、用眼代替手区分物体。儿童开始学习计数时，是用手触摸、移动、摆弄着物体进行数数。随后他们逐步脱离对物体的触摸，而用手在空中来回摆动指点着物体进行数数，从近距离对着物体到远距离对着物体进行点数。这种对物体的触摸或脱离触摸，都还是建立在动作水平上的点数，最后发展到脱离手部动作依靠视觉进行目测数出物体的数量。

第一学段学生在计数过程中，主要采用移动物体、手指点物体的动作，当手指隔空指点物体时，会出现漏数物体的现象。第二、第三学段学生会根据物体数量和摆放的情况，选择不同的动作方法，并且移动物体的速度较快。此外，能够用眼代替手来区分物体的学生较少。

2. 语言动作

随着儿童计数活动日益熟练，语言动作的发展过程依次表现为大声说出数词、小声说出数词、默数。儿童开始学习计数时，往往会大声说出数词，随着对数数活动的熟练以及技术经验的积累，儿童在数数时能渐渐地减轻说出数词的声音或只动嘴唇地数数，最后发展到不出声音的默数。培智学校多数学生采用大声说出数词，第二、第三学段学生会小声说出数词或默数。但是，默数的情况下，错误率较高，且教师难以辨别其错误原因。

在计数过程中，手的动作和语言动作并不是割裂的，而是相互联系，交错发展的。开始计数时，学生往往用手直接触摸物体，大声地说出数词，逐渐开始脱离手部动作，以目测、默数的方式感知物体的数量。经观察发现，培智学校多数第一学段学生在计数过程中存在手口不一致的现象。

三、培智学校学生认识数的发展特点

培智学校学生在认识、辨别、理解数方面呈现出学龄的差异。有研究通过数字符号辨认任务、数字符号—实物任务、实物—数字符号任务，对培智学校学生数的辨认、理解能力的发展特点进行了研究。

1. 培智学校学生的数字符号辨认能力优于数的理解能力

研究发现，培智学校学生的数字符号辨认能力优于对数的理解能力。① 智力障碍儿童在数字符号辨认任务上的正确率极其显著地高于实物—数字符号任务和数字符号—实物任务的正确率，实物—数字符号和数字符号—实物任务之间的正确率无明显差异。这说明，培智学校学生对数的理解能力落后于认数能力，即能够认数不代表能够理解数。比如，学生能正确指认数字 12，但是却不能按要求拿出 12 个雪花片。这一结果与周欣等人研究中的结果类似，其研究发现 4—6 岁儿童在书面数字符号表征的测查中，数字阅读部分的得分最高，实物—数字符号部分比数字符号—实物部分得分稍低。②③

探究其原因，可能是数字符号的辨认相对容易。因为在实物—数字符号任务中，学生要先数出实物数量，然后从 10 个数字中选择正确的数字表示数量。有学生在实物数量增大之后没能数对，数字也就没有选对，也有的学生数对了数量，但是没有选对数字；而在数字符号—实物任务中，学生要先认识数字，才能取出与之对应的物体数量。相比其他两个学段的学生，培智学校第一学段学生在数字符号辨认与另两个任务上的正确率差异最显著。这表明，培智学校第一学段学生的数理解能力没有与辨认能力同步发展起来，而在高年级，学生的数的理解能力才跟上辨认能力的发展步伐。

2. 培智学校学生的数字符号辨认能力逐渐增强

培智学校学生对数字符号的辨认能力随着学段的升高而逐渐增强。第三学段学生对数字符号辨认的正确率显著高于第一学段，第二学段的正确率与第一、第三学段的正确率均无显著差异。第一学段学生对一些大数的辨认具有随机性，如听到 51，就找有 5 和 1 的数，而缺乏对 51 这个数整体的理解。随着学段的升高，在学习和生活中学生接触数字的机会也增多，数字经验的不断积累在一定程度上加强

---

① 樊静，柳笛. 智力障碍儿童对数字符号辨认与理解的发展研究. 绥化学院学报，2015，4：52—56.
② 周欣，王滨. 4—5 岁儿童对书面符号的表征和理解能力的发展. 心理科学，2004，27(5)：1132—1136.
③ 周欣，王烨芳，王洛丹，王滨. 5—6 岁儿童对书面符号的表征和理解能力的发展. 心理科学，2006，29(2)：341—345.

了学生对数字符号的辨认能力，混淆数字的情况逐步减少。

3. 培智学校学生对数的理解能力逐步增强

培智学校第一学段学生对数字符号的理解能力较差，在第二学段迅速发展，在第三学段趋于稳定。在数字符号—实物以及实物—数字符号任务中，第一学段学生的正确率显著低于第二学段学生，第二学段与第三学段学生的正确率无显著差异。第一学段学生在实物—数字符号和数字符号—实物任务上的表现远不及第二、第三学段学生。培智学校学生在第二学段时不仅能较好地辨认数字符号，对数字符号的理解能力也快速发展起来，并能达到第三学段学生的水平。

培智学校第一学段学生能理解 10 以内的序数，但是不太理解超出 10 范围的序数。比如，学生不能正确地找出第十几个或第二十几个物体。相比较第一学段学生，第二、第三学段学生对于序数的意义比较理解，能正确找到"第几个"物体。第二、第三学段学生能在原有位置的基础上采用接着数的策略，找到下一个序数。比如，从第 22 个接着数，找到第 26 个。而第一学段学生一般采用从头数的策略。

第三节　认识整数的教学

认识整数的教学主要是使学生获得数概念，并认识生活中的数。其教学内容主要包括：数的认识，数的组成，数的顺序与大小，数的读写。有关整数的认识一般分为 10 以内的数、11—20 各数、百以内的数、千以内的数、万以内的数的认识几个部分。

一、10 以内数的认识

在学习"数的认识"中，10 以内数的认识是基础。10 以内数的认识，要求学生正确数出 10 以内的物品数，掌握 10 以内数的组合与分解，数的顺序与大小，正确读出(唱数和点数)与写出 1—10 各数。10 以内的数一般分成 1—5、0、6—9、10 四部分。

(一) 认识基数的教学

基数是表示集合中元素多少的数，是最初步的数学知识。学生形成 10 以内基数的概念，可以为进一步学习加减运算打好基础。对培智学校学生来说，10 以内基数需要一个数一个数地教，有助于他们掌握每个数的实际含义。

1. 通过按物点数、说出总数，逐步把数从具体事物中抽象出来

按物点数、说出总数是学生计数活动的基本方式，也是认识 10 以内数的基本途径。进行认识整数的教学时，教师可采用讲解演示法教学生学习点数物体：先将物体排成一行（一列），由教师示范用右手食指，从左至右（由上至下）一个一个地移动物体（逐步变成点物体），移动一个物体说出一个数词（图 5－3）。点数时有适当的停顿，训练学生眼手的动作与语言相一致。在点数到最后一个物体时，要用手指绕所点数过的物体画个圈，并提高声音，以突出和强调这个数就是物体的总数。

图 5－3

按物点数

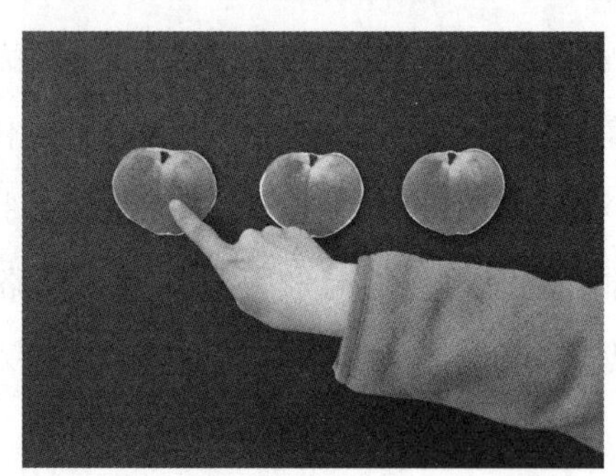

点数是手段，说出总数、理解数的实际含义才是关键。对培智学校学生而言，开始学习正确点数并说出总数是比较困难的，因此说出总数的教学需要分步进行，是一个循序渐进的过程。教师给予学生动作上的辅助，可以手把着学生的手一起数，学生模仿老师一起说出总数。再逐步过渡到口头提示，指着最后一个物体说“数到几，总数就是几”。

按物点数教学应注意，为了让学生形成数概念，应让学生通过数多种同类物体，逐步抽象出数的概念。让学生理解到一个数词代表一类物体的总个数，与这类物体本身毫无关系。如可以让学生数 3 个苹果、3 个书包、3 块糖等，说明所数每种物品的共同特点是总数都可以用数字“3”来表示。按物点数的学习应融入生活中的随机情境中，如学校的点名活动，数学生到校人数，说说今天一共来了几名同学；在家庭摆放餐具，根据人数拿碗、筷子等。教学中，教具由具体实物过渡到图片再过渡到抽象的点图，这样由具体到抽象，引导学生逐步形成数的概念，理解数的意义。

2. 结合数的形成来认识数

认识整数的教学可以从认识数的形成开始。教师教学生认识一个新的数时，可以通过实物教具按顺序演示数数，使学生知道一个数可以由前面刚学过的数添

上 1 而得到。也就是，在一排已知数量的物体上增加一个相同物体，使学生通过直观观察，发现一个新的数是由原来的数添加 1 而形成的，然后让学生说出总数。这个过程突出了在已认识的数的基础上学习新的数，突出了相邻两个数之间的关系，有利于学生理解数的顺序与数的大小。为了强调新的数的形成是在前面一个数上添加 1 的结果，教师还可以再将添加的物品拿走，让学生清楚地看到去掉 1 还是原来的数。

例如，认识数“4”时，可以先呈现 3 个物品，然后再添加 1 个物品，学生数出总数“4”，使学生初步知道 3 的后面是 4，知道“4 比 3 大，3 比 4 小”的数的大小关系。

3. 运用多种感官感知数

运用多种感官计数，主要是指运用听觉、触摸觉和运动觉来感知物体的数量，加深对数概念的理解。

教学中，教师引导学生运用听觉感知某种声音发出的次数。教师可以用敲响板、拍手、跺脚等方式发出声响让学生数数。运用触摸觉感知物体的数量，就是让学生在没有视觉的辅助下，用手触摸物体以确定物体数量。如“摸物数数”，让学生用手摸口袋里的物品，数出袋子里的物体数。还可以引导学生采用运动觉感知自身运动的次数。如通过跺脚、拍手、拍肩膀等动作次数表示一定的数量。教师可以根据学生的水平，引导学生将各种感官结合起来感知数量。

4. 按数取物

按数取物是巩固数概念的有效方法。按数取物是根据数量(口头说出的数或出示数字)，拿出相等数量的物体。在教学中，教师可以设计各种按数取物的活动，让学生练习数数，加深对数的实际意义的理解。

活动 1：教师出示一定数量的实物或点子图，要求学生拿出与其相等数量的物体。如教师摆出 3 个刷牙杯，要求学生拿出一样多的牙刷。

活动 2：教师出示数字，要求学生取出相应数量的物体。如教师出示数字卡片“4”，学生从学具盒中拿出 4 朵红花。

按数取物的难点是根据拿出数量的多少，数到几能停。培智学校学生在工作记忆能力方面存在障碍，对暂时性信息的储存与加工受到限制，在点数过程中经常会忘记点数的任务。教学时，教师指导学生点数前要先提问：“一共要拿几个，数到几就停?”若学生在点数中忘记任务，可在提示后继续往下数。在即将数到需数出的数量时，教师可提高声音说出数词，提示学生适时停止。

案例 5-1

“认识 8”的教学设计(二年级)[①]

教学目标:

A 组教学目标:

(1) 理解数量为 8 的物体个数能用数字 8 表示,能认读数字 8。

(2) 能手口一致地点数,正确拿出 8 个物体。

(3) 体验小组合作,培养学习乐趣。

B 组教学目标:

(1) 感知数量为 8 的物体个数能用数字 8 表示,能跟读数字 8。

(2) 能手口一致地点数数量是 8 的物品。

(3) 体验小组合作,培养学习乐趣。

C 组教学目标:

(1) 能模仿跟读数字 8。

(2) 在教师的动作与语言提示下,点数数量是 8 的物品。

(3) 培养学习乐趣。

教学准备:

小羊卡片,苹果,泡沫,铁球,积木,简易天平。

教学过程:

一、复习 7 以内的数字

(1) 唱数 1—10。

(2) 创设喜羊羊与灰太狼的情境,数出数量是 5—7 只小羊的个数,并用相应的数字来表示。

二、新授环节

(1) 认识数字 8。

在 7 只小羊后面再添加 1 只,数一数有几只小羊。

师:7 只小羊,又来了一只,现在有几只? 教师指导学生数一数。

师:8 只小羊用数字几来表示?

小结:7 只羊,又来了一只羊,现在有 8 只羊,用数字“8”来表示。

(2) 认读数字 8。

指导学生读一读,可以采用多种方式:集体读、个别读、开小火车读。

指导学生观察 8 的形状。

你问我答编儿歌,师:这是几? 答:888。师:什么 8? 答:眼镜 8。

(3) 数出数量为 8 的物体个数。

教师出示小鸭图片,指导学生数一数。师:8 只小鸭可以用数字几来表示?

---

① 此教学案例来自上海市特殊教育资源中心(作者:龚怡莉),有改编。

教师出示图片，学生数出图片上的物品数量，并用相应的数字表示。

按数拿物，按要求数出一定数量的物品。

三、巩固已学的知识

(1) 创设情境，运用律动“火车开了”巩固对数字 8 的认识。

(2) 教师说明活动规则，请学生自己坐在座位上数一数。

(3) 讲评、反馈。

四、总结新知

对所学知识进行归纳和整理，本堂课的教学在轻快的音乐活动“巧虎数数歌”中结束。

5. 数字 0 的认识

数字“0”比较抽象，要比认识 1—10 各数难，所以 0 的认识一般放在 1—5 各数的认识之后。教学时，教师运用实例演示结合数的形成，构建“0”的概念。例如，盘子里放 2 个苹果，用数字 2 表示；拿去 1 个，还有 1 个苹果，用数字 1 表示；再拿去 1 个，这时盘子里没有苹果，用数字 0 表示。通过这一过程，让学生体会到 0 与 1、2、3 等一样，也是一个数，渗透空集的思想。数字 0 的含义比较广泛，除了表示“没有”和“起点”之外，还可以表示界限，如温度计上的 0 度表示零上与零下温度的分界；还可以表示号码，如“101”教室等。教学时，通过生活中的实例，让学生体会数字 0 在生活的作用。

(二) 顺数与倒数的教学

数序，全称数字序列，是指数字按照一定规律所排出来的顺序。顺数是按自然数列的顺序进行数数，倒数是按与自然数列顺序相反的方向数数。

例如，顺数：1、2、3、4、5、6、7、8、9、10；倒数：10、9、8、7、6、5、4、3、2、1。

学习顺数和倒数可分两个阶段进行，先教 5 以内，再教 10 以内，同时学生先学习顺数，再学习倒数。教师应运用教具将 5 以内自然数的关系直观地呈现出来，同时在每个教具旁边标出数字(图 5－4)，让学生观察实物了解 1 添上 1 是 2，2 添上 1 是 3，3 添上 1 是 4，等等。顺数时，数字是从小到大排列，数量由少至多。倒数是一排比一排少，数字是从大到小排列，数量由多至少。顺数和倒数能帮助学生理解相邻两个数之间的关系，引导学生理解 10 以内各数之间的关系，使得学生掌握按顺序排列 10 以内的数，除首尾两个数之外，不论哪个数都比前面一个数多 1，比后面一个数少 1。

图 5-4

数序的教学

1 ○
2 ○○
3 ○○○
4 ○○○○
5 ○○○○○

学生在理解顺数和倒数的含义后，可通过各种方法来练习。

第一，读儿歌。

顺数倒数歌

一二三四五，上楼你顺数；
五四三二一，下楼我倒数；
天天练身体，天天学数数。

第二，口头数。

口头练习顺数和倒数。例如，教师说出某个数，要求学生接着顺数数到 10 或者倒数数到 1。

第三，接龙。

要求学生将数字卡片或点图卡片按从 10 至 1 或者从 1 至 10 的顺序排列放好。

(三) 序数的教学

序数是用自然数表示实物排列的次序。学生在了解了 1—10 基数含义的基础上，可进一步学习序数。教师先教 1—5 的序数，再教 1—10 的序数。教学内容包括：理解序数的含义，能用序数词正确表示 10 以内物体排列的次序；能从不同方向确认物体的排列次序。

1. 运用直观教具，理解序数的含义

教师出示 5 名同学的照片，让学生说说他们的姓名，数数一共有几名学生，接着进行序数的教学。要求给学生排队，一边挪动学生的照片一边说："从左边开始，小 A 排在第 1 个，小 B 排在第 2 个，小 C 排在第 3 个，……"教师反复提问："××排在第几个？"或"第×个是谁？"，让学生回答，帮助学生理解序数的含义。

2. 通过游戏活动，明确基数与序数的区别

教师可以组织学生玩"坐火车"的游戏：把 5 张小椅子排在教室的一边，第一张椅子背上贴"火车头"的图片，然后请 5 个学生取好"车票"，按票入座，请其他学生帮助检查这些座位是否正确。在学生初步掌握了序数的基础上，教师应引导学生

对基数和序数进行比较并加以区别。教师要强调说明“有几个”表示物体一共有多少,“第几个”表示物体排在第几个位置上,从而帮助学生明确序数的内涵。

3. 结合日常学习活动进行练习

在日常学习和生活中,教师请学生打开课本的第几页,课程表中的第一节课、第二节课,今天第一个到校的学生,100 米赛跑的第一名、第二名、第三名等,这些情境都是进行序数练习的好机会。教师应有机结合这些情况,引导学生自然而然地进行序数练习。

4. 序数教学中应注意的事项

第一,教具排列的多样性。序数教学时,教具应采取多种排列方式。如,教具可以横排、竖排,或表格式排列(图 5-5),这样有助于学生从不同方向确定物体的排列顺序。

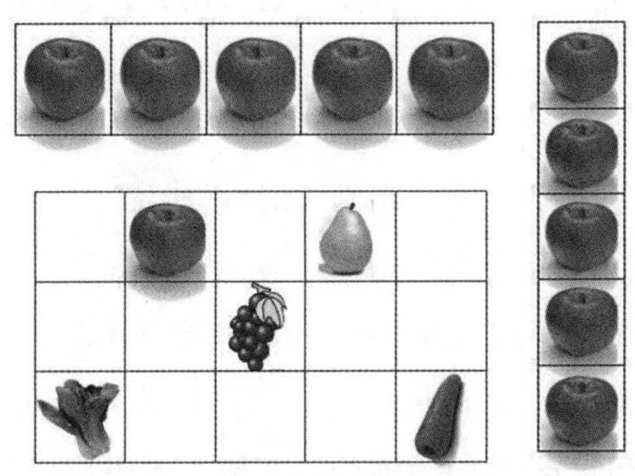

图 5-5

序数教学中教具的多种排列方式

第二,选择实际生活中的例子。选择实际生活中包含序数意义的内容进行教学。如,体育比赛的排列名次、班级学生出操排队、乘坐电梯上楼等,或者把各种颜色、图形逐一排列,让学生说一说第几个是什么颜色,什么形状,在第几个位置。

第三,明确从哪里数起,按什么方向数。物体排列的位置会因为起始方向的不同而不同,从左数起为第一个的物体,改为从右数起,它又成为最后一个。因此,引导学生学习序数时,首先应明确哪个是第一个,按什么方向数。如走楼梯,最下面的是第一层,上一层是第二层。排队时老师站在哪一边,第一个就从哪数起。教师也可以用特定的符号表示从哪里数起和按什么方向数。如,把小红旗放在被数教具的某位置,就表示这一位置的物体为第一,小红旗上箭头所指的方向为数的方向(图 5-6)。

图 5-6

序数教学中的起点与方向

(四) 数的认读与书写教学

数字是用来记数的符号。数字所表示的物体数量就是数的实际含义。学习认读和书写数字，能巩固对10以内数的认识，提高对数抽象性的理解。

1. 认读数字1—10

(1) 记住字形

认读数字1—10是认识10以内各数的一个教学环节。教师出示数字符号之后，可利用学生熟悉的事物与数的形象进行比较，利用形象的比喻，编成生动有趣的数字歌谣，帮助学生记住字形。下面是一首常用的数字歌谣：

1像铅笔111，2像小鸭222。
3像耳朵333，4像小旗444。
5像秤钩555，6像哨子666。
7像镰刀777，8像葫芦888。
9像气球999，0像鸡蛋000。

(2) 区分形近数字

由于学生的方位知觉发展缓慢，普遍存在构音障碍，对“2”与“5”、“6”与“9”等字形相近的数字容易混淆，因此在教学中对这些数字要做比较、区分，帮助学生正确识记。

(3) 读准字音

在讲清数字含义，初步认识数字的基础上，让学生准确地跟老师读准字音。对于一些有平翘舌音的数字，有的学生会把“3”(sān)读成shān，把“10”(shí)读成sí；对于一些声韵母结合不容易把握声调的数字，有的学生会把“6”(liù)读成niū，把“9”(jiǔ)读成jiù。

2. 书写数字1—10

(1) 示范讲解书写要求

书写数字1—10的教学时，教师应先示范讲解数字的字形特点与结构，所写数字的笔顺，在日字格中哪一个位置起笔，向什么方向移动，如何转笔、停笔等，具体要求如表 5－2 所示。示范讲解过程中，教师还要讲清竖要直、横要平、字要端正等要求。

表 5－2 数字的书写

数字	说明
1	“1”像铅笔，在日子格中从右上角附近起笔，斜线到左下角附近停笔
2	“2”像小鸭，起笔碰左线，再向上、向右碰线，略成半圆，斜线到左下角，碰线一横
3	“3”像耳朵，起笔不碰线，向上碰线，再向下碰线，略成半圆向中间弯，在中线以上转向右下方碰线，向下碰底线。最后，往左向上碰线
4	“4”像小旗，第一笔从上线的中间起笔，向左斜线到下格，碰左线再折右碰线。第二笔从右上角附近下去，到下面的当中碰线
5	“5”像秤钩，第一笔从上线不到一半的地方起笔，向左下到中格角，再向上超过中线画一个大半圆碰右线，下线到左线为止。第二笔，在上面画一横线
6	“6”像哨子，从上线偏左一点起向下方画一个弧形，碰左线、底线，向上碰右线画成一个小圆，小圆上面超过中线
7	“7”像镰刀，从左上角到右上角画一横线，再折线向下，到底线中间偏左的地方碰线
8	“8”像葫芦，从右上碰线到左线成半圆，拐向右下面成圆碰右线、下线、左线，再向上，在中线以上和原线相交，最后，线到右上角附近稍离起笔处停笔

续表

	“9”像气球，从右上碰线到左线成半圆，拐向右上面成圆碰右线，向下到底线中间的地方碰线停笔
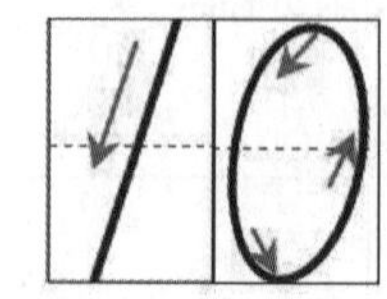	“10”像铅笔和鸡蛋，“10”占两格，左边一格写“1”，右边一格写“0”，从右上起笔碰上、下、左、右四边的椭圆

在个别辅导时，注意培养学生养成良好的书写习惯。要用日字格本子写数字，写一个空一格，从左往右写完一行再写一行。有的学生会把上、下、左、右位置搞错（比如把3写成ε）。另外由于手指不灵活，有的学生在写5、2、0等数字时，拐弯不圆滑，要求写得整齐匀称就更难。因此，教学生写数字要作为一个重点，专门安排课时进行有针对性的练习。教师要分散学生写数字的难点，使学生在认数字的时候，有比较多的时间练习写数字，更好地掌握数字的写法。

（2）书写练习

教师讲解示范后，学生进行书写练习。首先进行书空练习，学生用右手食指在空中或在范体字上按数字的笔顺练习。接下来试写，请1—2名学生在黑板上的日子格中书写，以便教师及时发现问题及时进行纠正。然后描写（也叫描红），学生先按样子描写，再描写点状图，由实到虚。最后，根据书写要领独立书写。

学生的精细动作尚未完全发展，建议让学生运用各种替代方法写数字，熟悉字形，例如：在沙箱中挥洒字形、用手指摸数字砂纸、用扭扭棒塑出字形、用豆子黏贴字样、用橡皮筋在钉板上造字形、用火柴棒（或牙签）摆出字形、用大刷子蘸水在水泥地上书写、用面团（或黏土）烤（做）出数字等。对于有书写需求的学生，教师应当先提供大格子的练习纸，让学生能看清楚。在学生掌握数字的书写笔顺后，逐渐缩小练习纸的格子。在日字格中书写要先示范打样，让学生描点连线几个数字后，再独立书写。

二、11—20各数的认识

在教学11—20以内各数的认识中，要求学生正确数出11—20之间的物体个数，掌握11—20各数的顺序与大小，认识计数单位“一”与“十”，了解11—20数的组成，掌握 11—20 各数的读法和写法。

(一) 11—20 各数的认识

培智学校学生的思维以具体形象思维为主，因此要注重通过操作进行学习，使所学的新知识不断内化到已有的认知结构中。数数教学时，通过让学生数出 10 根小棒捆成一捆，接着数到 20 根，也就是数出另外的 10 根小棒，把这 10 根再捆成一捆；突出把“十”作为一个计数单位，使学生不仅能在 10 的基础上一个一个地数到 20，而且能够直观地了解 11—20 各数都是由 1 个十和几个一组成的，为进一步学习数的读法和写法作准备。

点数 20 以内各数时，培养学生先数一捆即 1 个十，再数几根即几个一。例如，新的数 11 是从原来的数 10 的基础上添上 1 形成的，强调添上的是 1 根(1 个一)，操作时把添上的 1 放在右边，如图 5 - 7 所示。

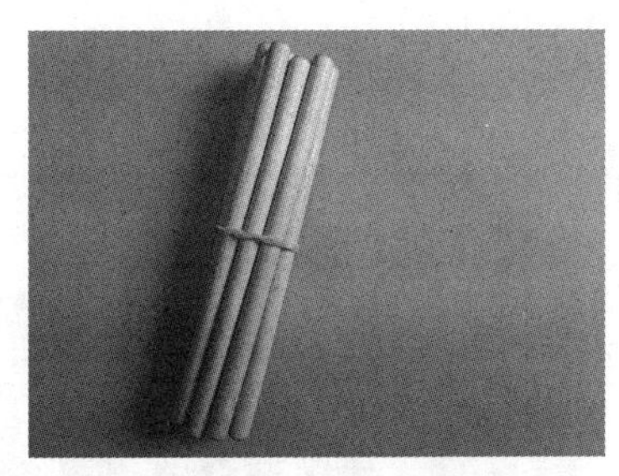
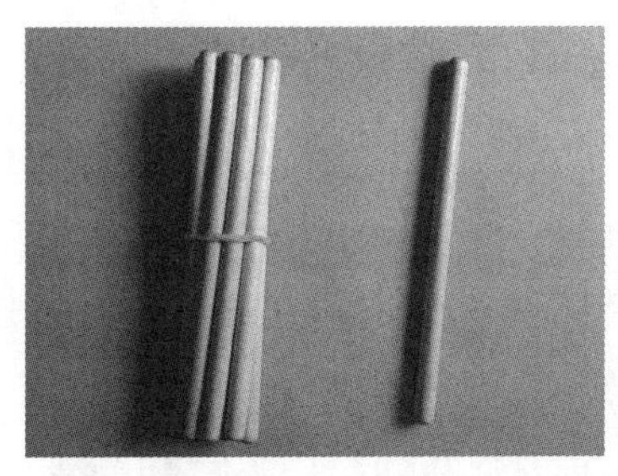

图 5 - 7

用小棒表示“11”

教学数序时，可借用 20 厘米的直尺，要求学生把直尺上的数读出来，有助于学生理解 20 以内数的顺序和大小。然后，让学生练习从任意一个数开始，数到另一个数。如从 12 数到 17、从 11 数到 20、从 5 数到 20 等。

(二) 11—20 各数的读写

11—20 各数的读法教学，可以通过操作活动，在数的组成的基础上进行。学生在用小棒摆数时，突出 10 根小棒一捆，就是 1 个十；还有几根小棒，与前面的小捆放在一起就是十几；2 捆小棒就是二十。

可以结合小棒图、计数器或数位表，教学 11—20 的写法。通过观察计数器十位和个位上每个珠子表示的数不同，使学生初步了解十进位值制。相比读数，写数更难。写数时，引导学生先看有几个十，就在十位上写几，再看有几个一，就在个位上写几，体现从高位写起的原则。培智学校学生常把“13”写成“103”，写“13”时会问：“1、3?”这是因为他们还不能掌握十位上的“1”就表示 1 个十。这里，需要让学生体会不同数位上的数字其意义不同。

三、百以内数的认识

在认识20以内数的基础上，进一步学习百以内的数，是对数的认识的进一步扩展，这不仅是学习百以内数计算的基础，也是今后学习千以内数和万以内数的基础，对发展学生的数感有重要意义。教学百以内的数，主要是让学生通过数数认识百以内的数，认识计数单位“百”，了解个位、十位、百位的意义，了解数的组成，会读、写百以内的数，会比较数的大小，并能用百以内的数描述生活中的事物。

（一）百以内数的认识

1. 认识新的计数单位

准备100根小棒，要求学生一根一根地数，10根一捆，10个一是一十，如图5-8A，复习巩固学生对计数单位“十”的认识。再要求学生十根十根地数，数出10捆，10个十是一百，如图5-8B，初步认识计数单位“百”。这一过程，使学生直观地认识到“十”与“百”之间的关系。

图5-8

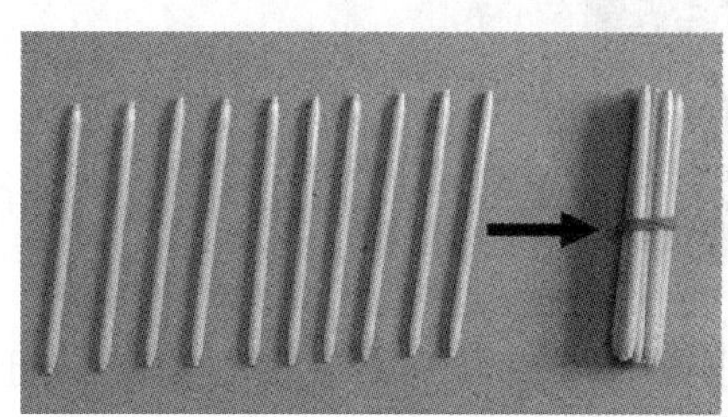

A 10个一与1个十

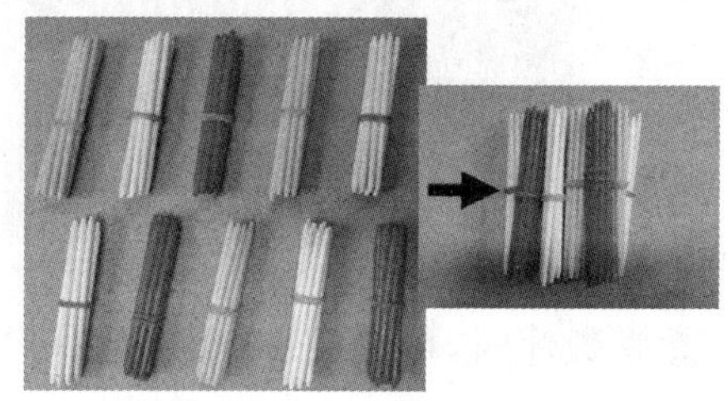

B 10个十与1个百

2. 会数百以内的数

教学生学会以十为计数单位的数数方法，了解“整十数”的含义。学习“整十数”时，教师可结合“点数方块积木”的游戏，提问：“怎么数，能一眼看出有多少块积木呢？”在学生尝试点数，互相交流自己的想法后，教师演示10个一排，再十个十个地数，即10、20、30、…、90、100，最后脱离实物抽象地数数。这一过程将“整十数”的产生融入其中，并让学生在“变乱为序”的过程中感悟以十为单位的“整十数”的含义。

学习从几十数到几十时，要让学生用小棒或其他学具多加操作。如从30数到40，先拿出3个十(3捆)，再拿一根数一下(31、32、33、…、39)。数到39再拿1根时，教师提问：“一根一根地数，有几个一？”同时把10根小棒扎成1捆，告诉学生39后面是40。在点数到99时，再拿1根把10根小棒扎成1捆，即10个十是一百，告诉学生 99 后面是 100。这里,数到 29 或 39,接下去能够正确地数出 30 或 40 是教学的难点。培智学校学生经常出现的错误是数到 29,接着会数 20 或 90 等数。因此教学时,应通过学具操作练习,掌握数的形成。首先,学生要掌握以下 8 组数的变化:29、30;39、40;49、50;59、60;69、70;79、80;89、90;99、100。其次,练习从任意一个数开始数到另一个数。如从 28 数到 31,从 57 数到 61,从 89 数到 100。特别是从几十九数到整十数时教师要作重点强调,让学生深刻体会十进制计数法。

3. 数的组成

学习数的组成,有助于培智学校学生进一步掌握计数单位"个、十、百"。教学时可以通过摆一摆、说一说、试一试等环节,让学生了解几十几是由几个十和几个一组成的。比如,教师教三十七的组成时,可以先让学生数 3 捆和 7 根小棒,并说一说是几个十根,几个一根,合起来是多少根,接着教师板书 37,说明是由 3 个十和 7 个一组成的。然后让学生"试一试"、"练一练",在学生熟练掌握后,可要求学生脱离实物,说出一个两位数是由几个十和几个一组成的。

(二) 百以内数的读写

教学百以内数的命名与读写,可以结合实例和操作活动进行。通过观察、操作,让学生在"做数学"中学习百以内数的读、写并理解个位和十位的意义。教学时,教师准备好标有计数单位的计数器,从学生熟悉的小棒图引入,用计数器上的珠子表示小棒的数量。十位上几个珠子表示几十,个位上几个珠子表示几个一。使学生明确十位上是几就读几十,个位上是几就读几,合起来读作几十几或几十。写数时,要先写十位上的数,再写个位上的数,并注意左边是十位,右边是个位。如教学"37",学生在计数器上表示数 37 时,教师要引导学生边拨边说,如"3 个十,在十位上拨 3 颗珠子,7 个一,在个位上拨 7 颗珠子,合起来读作三十七"。再根据读法写数,十位上有 3 就写 3,个位上有 7 就写 7,写作 37。上述"用小棒表示数—用计数器拨数—读数、写数"的过程中,学生经历了用具体的小棒表示数,到形成数位表象,再抽象地读数、写数。

关于整十数的读和写,可以通过计数器拨数,着重说明个位上没有,就在个位写 0,但读的时候个位的 0 不读。关于 100 的读和写,要使学生初步认识百位,并且十位和个位上没有数,要写 0 补位。读的时候,十位和个位的 0 不读。最后,引导学生总结数位的顺序:从右边起第一位是个位,第二位是十位,第三位是百位;读数和写数,都是从高位起。

写数时,学生经常出现诸如把"37"写成"307"或"73"的错误,原因是:(1)不明白数值的大小是由数字和数字所在的位置决定的;(2)读数时先读数字,再读数位(个位不读数位);写数时只写数字,不写数位。因此,在练习读数、写数时,要重点指导学生加以区别。另外,读数、写数还应加强对相似数的练习。通过提出诸如"33中的两个'3'意思一样吗?各表示什么?为什么相同的数字表示的意义却不同呢?"之类的问题加强对比,深化学生对不同数位上的数字所表示的意义的理解。教师还可以通过比较"27"和"72"等数的读法写法,对学生开展一些有针对性的练习。

(三) 百以内数的顺序

借助"百数表"、"数尺"、"数轴"等认数工具,可以让学生在思考、交流、对比等活动中了解百以内数的排列顺序。教师指导学生读"百数表"(表5-3),启发学生发现其中隐藏着的诸多规律。如横着看,十位上的数都相同;竖着看,个位上的数都相同;从左上到右下这一斜行中的数的个位、十位数字都相同;从右上到左下一行数中(10除外),十位上的数从1开始,逐渐多1直到9,而个位上的数则相反,从9开始逐渐少1直到1;等等。练习时,教师可以截取百数表中的某一段,让学生按顺数或倒数写出数字,教学的重点在于写出几十九后的整十数。

表5-3

百数表

1	2	3	4	5	6	7	8	9	10
11	12	13	14	15	16	17	18	19	20
21	22	23	24	25	26	27	28	29	30
31	32	33	34	35	36	37	38	39	40
41	42	43	44	45	46	47	48	49	50
51	52	53	54	55	56	57	58	59	60
61	62	63	64	65	66	67	68	69	70
71	72	73	74	75	76	77	78	79	80
81	82	83	84	85	86	87	88	89	90
91	92	93	94	95	96	97	98	99	100

(四) 百以内数的比较大小

教学百以内数的大小,教师应示范比较大小的方法:

(1) 一位数与两位数比较大小:一位数小于两位数。

(2) 两位数与两位数比较大小:先比较十位上的数,若十位上的数相同,再比较个位上的数。

根据对数概念的掌握情况及学习能力，学生可以运用不同的比较方法。比如，有的学生根据小棒图比大小，如 42 根比 37 根多，所以 42 大于 37；有的学生根据数的顺序来比大小，如 42 在 37 的后面，所以 42 大于 37；有的学生是先看十位再看个位比较出数的大小……对于这些比较方法，教师应给予肯定，但要在此基础上逐渐加以优化。

四、万以内数的认识

教学万以内数的认识包括认识整数的所有要素，如：计数单位“百、千、万”，相邻两个单位的十进关系，掌握数位顺序，各数位上数字所表示的值等。万以内的数在日常生活中经常会用到，鉴于我国的计数习惯是四位一级，学生只要掌握了个级的读写方法，数位再多的数都可以用类似的方法读写。这不仅是认识大数与大数运算的基础，也是培养学生数感非常重要的素材。认识万以内的数，主要是让学生认识计数单位“千”与“万”，了解数的组成，会读、写万以内的数，会比较数的大小。

(一) 认识计数单位“千”与“万”

相对于百以内的数来说，学生认识“千”与“万”有一定困难。教学时，首先应运用多种感官刺激，使学生对新的计数单位有一定的感知。教师可以出示一些图片，如珠穆朗玛峰的高度、家用电器的价格等，让学生感受比 100 大的数。

其次，教师通过操作活动让学生认识新的计数单位。可以数小立方体，或使用多媒体演示的方法，通过一个一个地数(10 个一是一十)、十个十个地数(10 个十是一百)进行复习(图 5－9)，巩固学生对计数单位“个、十、百”及其关系的理解。教师用课件出示“难以计数”的小立方体，提问：如果一个一个地数或者十个十个地数，还合适吗？引出可以一百一百地数，得出 10 个一百是一千。然后再以 1 000 个小立方体为单位，出示图片，组织学生一千一千地数，感受几千的实际含义，进而认识到 10 个一千是一万，认识到新的计数单位“千”与“万”的十进关系。最后，让学生认识到一、十、百、千、万都是计数单位，它们之间的进率都是 10。

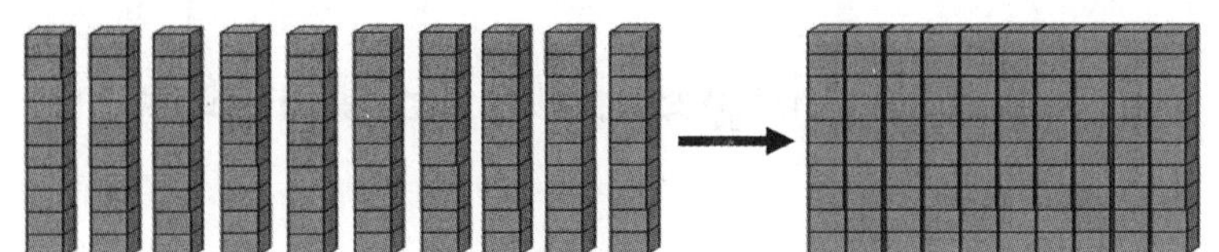

图 5－9

认识新的计数单位

万以内的数不需要全部都数，只要抓住重点，使学生弄清接近整十、整百、整千的数。当一个数的某一位满 10 需要进位时，几个数位上数的变化是数数的难点。如：从 5 993 起一个一个地数，数到 5 999 时，再添上 1，可利用计数器演示，使学生清楚地看出，数完 5 999 应该接着数 6 000，然后再添上 1，应该是 6 001。在数数时，要使学生明确数的顺序和组成，如让学生说出 2 315 是由几个千、几个百、几个十和几个一组成的。

（二）万以内数的读写

掌握万以内数的读写方法的关键，在于理解各个数位的意义和记熟数位顺序。教学时应结合计数器说明各个数位的意义，制作数位顺序表，并要求学生记住数位顺序。然后对照数位顺序表，用实例说明万以内数的读写方法。教师举例应按照从一般到特殊的顺序，例子先是没有“0”的数（如 3 745），再是末尾有“0”的数（1 个、2 个或 3 个“0”），最后是中间有“0”的数（1 个或 2 个“0”）。教师要帮助学生建立数与位的对应，引导学生总结万以内数的读法：(1)从高位起，按照数位顺序读；(2)千位是几就读几千，百位是几就读几百，十位是几就读几十，个位是几就读几；(3)中间有一个 0 或两个 0，只读一个零；(4)末尾的 0 不管有几个，都不读。

教学万以内数的写法，先用计数器展示数的组成，然后对照计数器写数，明确写数的方法。结合具体例子，总结万以内数的写法：(1)从高位写起，按照数位顺序写；(2)几千就在千位上写几，几百就在百位上写几，几十就在十位上写几，几就在个位上写几；(3)中间或末尾哪一位上没有，就在哪一位上写 0。

（三）万以内数的比较大小

比较万以内数的大小可借助生活中的素材，如比较家用电器的价格、两本书页数的多少、跑步的距离等，在比较数的大小中使学生进一步了解万以内数的比较方法。教学时，先比较位数不同的数，如 98<108、1 008>998；再比较位数相同的数，如 3 700<4 100、6 180>6 140、3 725>3 275。在比较的过程中，可借助计数器，引导学生交流呈现比较的方法，并做小结：位数不同的两个数，位数多的数大；位数相同的两个数，从高位起，相同数位上数字大的数大。

第四节　认识小数、分数、百分数的教学

小数、分数、百分数在日常生活中有着广泛的应用。学习小数、分数、百分数对于发展学生思维，培养学生社会适应能力起着非常重要的作用。小数、分数、百分

数是数的概念的一次重要扩展，培智学校学生对小数、分数、百分数的认识比较困难。在教学时，教师应引导学生结合生活经验，初步认识小数、分数、百分数，并在此基础上，系统学习小数、分数、百分数的意义与读写。

从数学知识的发展顺序来看，小数实质上是十进分数的另一种形式，先有分数后有小数。但是，分数的书写形式和运算法则与整数不同，需要有数的整除知识作为基础，因此培智学校学生接受起来比较困难。从学生的认知发展来看，小数和整数都是十进位的，小数的写法和运算法则与整数类似，培智学校学生掌握起来相对容易。此外，小数在生活中的应用也比分数广泛，因此，学生应先学习小数，再学习分数。

一、小数的认识

小数在现实生活中有着广泛的应用，培智学校学生经常会接触到一些小数。为了适应学生的年龄特征，使学生易于接受，认识小数的教学应结合元、角、分或长度、质量单位呈现，以便于学生联系实际，初步认识小数的含义。

(一) 初步认识小数

通过生活实例，让学生观察各种商品的标价，由学生经常接触到的元、角、分引出小数，认识小数点。先从“角”开始，1 元＝10 角，用元作单位写成小数是 0.1 元。在此基础上教 1 分就是 0.01 元。然后列举其他的小数，并总结小数的概念：比如像 0.2、1.03、3.84 等都是小数，像 0、1、2、3 等都是整数。小数中的小圆点“.”叫小数点。结合长度单位米、分米、厘米说明小数的含义，进一步加深学生对小数的认识。

结合条形图和格子图，分别呈现 0.5 和 0.25。0.5 表示十分之五，计数单位是十分之一，0.5 表示 5 个十分之一(5 个 0.1)；0.25 表示百分之二十五，计数单位是百分之一，0.25 里面有 25 个百分之一，即 25 个 0.01。接下来教学小数的数位名称和顺序，以及单位间的进率。对照具体的小数说明小数点右边第一位是十分位，小数点右边第二位是百分位。用米尺作直观教具向学生讲解百分位和十分位之间的进率是 10，再联系整数的计数单位名称和相邻两个单位间的进率，说明整数和小数相邻个两个计数单位间都是十进制关系。

(二) 小数的读写

小数的读法，整数部分按照整数读法来读(整数部分是 0 的读作“零”)，小数点读作“点”，小数部分顺次读出每一个数位上的数字，小数部分中有几个“0”就要把几个 0 都读出来。

小数的写法，要根据小数的读法，说明整数部分按照整数的写法来写，整数部分是零的写作“0”，小数点写在个位右下角（写一个小圆点，注意小数点不能写成“、”或“，”，点不能写在数字中间），小数部分顺次写出每一个数位上的数字。

（三）比较小数的大小

通过比较小数的大小，进一步加深学生对小数意义的理解。教学时，结合“人民币的使用”学习比较小数的大小，能帮助学生比较直观地掌握比较小数大小的方法。按照整数部分不同、整数部分相同而十分位不同、整数部分与十分位相同而百分位不同等情况，引导学生归纳比较两个小数大小的方法：比较两个小数的大小，先看它们的整数部分，整数部分大的那个小数就大；若整数部分相同，再比较十分位，十分位上数大的那个小数就大；若十分位上的数也相同，再比较百分位，百分位上数大的那个小数就大。在比较时，教师可以适当穿插商品价格贵与便宜的认识的教学。当学生能比较熟练地掌握后，可直接比较小数的大小。

二、分数的认识

无论在意义上、读写方法上还是计算方法上，分数和整数都有很大的差异。培智学校学生初次学习分数会感到困难，因此，课堂要创设一些学生熟悉并感兴趣的现实情境，并通过动手操作，帮助学生理解一些简单的分数的具体含义，初步建立起分数的概念。

（一）分数的意义

教师应创设通过具体的情境，借助图形的直观演示与操作，引导学生初步认识分数，帮助学生建立分数的概念。把一个物体平均分成几份，其中的一份就是它的几分之一，其中的几份就是它的几分之几。教学中要结合实例，突出平均分一个物体。例如，可以创设两个学生分一个月饼的情境，使学生知道：把一块月饼平均分成两块，每块是这块饼的一半，也就是它的二分之一，写作$\frac{1}{2}$。教师需强调，只有平均分，每块才是月饼的二分之一。通过一系列的具体实例，让学生知道像$\frac{1}{2}$、$\frac{1}{3}$、$\frac{1}{4}$这样的数都是分数。教师要说明分数各部分的名称，把一个物体平均分成几份，分母就是几，表示这样的一份，分子就是 1；在认识几分之一的基础上，通过实物演示，让学生认识几分之几，认识到几分之几就是把一个整体平均分成若干份，表示这样的几份；进而认识分数单位（几分之一），表示这样的几份就有几个分数单位。

（二）分数的读法与写法

学生在认识分数的基础上，学习分数的读法与写法。读分数时，要先读分母，后读分子，读作“几分之几”，前一个“几”是分母，后一个“几”是分子。写分数时，要先写分数线，再写分母，最后写分子。

三、百分数的认识

教学百分数是在学生学过整数、小数，特别是分数概念和用分数解决实际问题的基础上进行的。百分数实际上是表示一个数是另一个数的百分之几的数，因此，它与分数有密切的联系。百分数在实际生活中有着广泛的应用，如表述手机的充电量、衣物的织物成分、工作的完成情况、学生的出勤率等。只有理解了百分数的含义，才能正确地运用它解决折扣计算等实际问题。

（一）百分数的认识

引入百分数之前，可让学生广泛搜集、整理生活中遇到的百分数。课堂中组织学生交流搜集到的百分数，说说是从哪里搜集的，让学生充分感受到百分数在生产、工作和生活中的广泛应用。随着学生的介绍，教师可将其中的百分数表示出来，引起学生的注意。接着提问“你还在什么地方见过这样的数?”，总结像 18%、50%、64.2%之类的数叫百分数。理解百分数的具体含义，要结合实例来说明。如手机的剩余电量是 50%，表示手机还有一半的电量；羽绒服白鸭绒的充绒量是 99%，说明这件羽绒服质量上乘；班级的出勤率是 100%，表示今天全班同学都来齐了。

（二）百分数的读法与写法

百分数的读法与分数的读法大体相同，也是先读分母，后读分子，读作“百分之几”，而不读作“一百分之几”。

百分数的写法与分数的写法不同，通常不写成分数的形式，就是去掉分数线和分母，在分子后面加上百分号“%”。写百分号的时候，注意两个圆圈要写得小一些，以免和数字混淆。

教学“折扣”与百分数的关系，可联系日常生活中“折扣”的应用，说明折扣的含义。如，商店出售减价商品，通常采用打折的方式。向学生说明“几折”就是原价的百分之几十。如换季衣服八折优惠，就是按原价的 80%出售。

比较百分数的大小，仍然要结合生活实例，通过实际的数据学习百分数比较大小。如小明看了一本书的20%,小芳看了这本书的90%,可以让学生翻书,直观地观察到90%多、20%少,90%比20%大。还可以让学生比较折扣,计算打折后实际需要支付的钱数,体会并概括出百分数大小的比较方法。

讨论与探究

1. 简述基数与序数定义的异同,并举例说明。
2. 简述唱数活动与计数活动的区别与联系。
3. 什么是十进位值制?试举例说明。
4. 简述培智学校学生计数能力的发展特点。
5. 10以内数的认识的教学要点是什么?
6. 以"6的认识"第一课时为例,进行课堂教学设计。
7. 如何教学万以内数的读法和写法?
8. 写一份关于"认识小数"的教学设计。

进一步阅读的文献/网站

1. 王顺妹.弱智儿童与正常儿童数概念发展水平的比较研究.中国特殊教育,2003,1:65—70.

2. 赖颖慧,陈英和,陈聪.视知觉线索对幼儿数离散量表征的影响.心理发展与教育,2012,4:337—344.

3. 戴佳毅,王滨.4—6岁幼儿排序能力发展特点的初步研究.幼儿教育(教育科学),2007,10:37—40.

4. 谭和平,苏雪云.随班就读轻度智力落后学生可逆性思维的调查研究.中国特殊教育,2007,9:38—43.

第六章　整数运算的教学

通过本章学习，你能够：

1. 了解加法和减法的定义与运算性质；
2. 了解乘法和除法的定义与运算性质；
3. 了解数的组成的定义；
4. 明确培智学校学生整数运算的发展特点；
5. 掌握整数加减运算的教学内容与教学过程；
6. 掌握整数乘除运算的教学过程；
7. 了解电子计算器的教学。

第一节　关于运算的基本知识

运算的一般含义是指根据已知量按照数学法则算出未知量。① 在每个人的生活中数学活动总是以计数和运算开始的，而且终其一生。运算即使不一定是数学活动的全部，但也总是与生活联系最直接、最密切的一环。数学最初起源于运算，运算曾经是古代数学最重要的组成部分。

最初的运算是指对自然数的计算，如加、减、乘、除等，后来随着数域的扩展，运算的概念也推广成函数。广义来看，运算是指为解决一个问题所作的一种处理过程。这样，运算的对象不只是数，而变成集合等更为抽象的数学对象了。

此外，运算能力受计算工具和算法的影响，这两方面互相联系又互相制约。随

① 郜舒竹．数学的观念、思想和方法．北京：首都师范大学出版社，2004：235．

着计算机的出现，人类的计算工具已经发展到了极高的水平。

一、运算

在中小学数学，运算是指依照数学法则，求出一个算题或算式的结果的过程。[①]

(一) 运算符号

各种运算分别用一个符号表示，便于在式子中书写，这类符号称为运算符号。例如，加法的运算符号用“＋”表示，叫作加号；减法的运算符号用“－”表示，叫作减号；乘法的运算符号用“×”表示，叫作乘号；除法的运算符号用“÷”表示，叫作除号。

(二) 运算级别

数学规定了加法和减法为一级运算，乘法和除法为二级运算。我们把加法、减法、乘法、除法称为四则运算。

(三) 运算顺序

运算顺序，是指在一个两步以上运算的式子里，各种运算的运算先后次序的规定。[②] 一般来讲，同级运算由左到右依次进行。对于不同级运算，比如，在有二级运算的式子里，要先算第二级运算，最后算第一级。若式子里有括号，则先算小括号，再算中括号，最后算大括号。

(四) 运算结果

运算结果一般都书写在表达式的后面，并用等号“＝”将表达式与结果隔开。

二、加法

(一) 加法的定义

加法，就是求两个数之和的运算，用来表示在自然数列中，数 a 之后再数出 b 个数来，恰好对应于自然数列中的数 c，则数 c 叫作数 a 与数 b 的和。记作：

$a+b=c$，读作“a 加 b 等于 c”。

这里，数 a 与数 b 叫作加数；数 c 叫作和；符号“＋”叫作加号。

用集合的语言来看，设集合 A、B 是两个互不相交的有限集合，它们的基数分别是 a、b，那么 $a+b$ 是并集 $A\cup B$ 的基数。[③] 由于集合的“并”运算满足结合律和交换律，所以加法运算也满足结合律与交换律。加法的本质是合并、添加，求一共。

---

① 郭锡涛.小学初中数学词典.广州：科学普及出版社广州分社，1982：265.

② 同①。

③ 张奠宙，孔凡哲等.小学数学研究.北京：高等教育出版社，2009：26—28.

在数学教学中，可以用两堆石子合起来是多少，两次苹果“一共”是多少等说法来理解加法的含义，如图 6 - 1 所示。

图 6 - 1

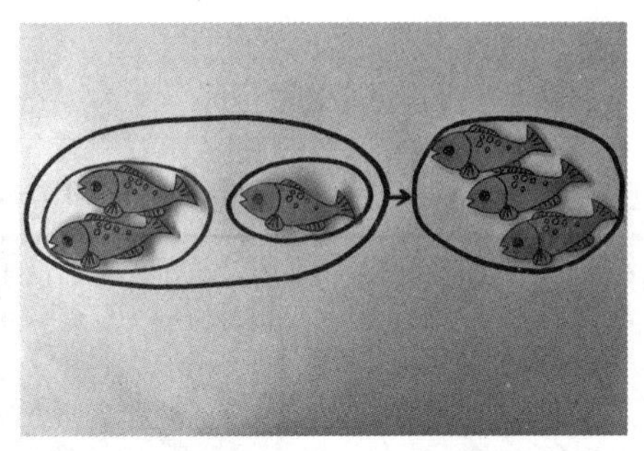

加法定义的教学

(二) 加法的运算性质

加法具有以下运算性质：

(1) 如果一个加数增加(或减少)一个数，另一个加数不变，则它们的和也增加(或减少)同一个数。

(2) 如果一个加数增加一个数，另一个加数减少同一个数，则和不变。

(3) 如果两个加数都增加(或减少)，则和增加(或减少)两个加数增加(或减少)的数之和。

(三) 加法的运算法则

加法有以下运算法则：

(1) 加法交换律：交换加数的位置，和不变。即 $a+b=b+a$。

(2) 加法结合律：三个数相加，先把前两个数结合起来相加或者先把后两个数结合起来相加，和不变。即 $(a+b)+c=a+(b+c)$。

三、减法

(一) 减法的定义

减法是加法的逆运算。已知两个数 c、a，要求一个数 b，使得 b 与 a 的和等于 c，这种运算叫作减法。记作：

$c-a=b$，读作“c 减 a 等于 b”。

这里，数 c 叫作被减数，数 a 叫作减数，数 b 叫作 c 与 a 的差；符号“$-$”叫作减号。

用集合的语言来看，设集合 C、A 是两个有限集合，且集合 A 是集合 C 的一个子集，它们的基数分别是c、a，那么$c-a$就是集合C与集合A差集的基数。[①] 实际教学中，减法的含义可以用“从一个数里去掉一个较小的数，求还剩多少”的说法加以理解。此外，还需要学生体会“取走”、“还差”、“比较”都可以用减法来表示，如图6-2所示。

图 6-2

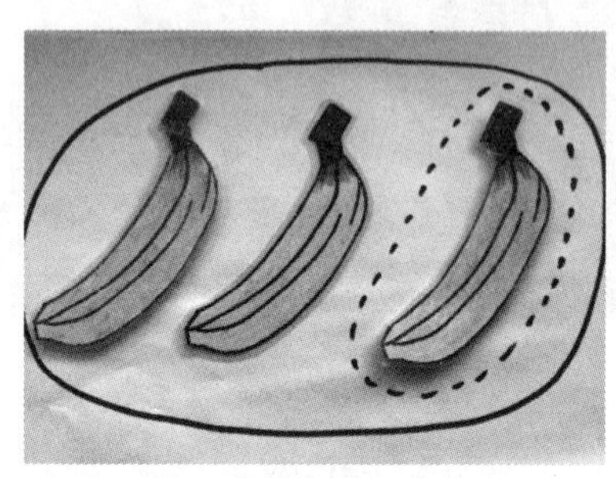

减法定义的教学(1)

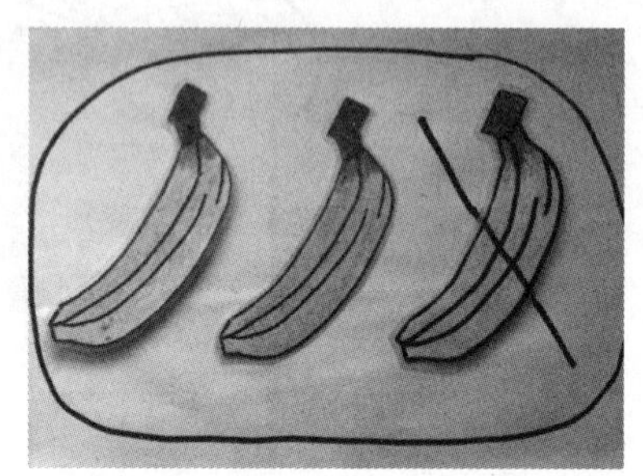

减法定义的教学(2)

(二) 减法的运算性质

减法具有以下运算性质：

(1) 如果被减数增加(或减少)一个数，减数不变，则差也增加(或减少)同一个数。

(2) 如果减数增加(或减少)一个数，被减数不变，则差反而减少(或增加)同一个数。

(3) 如果被减数与减数同时增加或同时减少同一个数，则差不变。

四、乘法

(一) 乘法的定义

乘法是求几个相同加数的和的简便运算。记作：

$a\times b=c$，读作“a乘b等于c”，或$b\times a=c$，读作“b乘a等于c”。

这里，数a与数b叫作乘数，数c叫作a与b的积；符号“×”叫作乘号。

比如“2+2+2+2+2”改写成乘法算式，可以写成“2×5”，也可以写成“5×2”。新课程规定，不再区分乘数和被乘数，体现了乘法的简便运算的本质，方便学生后续学习。如口算“2×5”、“5×2”、“10÷2”、“10÷5”时，就不用去想是使用口诀“二五一十”，还是使用口诀“五二一十”。

① 张奠宙，孔凡哲等. 小学数学研究. 北京：高等教育出版社，2009：26—28.

用集合的语言来看，设集合 A、B 是两个有限集合，它们的基数分别是 a、b，那么 $a \times b$ 是笛卡儿积 $\mathrm{A} \times \mathrm{B}$ 的基数。[①] 乘法可以看作是“求多个相同数量的和”的简便运算，即连加。乘法运算满足交换律、结合律与分配律。

(二) 乘法的运算性质

乘法具有以下运算性质：

(1) 一个数乘以几个因数的积，可以依次乘以积里面的各个因数。

(2) 几个因数的积乘以一个数，可以先把任何一个因数乘以这个数，再和其他因数相乘，即 $(a \times b \times c) \times d = a \times b \times (c \times d)$。

(3) 两个数的差乘以一个数，或者一个数乘以两个数的差，可以把被减数和减数分别和这个数相乘，再把所得的积相减，即 $(a - b) \times c = a \times c - b \times c$。

五、除法

(一) 除法的定义

除法是乘法的逆运算。已知两个数 c、a，要求一个数 b，使得 b 与 a 的积等于 c，这种运算叫作除法。记作：

$c \div a = b$，读作“c 除以 a 等于 b”。

这里，数 c 叫作被除数，数 a 叫作除数，数 b 叫作 c 与 a 的商；符号“$\div$”叫作除号。

用集合的语言来看，设集合 C 是一个有限集合，能够分解成为 b 个具有相同基数 a 的子集 A，那么 $c \div a = b$ 。[②] 自然数的除法就是连减，这与上述集合语言表述的“分组”之后，恰好“分完”或“排完”的说法是一致的。

(二) 除法的运算性质

除法具有以下运算性质：

(1) 两个数的积除以一个数，可以先用这个数去除积里的任何一个因数，再将所得的商与积里的另一个因数相乘，即 $(a \times b) \div c = a \div c \times b$。

(2) 一个数除以两个数的积，可以先用积里的任何一个因数去除这个被除数，再用积里的另一个因数去除所得的商，即 $a \div (b \times c) = a \div b \div c$。

(3) 一个数除以两个数的商，可以先用商里的被除数去除这个数，再用商里的

---

① 张奠宙，孔凡哲等. 小学数学研究. 北京：高等教育出版社，2009：26—28.

② 同①。

除数去乘所得的商，即 $a \div (b \div c) = (a \div b) \times c$。

(4) 几个数的和除以一个数，可以把这个数分别去除和里的每一个加数，再把所得的各个商相加，即 $(a_1 + a_2 + \cdots + a_n) \div b = a_1 \div b + a_2 \div b + \cdots + a_n \div b$。

(5) 两个数的差除以一个数，可以先把这个数分别去除差里的被减数和减数，再把所得的两个商相减，即 $(a - b) \div c = a \div c - b \div c$。

六、数的组成

数的组成是指数的结构，包括组合和分解两个过程。

数的组合是指除 1 以外的任何一个自然数都是由两个或两个以上的部分数组成的；数的分解是指除 1 以外的任何一个自然数都可以分成两个或两个以上的部分数。

数的组成涉及数的分与合，反映了总数和部分数及部分数之间的关系。该关系包括：

(1) 等量关系。一个数群(总数)可以分成两个相等或不相等的子群(部分数)，即一个数可以分成两个部分数，这两个部分数合起来就是原来的那个数，即 $B = A + A'$。

(2) 互补关系。一个总数分成的两个部分数中，一边从上到下数越来越小，下一个数分别比上一个数小 1，另一边从上到下数越来越大，下一个数分别比上一个数大 1，即 $B = (A - n) + (A' + n)$。

(3) 互换关系。一个总数分成的两个部分数位置交换一下，总数还是不变，即 $B=A+A'=A'+A$。

第二节　培智学校学生整数运算的发展特点

一、从具体到抽象

培智学校学生的整数运算能力经历了从具体实物到表象水平，再到抽象水平的发展过程。

(一) 具体实物运算

具体实物运算，是指借助实物或图片等直观教具，理解加、减、乘、除运算的意义。要求学生根据题意，操作实物或图片等直观教具，算出得数，不出示或口头说出运算中的符号。例如，“原来有 2 个苹果(出示 2 个苹果)，又拿来 1 个苹果(出示

1 个苹果),问一共有几个苹果呢?”学生回答“有 3 个苹果”就可以了。

(二) 表象水平运算

表象水平运算,是指不借助直观的物体,在头脑中依靠对形象化物体的再现进行运算。一般,通过口述题意表达出数量关系,调动学生头脑中积极的表象活动,从而帮助学生理解题意和数量关系,选择正确的方法进行计算。

(三) 抽象水平运算

抽象水平运算,是指直接运用抽象的数概念进行运算,无须依靠实物的直观作用或以表象为依托。它表现为能运用抽象的数符号和运算符号直接进行口头或书面的列式计算,是一种高水平的运算。

下面用一个例子来详细说明上述三个水平:(1)出示实物教具:“有 2 个苹果,又拿来 1 个苹果,现在一共有几个苹果?”这是具体实物运算水平,通过呈现实物,学生观察,计数苹果的数量。(2)不出示苹果,口头叙述该题。这是表象水平的运算。学生凭借口头叙述的情景,引起头脑中苹果数量的再现进行运算。(3)口述或出现数字算式“2 + 1 = ?”。

二、从逐一加减到按数群加减

在学习加减运算时,学生经历一个从逐一加减到按群加减的发展过程,这一过程也正体现了学生在加减运算中抽象思维的发展。

逐一加减是指用计数的方法进行加减运算。这种方法一般分为以下四个阶段:①

(1) 从头数(count all):先将两组物体合并在一起,从 1 开始逐一计数它们一共有几个。

(2) 继续数(count on)。以第一集合物体的总数为起点,开始逐一计数,直到数完第二个集合,最终得到总数。

(3) 从大数开始数(count on from larger)。不按照两个集合出现的先后,而是从大的集合开始逐一计数,直到数完小的集合,最终得到总数。

(4) 从任何一个数字开始数(count on from either):不管两个数字的大小,可以从其中任何一个数字开始逐一计数,最终得到总数。

以上四个阶段虽然有所区别,但总体上来讲都是采用逐一计数来算出加减的

---

① Foster, R. (1994). Counting on Success in Simple Addition Tasks. Proceedings of the 18th Conference of the International Group for the Psychology of Mathematics Education. 2,360 - 367.

得数,处于运算的初级阶段。

按数群加减,是指学生对所说的数或数字能作为一个整体去把握,从而进行抽象的数群之间的加减运算。学生学会数的合成与分解,才能逐步达到按数群加减的水平。例如,原来 3 只小鸟,又飞来 2 只小鸟,一共有几只小鸟?学生要算“3+2”时,可以根据数的组成,思考 3 与 2 合起来是 5,马上就算出“3+2”是 5。可见,学生学会了数的组成后,加减运算的抽象能力将得到进一步发展。

三、从加法运算过渡到减法运算

学生在学习加减法时,通常先学习加法运算,因为学习减法要难于学习加法。

在学习加减运算的最初阶段,学生采用逐一计数法进行计算,即运用顺数和倒数的方式来获得答案。而顺数容易,倒数相对较难,因此他们学习加法比学习减法要容易一些。

另外,减法是加法的逆运算。学生在用数的组成知识学习减法时,需要对三个数群关系进行逆向思维,即将“两个部分数合起来等于总数(等量关系)”,转换成“总数减去一个部分数,等于另一个部分数(逆反关系)”。学生掌握数群之间的逆向关系要难于掌握等量关系,所以学习减法难于学习加法。

在加减法的应用中,逆向思考是需要的,这也是重要的数学方法。一开始学生在加法和减法情境中并不知道加法和减法是互逆的,在解答问题的过程中,才慢慢体会到加法和减法的关系。培智学校学生学习加减法的目的不仅是学习有关技能,而且是促进学生的加减法概念和数学思考策略的发展。

四、从加减运算过渡到乘除运算

一般地,乘除法是学习了加减法后再学习的一种数学运算。皮亚杰认为,当学生学习使用乘除法时,他们的推理能力有了较大的改变。学生在理解乘除法的过程中,他们的数学思维发生了重要变化。学习乘除法使学生的数学思维产生一次新的飞跃。

根据乘法的定义,乘法是求几个相同加数的和的简便运算。这说明,加法是乘法的基础,解决乘法运算的方法之一就是通过重复做加法。你可以将 25 加三次而得到“3×25”(或者是“25×3”)的答案。同样,除法与减法也有类似的关系,计算“25÷5”也可以通过从 25 中连续减去 5 直到为 0 的方法得到。因此,可以从加减运算慢慢过渡到乘除运算。但是，需要注意的是，不能将乘法看成是一种复杂的加法，将除法看成是另一种形式的减法。因为，乘除法比简单的加减法需要更多的数学理解，要求学生必须了解一套完整的新知识的含义，以新的思维方式进行思考。

第三节　整数加减运算的教学

一、整数加减运算的内容

在培智学校的数学课程中，整数加减法的教学内容主要包括以下几个方面。

(一) 10 以内数的加法

10 以内数的加法如表 6－1 所示，具体包括 55 个和小于 10 的算式，分为三部分：

(1) 5 以内数的加法(得数是 2 的加法、得数是 3 的加法、得数是 4 的加法、得数是 5 的加法)。

(2) 6—10 以内数的加法(得数是 6 的加法、得数是 7 的加法、得数是 8 的加法、得数是 9 的加法)。

(3) 0 的加减法。

表 6－1　10 以内数的加法算式

0＋0	0＋1	0＋2	0＋3	0＋4	0＋5	0＋6	0＋7	0＋8	0＋9
1＋0	1＋1	1＋2	1＋3	1＋4	1＋5	1＋6	1＋7	1＋8	
2＋0	2＋1	2＋2	2＋3	2＋4	2＋5	2＋6	2＋7		
3＋0	3＋1	3＋2	3＋3	3＋4	3＋5	3＋6			
4＋0	4＋1	4＋2	4＋3	4＋4	4＋5				
5＋0	5＋1	5＋2	5＋3	5＋4					
6＋0	6＋1	6＋2	6＋3						
7＋0	7＋1	7＋2							
8＋0	8＋1								
9＋0									

(二) 20 以内数的加法

20 以内数的加法包括 20 以内数的不进位加法和 20 以内数的进位加法。20 以内数的不进位加法是指十加几，或者十几加几，答案为十几的加法。20 以内数的进位加法是指一位数加一位数，和超过 10 的加法。

20 以内数的加法如表 6 - 2 所示，具体包括 155 个和大于 9 且小于 20 的算式，其中阴影部分为进位加法。此外，20 以内数的加法还包括和小于 20 的连加。

表 6 - 2

20 以内数的加法算式

														19 + 0
											……	……	……	……
							12 + 7	12 + 6	12 + 5	12 + 4	12 + 3	12 + 2	12 + 1	12 + 0
						11 + 8	11 + 7	11 + 6	11 + 5	11 + 4	11 + 3	11 + 2	11 + 1	11 + 0
					10 + 9	10 + 8	10 + 7	10 + 6	10 + 5	10 + 4	10 + 3	10 + 2	10 + 1	10 + 0
				9 + 10	9 + 9	9 + 8	9 + 7	9 + 6	9 + 5	9 + 4	9 + 3	9 + 2	9 + 1	
			8 + 11	8 + 10	8 + 9	8 + 8	8 + 7	8 + 6	8 + 5	8 + 4	8 + 3	8 + 2		
		7 + 12	7 + 11	7 + 10	7 + 9	7 + 8	7 + 7	7 + 6	7 + 5	7 + 4	7 + 3			
		6 + 12	6 + 11	6 + 10	6 + 9	6 + 8	6 + 7	6 + 6	6 + 5	6 + 4				
		5 + 12	5 + 11	5 + 10	5 + 9	5 + 8	5 + 7	5 + 6	5 + 5					
		4 + 12	4 + 11	4 + 10	4 + 9	4 + 8	4 + 7	4 + 6						
		3 + 12	3 + 11	3 + 10	3 + 9	3 + 8	3 + 7							
		2 + 12	2 + 11	2 + 10	2 + 9	2 + 8								
	……	1 + 12	1 + 11	1 + 10	1 + 9									
0 + 19	……	0 + 12	0 + 11	0 + 10										

(三) 100 以内数的加法

100 以内数的加法，具体包括整十数加整十数、两位数加一位数（或一位数加两位数）的加法（不进位和进位）、两位数加两位数的加法（不进位和进位）。

(四) 万以内数的加法

万以内数的加法，包括三位数加一位数（或一位数加三位数）的加法、三位数加两位数（或两位数加三位数）的加法、三位数加三位数的加法、四位数加一位数（或一位数加四位数）的加法、四位数加两位数（或两位数加四位数）的加法、四位数加三位数（或三位数加四位数）的加法、四位数加四位数的加法，涉及不进位和进位两种情况。

(五) 10 以内数的减法

10 以内数的减法如表 6 - 3 所示，具体包括 55 个差小于 10 的算式，分为两个部分：

(1) 5 以内数的减法（2 减几、3 减几、4 减几、5 减几）。

(2) 6—10 以内数的减法(6 减几、7 减几、8 减几、9 减几、10 减几)。

表 6 - 3

10 以内数的减法算式

9 - 0	9 - 1	9 - 2	9 - 3	9 - 4	9 - 5	9 - 6	9 - 7	9 - 8	9 - 9
8 - 0	8 - 1	8 - 2	8 - 3	8 - 4	8 - 5	8 - 6	8 - 7	8 - 8	
7 - 0	7 - 1	7 - 2	7 - 3	7 - 4	7 - 5	7 - 6	7 - 7		
6 - 0	6 - 1	6 - 2	6 - 3	6 - 4	6 - 5	6 - 6			
5 - 0	5 - 1	5 - 2	5 - 3	5 - 4	5 - 5				
4 - 0	4 - 1	4 - 2	4 - 3	4 - 4					
3 - 0	3 - 1	3 - 2	3 - 3						
2 - 0	2 - 1	2 - 2							
1 - 0	1 - 1								
0 - 0									

(六) 20 以内数的减法

20 以内数的减法包括 20 以内数的不退位减法和 20 以内数的退位减法。20 以内数的减法如表 6 - 4 所示,具体包括 155 个差小于 20 的算式,其中阴影部分为退位减法。此外,20 以内数的减法还包括差小于 20 的连减。

表 6 - 4

20 以内数的减法算式

19 - 0	19 - 1	19 - 2	19 - 3	19 - 4	19 - 5	19 - 6	19 - 7	19 - 8	19 - 9	19 - 10	19 - 11	19 - 12	……	……	……	19 - 19
18 - 0	18 - 1	18 - 2	18 - 3	18 - 4	18 - 5	18 - 6	18 - 7	18 - 8	**18 - 9**	18 - 10	18 - 11	……	……	……	……	
17 - 0	17 - 1	17 - 2	17 - 3	17 - 4	17 - 5	17 - 6	17 - 7	**17 - 8**	**17 - 9**	17 - 10	……	17 - 12	……	……	……	
16 - 0	16 - 1	16 - 2	16 - 3	16 - 4	16 - 5	16 - 6	**16 - 7**	**16 - 8**	**16 - 9**	……	16 - 11	……	……	……	……	
15 - 0	15 - 1	15 - 2	15 - 3	15 - 4	15 - 5	**15 - 6**	**15 - 7**	**15 - 8**	**15 - 9**	……	15 - 11	……	……	……	……	
14 - 0	14 - 1	14 - 2	14 - 3	14 - 4	**14 - 5**	**14 - 6**	**14 - 7**	**14 - 8**	**14 - 9**	……	14 - 11	14 - 12	14 - 13	14 - 14		
13 - 0	13 - 1	13 - 2	13 - 3	**13 - 4**	**13 - 5**	**13 - 6**	**13 - 7**	**13 - 8**	**13 - 9**	……	13 - 11	13 - 12	13 - 13			
12 - 0	12 - 1	12 - 2	**12 - 3**	**12 - 4**	**12 - 5**	**12 - 6**	**12 - 7**	**12 - 8**	**12 - 9**	……	12 - 11	12 - 12				
11 - 0	11 - 1	**11 - 2**	**11 - 3**	**11 - 4**	**11 - 5**	**11 - 6**	**11 - 7**	**11 - 8**	**11 - 9**	11 - 10	11 - 11					
10 - 0	**10 - 1**	**10 - 2**	**10 - 3**	**10 - 4**	**10 - 5**	**10 - 6**	**10 - 7**	**10 - 8**	**10 - 9**	10 - 10						

(七) 100 以内数的减法

100 以内数的减法,具体包括整十数减整十数、两位数减一位数的减法(不退位和退位)、两位数减两位数的减法(不退位和退位)。

(八) 万以内的减法

万以内的减法，包括三位数减一位数的减法、三位数减两位数的减法、三位数减三位数的减法、四位数减一位数的减法、四位数减两位数的减法、四位数减三位数的减法、四位数减四位数的减法，涉及不退位和退位两种情况。

二、整数加法运算的教学

整数加法运算的教学，主要帮助学生理解加法的意义，知道合并和添加时用加法计算。学生能够用加法算式表达数量关系，掌握加法计算的方法。理解加法的意义是计算的基础，也是后续理解减法的含义，解决简单问题的基础。教师在教学中应充分考虑到学生的认知特点，在具体活动中引导学生多动手、多动脑、多动口，调动各种感官参加学习活动，提高学习效率。加法教学的第一课时，不应从理论上给出加法的意义，而要设计一些与生活有密切联系的题目，分别通过实物演示或集合图说明加法的含义，明确把两个数合并在一起，求一共是多少，要用加法计算。

(一) 10 以内数的组成

数的组成是数与运算教学内容中的一个重要部分。教学数的组成，不仅可以使得学生掌握数的组合与分解，而且有助于学生对整体和部分，部分与部分之间抽象关系的理解，为加减运算打下基础。

1. 动手操作，感知数的分与合

让培智学校学生动手操作，通过自身的体验去发现数的分合规律，进而掌握 10 以内各数的组成。

例如，学习“5 的组成”，给学生 5 个雪花片，要求把它们分给小狗和小兔。先让学生动手操作，要求分得与别人不一样。然后根据学生的操作情况，教师进行讲解演示，出示教具图，左边为小狗，右边为小兔，请学生回答自己分的情况。如，学生回答分给小兔 3 个雪花片，分给小兔 2 个雪花片；教师演示并讲解(图 6 - 3A)：5 个雪花片分给小狗 3 个，分给小兔 2 个，5 个雪花片用“5”表示，3 个雪花片用“3”表示，2 个雪花片用“2”表示，也就是把“5”分成“3”和“2”。接着要求学生把雪花片合起来，并说 3 个和 2 个合起来还是 5 个，“3”和“2”合起来是“5”。然后，教师提问是否有不同的分法。最后，教师引导学生把各种组成式子按顺序整理好(图 6 - 3B)，并小结“5”的几种分合方法。

图 6-3

A 用雪花片教学“5 的组成”

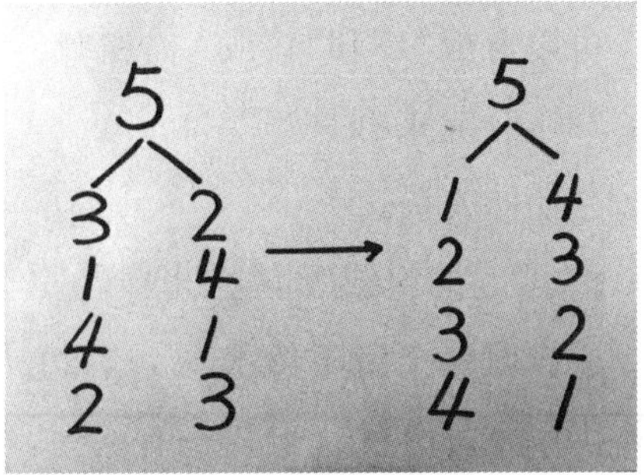

B “5”的分合方法

教学中，关于数的组成应让学生操作体验为先，教师讲解演示为后，让学生在操作活动中自己学习数的组成形式，有助于学生对数的组成概念的理解与掌握。

2. 归纳总结，形成概念

在学生初步了解数的分与合的含义之后，教师应采用演示讲解的方法，重点讲解数的组成中两个部分数之间互换和互补的规律。例如，以“5 的组成”，结合教具演示讲解互换(互补)关系(图 6-4)。

图 6-4

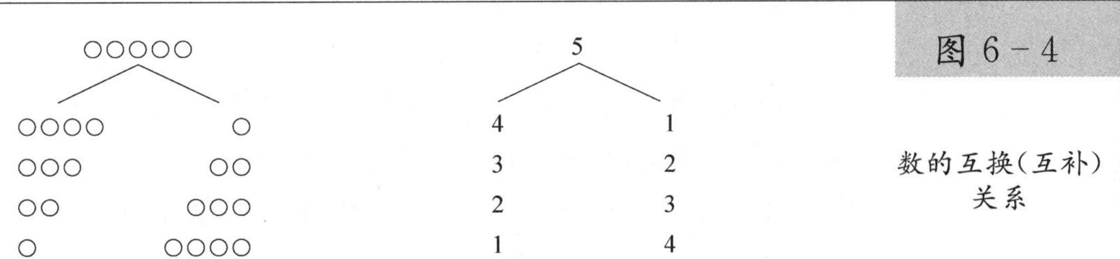

数的互换(互补)关系

(1) 互换关系

- 启发学生找出雪花片数一样而位置不一样的教具图。如上面 4 个雪花片与 1 个雪花片的一组跟下面 1 个雪花片与 4 个雪花片的一组的雪花片数一样，但位置不同。
- 拿走 1 个雪花片与 4 个雪花片的一组教具图，并讲解看到 4 个与 1 个，就可想到 1 个与 4 个。
- 继续找出 3 个雪花片和 2 个雪花片的两组雪花片数相同、位置不同的教具图，并总结看到 3 个与 2 个就可想到 2 个与 3 个一组。
- 同以上三步，讲解演示“5”的组成式子图，即讲解数字一样但位置不一样的两组式子。

- 根据最后留下的“5”的组成式子，总结“5”可以分成“4”和“1”或“3”和“2”，还可以分成“1”和“4”或“2”和“3”，而“4”和“1”、“1”和“4”、“3”和“2”、“2”和“3”，合起来都是“5”。

(2) 互补关系

- 根据“5 的组成”的教具图，启发学生观察左右两边教具之间的关系。即，左边教具从上到下依次少 1，右边从上到下依次多 1。
- 讲解这样分的优点——有次序，不重复，不遗漏，容易记忆。
- 讲解“5”的组成式子，左边数字从上到下一个比一个小 1，右边数字从上到下一个比一个大 1。

学生掌握数的组成的互换规律与互补规律后，可以根据这些规律学习新的组成知识。这是一种有效促进学生知识正迁移的方法，它能培养学生的数学推理能力与学习兴趣。

(二) 10 以内数的加法

10 以内数的加法教学，其内容包括：在认识 10 以内数的基础上认识加法；知道合并和添加时用加法计算；能够用加法算式表达数量关系；能够用计数的方法求得结果；能够口算 10 以内数的加法。

1. 实物演示，初步理解加法的含义

实物加法教学，是指教师借助教具演示或实物操作活动帮助学生更好地理解加法的含义。例如，教学得数是 3 的加法。教师出示 2 个苹果，演示添加 1 个苹果，教师用手圈着三个苹果问：“一共有几个苹果?”让学生看到原来的苹果数量以及添加上的苹果数量。接下来，教师提问：“这道题先告诉我们什么?”“后告诉我们什么?”“让我们求什么?”“用什么方法做?”通过教师一系列的提问，学生了解题意，确定运算方法，即原来有 2 个苹果，又拿来 1 个，求一共有多少个苹果，就是把前面 2 个和拿来的 1 个合在一起的意思，用加法计算。

2. 识别符号，看图列数

分析题意，并把题中的已知数和学生算出的答数分别用数字表示。比如，原来有 2 个苹果，用数字“2”表示，教师把数字“2”板书在 2 个苹果卡片的下方。教师又拿出 1 个苹果，用数字“1”表示，边讲解边将数字“1”写在 1 个苹果卡片的下方。这时，教师引导学生一边用手圈住 3 个苹果，一边问：“一共有几个苹果呢?”学生回答正确就板书“3”，如果学生不能回答，就请学生一起来点数得到结果并将数字“3”书写在 1 的后面。

3. 分析运算方法，出示运算符号

教师点着黑板上的3个数来叙述之前的情境："原来有2个苹果，又拿来1个苹果，一共有几个苹果呢？"之后可以请学生看着板书来复述。接着教师介绍加法："像这样，问一共有几个苹果的时候，我们可以用加法来计算。"加法里有个符号叫加号，表示合起来的意思，教师可在2和1的中间添上加号。最后教师出示等号，表示两边一样多，读作 $2+1=3$。在出示运算符号的过程中，教师应明确符号的名称、读法、意义以及在算式中的位置等。教师也可从加法的合并情境出发提出问题。比如，教师出示2个红苹果和1个黄苹果，问学生一共有多少个苹果。

案例 6-1

"得数是5"的加法的教学设计（三年级）[1]

教学目标：

A组教学目标：

(1) 能根据图例正确列式并计算。

(2) 能借助实物复述"得数是5"的加法算理。

B组教学目标：

(1) 在教师的语言提示下，根据图例填写"得数是5"的加法算式。

(2) 在教师的语言提示下，跟读"得数是5"的加法算理。

C组教学目标：

能跟读"得数是5"的加法算式。

教学准备：

课件，图片的教具学具。

教学过程：

一、复习巩固，引出新知

(1) 手指辅助，复习2、3、4、5的数的组成。

(2) 看卡片说出得数。（开火车）

$1+1=$	$2+1=$	$3+1=$	$1+3=$
$1+2=$	$2+1=$	$2+2=$	

二、新授环节

1. 出示例题"$4+1=5$"

(1) 先有4个小朋友在拍皮球，又过来1个小朋友，现在一共有几个小朋友在拍皮球？

① 此教学案例来自上海市特殊教育资源中心（作者：夏爱珠），有改编。

(2) 理解题意,列式计算。

老师:请小朋友一起数一数,先有几个小朋友在拍皮球? 拍皮球的小朋友比原来多了吗? 是几个小朋友和几个小朋友合起来? 现在一共有几个小朋友在拍皮球? 请小朋友列式。怎样想“4＋1＝5”呢?

(3) 读一读算式“4＋1＝5”。

(4) 说一说:4个小朋友和1个小朋友,合起来一共是5个小朋友。

2. 探究“1＋4＝5”

先有1个小朋友在拍皮球,又过来了4个小朋友拍皮球。提问:现在一共有几个小朋友在拍皮球?

请算一算,并且说一说你是怎么想的? 你能不能用自己的话来说一说拍皮球的故事?

3. 探究“3＋2＝5”和“2＋3＝5”

(1) 出示投影图:先出示3个苹果,再增加2个苹果,组成5个苹果。提问:屏幕上先有几个苹果? 又增加了几个苹果? 合起来是几个苹果? 列式计算,并说出算理。

(2) 提问:把两堆苹果的位置交换一下,让学生思考:应该怎么列式? 说出算理。对比“3＋2＝5”和“2＋3＝5”,并小结得出:两个加数交换位置,得数相同。

三、巩固(反馈练习,分层辅导)

(1) 读一读。

(2) 看图写算式并计算。

四、小结

(1) 今天这节课我们学习了什么内容?

(2) 说说算理。

(三) 20以内数的加法

1. 20以内数的不进位加法

20以内数的不进位加法教学目的,是为了巩固学生对11—20以内数的认识,使学生更加熟悉11—20各数的组成,并且为后面学习进位加法作准备。教学时,结合学生对11—20各数的认识,通过图形或实物教具的演示,使得学生掌握十加几的加法,在此基础上教学生十几加几的不进位加法。

2. 20以内数的进位加法

教学20以内数的进位加法时,应注重学生对算理的理解,借助实物教具帮助学生理解“凑十法”。在教学内容编排上,按照9加几、8加几、7加几、6加几、5加几、4加几、3加几、2加几的顺序展开。培智学校学生进行加法计算的常用方法有:

点数、接着数、凑十法。这里，重点讨论凑十法。20 以内数的进位加法的凑十法，是指把一个加数分成两个数，根据加法的运算律，把其中的一个数与另一个数凑成十，再加上余下的另一个数。比如，“9＋2”，根据加数 9 得知，需要将加数 2 分成“1＋1”，那么就有“9＋1 ＝ 10”，10 再加 1 得到 11。也就是拆小数，看大数，大数凑十，再加余数。凑十法本身也包括多种方法，如“拆小数，凑大数”和“拆大数，凑小数”等。其中，“拆小数，凑大数”比较简单。为了牢固掌握凑十法，学生应具备以下基础知识：

(1) 10 的组成，即 9、8、7、6、5 与几组成 10。

(2) 2—9 各数的分解。

(3) 三个一位数的连加(如 9 加 1 得 10，10 加 1 得 11)。

20 以内数的进位加法的教学，首先通过直观教具，使学生在理解的基础上掌握算理，进行正确计算，再通过有目的、有步骤的练习，达到计算熟练的程度。

教学时，应注意以下几点：

第一，强化学生对计数单位“十”的认识，形成“十”的建模过程。具体来讲，就是在学生数小棒数到十的时候，指导学生用橡皮筋把这十根小棒捆起来，变成一捆小棒。也可以用多媒体课件展示十瓶牛奶放一箱等生活场景，让学生在脑海中形成一个“十”的概念。这有助于学生在学习 20 以内数的进位加法时，理解“凑十法”的操作要义。

第二，通过实物教具演示，讲解算理。在凑十之前，教师应多次追问离“十”还缺多少，以便学生积极地思考。操作过程与算式呈现需逐一对应起来，这有助于学生理解算式中每一个数的来龙去脉，从而明白算理。配合演示与讲解，教师要在黑板上进行适当的板书，在算式的下面注出凑十的过程，例如：

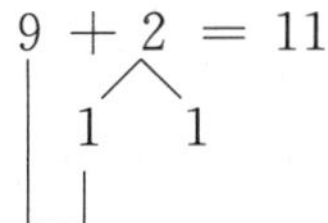

第三，要求学生一边动手操作，一边叙述操作过程，以便学生将操作行为内化为计算过程。

第四，在学生完成操作任务之后，教师应该用多媒体课件精准地再现每一步操作过程，包括每一个数及其所对应的实物能够一起闪烁，以便那些习惯于视觉学习的学生抓住关键。

(四) 百以内数的加法

百以内数的加法的教学内容，主要包括整十数加整十数、两位数加一位数(进位与不进位)加法、两位数加两位数(进位、不进位)加法。

教学整十数加整十数，应先复习整十数的组成，运用实物教具或图片演示，用整十数的组成计算整十数加整十数。例如，教学“20＋40”，提问20和40里面分别有几个十，演示2捆和4捆小棒，提问：一共有多少根小棒?2捆是几个十，4捆是几个十?一共是多少捆?6捆是几个十?让学生明白2个十加4个十是6个十，即“20＋40＝60”。

两位数加一位数的不进位加法教学，通过直观教具演示，让学生理解相同单位的数直接相加。比如，教学“36＋2”，采用实物演示摆出3捆和6根，帮助学生理解计数单位“十”和计数单位“一”的实际意义，再拿出2根小棒，问一共有多少根。教师演示，先把6根小棒和2根小棒合并在一起，再与3捆小棒合并，一共有38根。教师引导学生根据演示过程说出计算过程，强调先把6和2相加，在算式下面用虚线把这两个数连起来，并注明得数是8，30加8得38，如图6－5所示。

图6－5

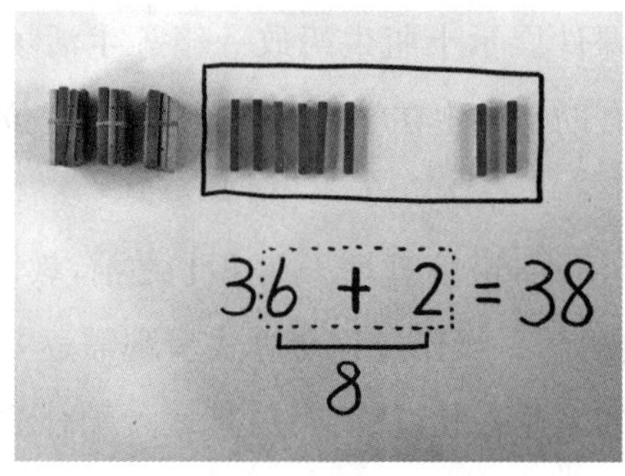

用小棒教学“36＋2”

两位数加两位数的不进位加法教学，与两位数加一位数的不进位加法教学类似。需要通过实物演示来说明，几个十要和几个十相加，几个一要和几个一相加。竖式计算时，要让学生了解相同数位对齐的算理，掌握要从个位加起的笔算顺序。

百以内数的进位加法，要在学生掌握百以内数的不进位加法的基础上进行教学。进位加法的重点和难点是，个位数相加满十进位以及十位数和进位数相加。教学两位数加一位数的进位加法时，要利用小棒演示，突出算理。如，教学“23＋8”，演示23根小棒(2捆3根)加8根小棒，8根加3根得11根，11根小棒中拿出10

根捆成1捆，还有1根，同时在竖式的横线下面个位写1，横线上面十位写一个小“1”。演示1捆和2捆合并得3捆，说明在竖式中把进位上来的1个“十”同2个“十”相加是3个“十”，于是在横线下面十位写3。

$$\begin{array}{r} 23 \\ +\ {}_{1}8 \\ \hline 1 \end{array} \longrightarrow \begin{array}{r} 23 \\ +\ {}_{1}8 \\ \hline 31 \end{array}$$

教学两位数加两位数的进位加法时，与两位数加一位数的进位加法的不同之处在于十位数上是三个数相加(两个十位上的数加一个进位上来的数)，其余可仿照两位数加一位数的进位加法。最后引导学生概括出两位数进位加法的笔算法则：相同数位对齐；从个位加起；个位满十，向十位进1。

(五) 万以内数的加法

万以内数的不进位加法教学，先复习百以内数的不进位加法，再引入三位数、四位数相加。教学时，教师采用实物演示，说明相同数位上的数要对齐，然后对照数位顺序“千、百、十、个”，指导学生写竖式。写竖式需要注意数位对齐，写好第一个加数后，在写第二个加数之前要先看第二个加数的最高位是什么位，应该与第一个加数的什么位对齐。特别是数位不相同的两个数相加时，写竖式时更应强调这一点，以避免出现不管几位数，一律从高位对齐的错误。在计算过程中，要求学生说出每步计算的意义，最后引导学生总结出不进位加法的计算法则：万以内的数相加，相同数位要对齐，从个位加起。

万以内数的进位加法教学，在复习两位数相加“个位满十，向十位进1”的基础上，用计数器直观地演示十位或百位相加满十向前一位进1，着重使得学生弄清进位的道理，并引导学生概括出：“哪一位上的数相加满十，就向前一位进1”的进位法则。为了减少计算错误，进位时，引导学生在前一位上写一个小“1”或点上一个小圆点。

三、整数减法运算的教学

(一) 10以内数的减法

1. 实物演示，初步理解减法的含义

实物减法教学，是指教师借助实物操作活动帮助学生理解减法的含义。可以通过“苹果被吃掉了”、“气球飞走了”、“青蛙跳入水中”等实例，借助虚线框把图圈起来，或用斜线把图划去，形象地表示出减法的含义。例如，“$3-1=2$”的减法。

教师出示 3 个苹果，演示吃掉了 1 个苹果并用虚线框圈起来，提问："还有几个苹果?"让学生看到原来的苹果数量以及被吃掉的苹果数量。接下来，教师提问："这道题先告诉我们什么?""后告诉我们什么?""让我们求什么?""用什么方法做?"通过教师一系列的提问，学生了解题意，确定运算方法，即原来有 3 个苹果，拿走 1 个，求还剩下多少个苹果，就是把前面 3 个拿走了 1 个，还剩下 2 个，用减法计算。

2. 识别符号，看图列数

教师指导学生分析题意，并把题中的已知数和学生算出的答数分别用数字来表示。比如，原来有 3 个苹果，用数字"3"表示，教师把数字"3"板书在 3 个苹果卡片的下方。吃掉的 1 个苹果，用数字"1"表示，教师边讲解边将数字"1"写在虚线框 1 个苹果卡片的下方。这时，教师问："还剩下几个苹果呢?"学生回答正确就板书"2"，如果学生不能回答，就请学生一起来点数得到结果，将数字"2"书写在 1 的后面。

3. 分析运算方法，出示运算符号

教师点着黑板上的 3 个数来叙述之前的情境，引出减法，即"问还剩下几个苹果的时候，我们可以用减法计算"。减法里有个符号叫减号，表示拿走、去掉的意思，教师可在"3"和"1"的中间添上减号。最后出示等号，表示两边一样多，读作"3 － 1 ＝ 2"。

教学中，教师通过实物演示，使学生了解题意，熟悉减法的含义以及减法算式的结构，明白组成一道减法算式必须具备的几个部分。相对加法而言，减法对于培智学校的学生来讲学习难度更大，即便可以借助动手操作来认识算式的形成过程，学生还是难以理解"减数"。因为"减数"是消失的那个量，不论是情境创设还是多媒体课件展示，都需要重复再现，让学生真正触摸到"减数"的存在，才能帮助学生理解减法的意义。同时教学中要重视数的组成在减法计算中的作用，着重教会学生如何运用数的组成计算减法的差。在复习数的组成时，用"分成"的说法叙述，以便于直接用于减法的计算中。教学时，要启发学生从一幅图列出一个减法算式到一幅图列出两个减法算式，再过渡到一幅图列出一个加法算式和两个减法算式。

(二) 20 以内数的减法

1. 20 以内数的不退位减法

20 以内数的不退位减法的教学目的，是为了巩固学生对 11—20 以内数的认识，使学生更加熟悉 11—20 各数的组成，也为后面学习退位减法作准备。教学时，教师要结合 11—20 各数的认识，通过图形或实物教具的演示，使得学生掌握十几减几的减法。

2. 20 以内数的退位减法

培智学校学生进行减法计算的常用方法有：点数、倒着数、破十法、想加算减法。这里，重点讨论凑十法与想加算减法。20 以内退位减法的破十法，是指把被减数分成十与几，把十与减数做差，再加上余下的另一个数。比如，“11－3”，根据被减数 11 得知，需要将被减数 11 分成“10＋1”，那么就有“10－3＝7”，7 再加 1 得 8。20 以内退位减法的想加算减法，是指利用实物图形的演示使学生弄清加、减法的关系，帮助学生理解怎样用加法来算减法。如讲解“11－3”，先把 3 个苹果和 8 个苹果合并在一起算出总数，写出算式“3＋8＝11”。然后拿掉 3 个苹果，剩下的是 8 个，写出算式“11－3＝8”。教师在演示过程中配合讲解及板书，最后可以提问学生：算“11－3”该怎样想？想 3 加几得 11，3 加 8 得 11，那么“11－3＝8”。

（三）百以内数的减法

教学整十数减整十数，应先复习整十数的组成，运用实物教具或图片演示，用整十数的组成计算整十数减整十数。例如，“40－20”，教师提问 40 和 20 里面分别有几个十。出示 4 捆小棒，从 4 捆小棒中用虚线圈出 2 捆，表示减去 20，提问：还剩下多少根小棒？2 捆，即 2 个十。

两位数减一位数的不退位减法教学，通过直观教具演示，让学生理解相同单位的数直接相减。比如，教学“36－2”，采用实物演示摆出 3 捆 6 根，帮助学生理解计数单位“十”和计数单位“一”的实际意义，再拿走 2 根小棒，问还剩多少根。教师演示，可从 6 根小棒中用虚线圈出 2 根，表示减去 2，同时向学生说明要算 36 减 2，并在算式下面用箭头表示。再算 30 加 4 得 34。然后归纳出两位数减一位数的计算方法：先把两位数中的个位数减去一位数，再把所得的差加整十数。

36 － 2 ＝ 34
30 6

两位数减两位数的不退位减法教学，与两位数减一位数的不退位减法教学类似。需要通过实物演示来说明几个十要和几个十相减，几个一要和几个一相减。竖式计算时，要让学生了解相同数位对齐的算理，掌握要从个位减起的笔算顺序。

百以内数的退位减法教学，是在学生掌握百以内数的不退位减法的基础上进行的。教学两位数减一位数时，要利用小棒演示个位上没有小棒，不能减，要从十位退1捆小棒到个位是10根。如,教学"40－5",用小棒演示个位上没有小棒,不能减,要从十位退1捆小棒到个位是10根,从10根里面去掉5根,还剩5根。竖式计算时,强调从十位退1,要在竖式的十位数上面记一个圆点以免忘记(也可以把4改写成3),还要强调退1到个位是10。竖式计算过程如下。

$$\begin{array}{r} 4\ 0 \\ -\quad 5 \\ \hline \end{array} \qquad \begin{array}{r} 3\ 10 \\ \dot{4}\ \ 0 \\ -\quad 5 \\ \hline 5 \end{array} \qquad \begin{array}{r} 3\ 10 \\ \not{\dot{4}}\ \ \not{0} \\ -\quad 5 \\ \hline 3\ 5 \end{array} \qquad \begin{array}{r} \dot{4}0 \\ -\ 5 \\ \hline 35 \end{array}$$

教师最后引导学生概括出两位数退位减法的法则:相同数位对齐;从个位减起;个位不够减,从十位退1,在个位上加10再减。要求学生在理解的基础上记住法则,并按照法则进行计算。

案例6-2

百以内数的退位减法的教学设计[①]

教学目标:

A组教学目标:

(1) 理解百以内数的退位减法的算理。

(2) 通过摆小棒,数小棒,体验两位数减两位数退位减法的计算过程,并正确计算。

B组教学目标:

(1) 能模仿摆小棒、数小棒的活动,初步感知百以内数退位减法的算理。

(2) 用计算器正确计算两位数减两位数的退位减法。

C组教学目标:

能跟读两位数减两位数的算式。

教学准备:

课件,小棒的教具学具。

教学过程:

一、复习导入

开火车计算"8－1－7"、"6－1－5"、"7－1－6"、"3－1－2"、"5－1－4"、"9－1－8"。

计算连减算式,要求A组学生能熟练地口算,B组学生能用计算器计算,C组学生能跟读算式。

① 此教学案例来自上海市闸北区启慧学校(作者:周琳华),有改编。

二、新授环节

(1) 出示例题。"45－38＝(　　)"。

(2) 请学生用小棒试一试、摆一摆,再请另一位学生示范操作。

师:要计算"45－38",我们先摆多少小棒? 减 38 怎么摆小棒? 5 根小棒中不够拿走 8 根小棒,怎么办? 从 4 个十中拿出 1 个十,折成 10 个一,和 5 个一合起来是 15 个一。从 15 个一中拿走 8 个一,还剩几个一? 4 个十拆掉一个十,还剩下几个十? 最后再从 3 个十里拿走 3 个十。

教师明确计算过程:先算个位,15 减 8 得 7,再算十位,4 退 1,还剩 3,3 减 3 等于 0。

(3) 列竖式计算。

```
                 3 10         3 10
                  ·            ·             ·
    4 5           4 5          4 5           4 5
  － 3 8        － 3 8       － 3 8        － 3 8
  ──────        ──────       ──────        ──────
                    7          0 7             7
```

4. 讲清算理。

① 数位要对齐,从个位减起。

② 个位:个位不够减,从十位退 1,"15－8＝7",个位上写 7;十位:4 退 1 得 3,3 减 3 等于 0,十位上空着;所以"45－38＝7"。

(5) 学生试一试,并说一说计算过程。

三、巩固练习

(1) 判断计算。

```
    5  1            9  4
 －  4  3         －  8  5
 ────────         ────────
    0  8            1  9
```

(2) 算一算。

```
    6  4            8  2
 －  5  7         －  7  5
 ────────         ────────
```

(3) 列竖式计算。

72－65＝　　　　　　　　56－48＝

四、小结

(1) 今天这堂课我们学习了什么内容?

(2) 同学们说说算理。

(四) 万以内数的减法

万以内数的不退位减法教学,可通过演示计数器,对照数位表和竖式,说明相同数位上的数要对齐，然后对照数位顺序“千、百、十、个”指导学生写竖式。在计算过程中，要求说出每步计算的意义，最后引导学生总结出不退位减法的计算法则，即“同数位要对齐，从个位算起”。

万以内数的退位减法教学，要先复习两位数相减“个位不够减，从十位退 1”的方法，然后利用计数器和注有说明退位过程的竖式，向学生讲清退位计算的过程。教师引导学生总结退位减法的计算法则，即“同数位要对齐，从个位算起，哪一位上不够减，从前一位退 1，在本位上作 10 再减”。

第四节　整数乘除运算的教学

整数乘法和除法是数学最基本的概念之一。在培智学校数学教学中，只要求学生对乘法和除法概念有一个初步的认识，主要是通过具体的情境，使学生理解在什么情况下用乘法计算，在什么情况下用除法计算，并能列出乘法或除法算式进行正确计算。由于培智学校学生在生活中接触乘除法的机会较少，所以这部分内容的教学既是重点，又是难点。

一、乘法运算的教学

在培智学校，乘法运算只涉及表内乘法。就表内乘法运算的教学而言，可以细分为乘法的初步认识和乘法口诀两个部分。在乘法的初步认识阶段，我们主要解决“乘法与加法的关系”、“什么是乘法”、“乘法的读写”以及“乘法中的名称”等问题。在乘法口诀部分，我们主要解决“乘法口诀是怎么来的”、“乘法口诀的运用”这两个问题。

(一) 乘法的初步认识

1. 复习“几个几相加”的连加，为初步建立乘法概念做好准备

在初步认识乘法时，一般采用同数连加的算式引出乘法概念。在百以内数的加法中，培智学校学生比较常见的练习是两个数相加或三个不同的数连加，而对几个相同数连加的形式接触较少，比较陌生。因此，在教学认识乘法之前，教师需要花一定的时间，让学生认识几个几相加，建立“几个几”的概念。这样，不仅可以分散学习时的难点，而且可以使学生对“只有同数相加才能转化为乘法”留下比较深刻的印象。

2. 通过实物操作由同数连加引入乘法，初步认识乘法

在初步认识乘法时，先让学生根据具体情境或实物抽象出几个几，接着根据几

个几列出同数相加的算式，再根据加法算式改写成乘法算式，强调符号含义和写法规定，以及乘法算式的读法等。这样，可以让学生在算式的改写中不断体会乘法与加法的内在联系。等学生较熟练后，可根据几个几相加直接写出乘法算式，进一步加深对乘法的认识。比如，出示三组苹果图，每组 2 个苹果，先写出“2+2+2＝6”，启发学生观察加数相同的特点，然后说明是 3 个 2 相加，可以写成“3×2＝6”，或“2×3＝6”。这里“×”是乘号，“2”和“3”是乘数，“6”是积。“3×2”读作“3 乘 2”，“2×3”读作“2 乘 3”。

3. 通过比较乘法算式与加法算式，体会乘法算式书写的简便性

教师引导学生比较加法算式和乘法算式的书写过程，体验“求 5 个 3 的和是多少”哪种写法比较简便。教师还可以提问：求 9 个 3 的和是多少？加法算式怎样列？乘法算式怎样列？哪种写法比较简便？让学生在比较中，体会乘法算式书写的简便性。学生在后续学习了乘法口诀，会利用乘法口诀求积之后，可以再引导学生比较加法和乘法的计算过程，体会哪种计算更加简便，从而进一步完善学生对乘法的认识。

(二) 乘法口诀的教学

熟记全部乘法口诀，正确而熟练地进行表内乘法的口算，是培智学校数学教学的重点，也是难点。

乘法口诀有两种。一种是“大九九”口诀，有 81 句口诀，掌握了大九九，学生可直接用口诀进行任何表内乘除法的口算，但要熟记 81 句乘法口诀比较困难。因此，培智学校数学教学常采用“小九九”口诀，有 45 句口诀(表 6－5)。

表 6－5

小九九乘法口诀表

1×1＝1								
1×2＝2	2×2＝4							
1×3＝3	2×3＝6	3×3＝9						
1×4＝4	2×4＝8	3×4＝12	4×4＝16					
1×5＝5	2×5＝10	3×5＝15	4×5＝20	5×5＝25				
1×6＝6	2×6＝12	3×6＝18	4×6＝24	5×6＝30	6×6＝36			
1×7＝7	2×7＝14	3×7＝21	4×7＝28	5×7＝35	6×7＝42	7×7＝49		
1×8＝8	2×8＝16	3×8＝24	4×8＝32	5×8＝40	6×8＝48	7×8＝56	8×8＝64	
1×9＝9	2×9＝18	3×9＝27	4×9＝36	5×9＝45	6×9＝54	7×9＝63	8×9＝72	9×9＝81

1. 经历编乘法口诀的过程，体验推导口诀的方法，了解乘法口诀的来源与意义

进行乘法口诀教学时，一般按下面的三个步骤展开：

(1) 通过对例题情境的分析或教具学具的演示、操作，得出求几个几的和，列出连加算式，并用逐个加的方法算出得数。

(2) 根据几个几相加的结果，列出乘法算式，并写出积。

(3) 根据乘法算式与积，推导出相应的乘法口诀。

口诀编出后，应引导学生对照乘法算式观察，知道口诀的前半句是两个字，表示两个乘数，并且把小的乘数放在前面，大的乘数放在后面；口诀的后半句是一个字或两个字，表示前面两个乘数的积。

2. 要重视用一句乘法口诀计算两道乘法算式的教学，帮助学生掌握用口诀求积的方法

在乘法口诀中，有 9 句是同数相乘的，且其中每句口诀只能计算一道乘法算式。除此之外，其余的每句口诀都能计算两道乘法算式。可以通过具体的事例来说明。例如，教师出示雪花片图，横着看，每行有 3 个，有 2 行，是 2 个 3；竖着看，每列有 2 个，有 3 列，是 3 个 2。不管是 2 个 3，还是 3 个 2，雪花片的总数都是 6 个，所以“2×3”和“3×2”的积相同，都可以用“二三得六”这句口诀。由于“小九九”口诀前半句的排列规律都是较小的数在前，较大的数在后，所以指导学生在用口诀求积时需要从较小的数想起，学会灵活运用口诀。

3. 要通过多种形式的练习，帮助学生熟记乘法口诀

熟记全部乘法口诀需要有个过程，学生必须采取多种形式从不同的角度加强练习，才能达到脱口而出的程度。

第一，从读口诀开始，逐步过渡到熟记口诀。要熟记乘法口诀，需要从读口诀开始，可以按顺序读、不按顺序读，以及读不完整的口诀等。学生要在理解的基础上，达到熟记口诀。

第二，利用口诀本身的规律记忆口诀。教学乘法口诀时，都是按照乘法口诀表中横排的顺序一个例题一个例题教的。整理成口诀表后，可以采取横着背、竖着背、拐弯背等多种形式。背任意一句口诀时，最好不要从第一句背起。还可以帮助学生找出口诀表中的某些规律来记忆。例如，1 乘几得几的口诀最好记；5 的乘积的个位不是 0 就是 5，也好记；同数相乘的口诀有 9 句，也比较好记。9 的口诀也很有特点，介绍“几九”的口诀乘积是几十减几，如“三九”的得数就是 $30-3=27$。还可以摊开双手看几九的得数。具体的方法是：摊开双手，手掌向上，弯起左起第一

个手指，右边有9个手指伸直，表示"一九得九"；弯起左起第二个手指，该手指的左边有1个手指伸直，右边有8个手指伸直，表示"二九十八"；弯起左起第三个手指，该手指左边有2个手指伸直，右边有7个手指伸直，表示"三九二十七"；等等。这两种方法使得9的乘法口诀也变得好记。

第三，利用相邻口诀间的关系推想出口诀。学生掌握了乘加、乘减的计算方法，如果遗忘了哪一句口诀，就可以用乘加或乘减的方法从相邻的口诀推想出来。例如，要想"三七"是多少，可以从前一句的"二七十四"再加7，或者从后一句的"四七二十八"减去7，得到"三七二十一"这句口诀。

第四，针对易混易错的口诀进行重点练习。"二八十六"与"二九十八"，"七八五十六"与"六九五十四"，乘积相近容易混淆；"四六二十四"与"六七四十二"，"三九二十七"与"八九七十二"，乘积的十位数字与个位数字对调，容易出错。教师可以用填括号补口诀或用对口令的形式进行强化练习。

第五，要打乱口诀的顺序练习。学生不仅能顺着次序熟记口诀，而且随便抽出一句口诀也能很快地说出得数。但是，会背口诀还不等于口算熟练。学生还必须通过大量的口算练习，如看口算卡片很快说出得数，听老师报题直接写出得数，或采用多种游戏形式进行口算练习，逐步达到正确、熟练的要求，扎扎实实提高计算能力。

二、除法运算的教学

在培智学校，除法运算也只涉及表内除法。就表内除法运算的教学而言，可以细分为除法的初步认识和运用乘法口诀求商两个部分。在除法的初步认识阶段，我们主要解决"什么是除法"、"除法的读写"以及"除法中各部分的名称"等问题。在运用乘法口诀求商部分，我们主要解决"乘法口诀与除法的关系"和"除法计算方法"这两个问题。

(一) 除法的初步认识

1. 通过实物操作理解"平均分"，为初步建立除法概念做好准备

除法是乘法的逆运算，所以除法的意义分为两种情况：把一个数平均分成几份，求每份是多少(即求相同加数)；求一个数里包含几个另一个数(即求相同加数的个数)。问题情境不同，引出分法不同，但每份都是均等的，所以除法的本质是"平均分"。在教学认识除法之前，先要通过具体分东西的操作，让培智学校学生建立"平均分"的概念；再学习两种不同的分法，通过分一分、圈一圈等实际活动，理解

平均分的含义。求每一份是多少的分法，强调要一个一个地分（即每次每份分一个），当然也可以两个两个地分，还可以几个几个地分，只要每次每份分的个数相同，就能保证最后每份分得的个数相同，但是考虑到学生的接受能力，通常采用一个一个地分来建立“平均分”的概念。

2. 通过实物操作由平均分引入除法，初步认识除法

列除法算式与列乘法算式相比，相对要难一些。列除法算式要把被分物体的总个数写在除号的前面，做被除数；要把每一份的个数或平均分成的份数写在除号的后面，做除数；把分得的结果写在等号的后面，做商。所以在教学认识除法的例题时，先要说明要求出问题的结果可以用除法来计算；在列出除法算式后，还要结合例题的具体情境，联系实际分的过程，让学生理解算式各部分所表示的具体含义，以加深对除法的认识。例如，“6 ÷ 3 = 2”，出示 6 个苹果平均分成 3 份，每份 2 个。其中，“6”表示一共有 6 个苹果，“3”表示分 3 份，“2”表示每份 2 个。根据题意，平均分可以用除法计算，列出算式“6 ÷ 3 = 2”。这里，表示“分”的运算符号“÷”叫作除号，6 叫作被除数，3 叫作除数，2 叫作商。如 6 ÷ 3 读作“6 除以 3”，也可以读作“3 除 6”。最后，由学生叙述除法算式“6 ÷ 3 = 2”的含义，即表示把 6 平均分成 3 份，每份是 2。

3. 通过列式比较，从整体上加深对除法意义的理解

学生知道把一个数平均分成几份求每份是多少，或把一个数按每几个分成一份求分成了多少份，都可以用除法来计算。对使用除法的这两种情况有了一定的认识后，可以把这两种分法整合在一个背景下，通过比较，加深学生对除法含义的理解。如，出示一幅场景图，让学生观察图示理解题意，并写出两道相应的除法算式，使学生进一步把握被分物体的总个数、每几个分成一份以及可以分成几份这三个数量之间的关系。

（二）用口诀求商的教学

表内除法可以用乘法口诀直接求出商。由于用口诀求商时要逆用口诀，对培智学校学生来说有一定的难度，所以这部分内容的教学既是重点，又是难点。

1. 理解乘除法之间的内在联系

用乘法口诀求商的依据是乘除法之间的关系。因此，在初步认识除法后，可以要求学生经常进行看图列一道乘法算式和两道除法算式的练习。例如，出示一组图示，让学生看图填空并列出算式。

(1) 每盘有 3 个苹果，4 盘一共有（　）个苹果。

(　　)×(　　)=(　　)

(2) 有 12 个苹果,每盘放 3 个,放了(　)盘。

(　　)÷(　　)=(　　)

(3) 有 12 个苹果,平均放在 4 个盘子里,每盘放(　)个。

(　　)÷(　　)=(　　)

在教学用乘法口诀求商前,可以适当进行一些填未知乘数的练习。如,“2 × (　) = 8”,“(　) × 3 = 15”。

通过这些形式的练习,学生可以积累对乘除法算式的感性认识,逐步体验到乘除法之间的内在联系,为学习用口诀求商奠定基础。

2. 教学用口诀求商的方法时要逐步提高要求

教学时,学生观察图示理解题意,再根据对除法的认识列出除法算式。比如,“6 ÷ 2 = 3”。学生很可能会想到用分一分或在图上圈一圈得出结果。教师作出肯定后,要进一步提问:怎么能够快速地找到商?接着引导学生先看除数 2,就想有 2 的乘法口诀;再看被除数是 6,就想“二(　)得六”,因为“二(三)得六”,所以商就是 3。最后,还要让学生自己说一说是怎么想出商的。这样,学生就可以在感知乘除法关系的基础上,知道用口诀求商的算理,初步掌握用口诀求商的方法。

3. 掌握用口诀灵活试商的方法

在计算除数小于商的题目时,要想口诀的第二个数。如“12 ÷ 3”,想“三几十二”,因为“三(四) 十二”,所以商是 4。这类题是根据除数直接想口诀,是顺向思维,学起来容易。在计算除数大于商的题目时,要想口诀的第一个数。如“12 ÷ 4”,想“几四十二”,因为“(三) 四十二”,所以商是 3,这类题首先要想未知的那个数,有一定的难度,学生一般不知道用哪一句口诀。所以,这时要及时向学生说明,在用口诀求商时,如果想“四几十二”得不出结果时,就要想“几四十二”,从而得出商是多少。

第五节　电子计算器的认识与使用

随着现代科学技术的日新月异,现代化的教学技术和手段也层出不穷,计算机、计算器这些新时代的高科技产品进入课堂是历史的必然。电子计算器的一个基本特点是计算迅速准确,可以弥补培智学校学生运算技能的缺陷,提高学生的计算能力与解决生活中一些简单问题的能力。

一、电子计算器的认识教学

电子计算器的使用是建立在熟悉计算器结构的基础之上的，对于培智学校学生而言，电子计算器是一个相对陌生的事物，在认识的过程中需要教师耐心指导。电子计算器的认识的教学包括：认识电子计算器的组成部分，了解它们的作用，并学会操作；掌握用电子计算器输入数字的操作方法和注意事项。

首先，需要让学生了解电子计算器的组成，即屏幕和键盘。让学生了解，键盘用来输入，屏幕显示输入结果。在介绍电子计算器的时候，教师需要提供给学生不同的电子计算器，让学生初步感知电子计算器的构成，然后找到其中的共同点：即便外观颜色等有所差异，但是，每种电子计算器都拥有屏幕和按键。在教学过程中，则统一电子计算器的型号来进行认识学习，教师使用投影仪或者电子计算器的大图来作介绍。

其次，认识电子计算器的键盘。教师按照电子计算器图示，介绍各键的名称。如，开机键、关机键、清屏键、数字键、小数点键、运算符号键和等号键。在介绍的过程中，讲解这些键的作用，如开机键用来开机，关机键用来关机，清屏键用来将所有数字清零。教学中，让学生多次练习计算器的开机、关机，帮助学生熟悉这些键位与作用。让学生记住，计算器在使用前一定要开机，而用完之后一定要关机。

再次，电子计算器的数字输入教学。教师可以在教具上示范，边操作边说明输入数字的方法。教师示范如何输入，学生说一说如何输入，然后让学生自己边操作边说输入过程，最后引导学生归纳出输入数字的方法。输入数时，从数的最高位依次向低位一个数字一个数字地按。如要输入 68，先按十位上的 6，再按个位上的 8；要输入 2.4，先按个位上的 2，再按小数点，最后按十分位上的 4。每输入一个数后，学生要检查一下屏幕上的数字。如果不对，要按清屏键清除后重新输入。有的学生按错键或按得太快，或者同时按两个键，教师要提示按键时要看准再按，不要按错；不要同时按两个键，否则会出现错误显示，也会损坏机器。

二、电子计算器的使用教学

电子计算器使用的教学，是指用计算器熟练地计算整数、小数的加减乘除运算，主要掌握使用电子计算器计算的操作方法与步骤。

在学生认识电子计算器之后，正确地输入数字和算式是使用电子计算器的关键。这方面需要学生自己动手操作，进而发现并解决问题。培智学校学生可能不知道如何按顺序输入，教师应教给学生输入规则，帮助学生完成输入练习。

教师可以指导学生按以下流程来操作：

第一，按数字键，输入算式中的第一个数，需要按照从高位到低位的顺序进行。

第二，按运算符号。

第三，按数字键，输入算式中的第二个数。

第四，按等号键获得结果，并记录结果。

教师还需要提示学生注意以下事项：

（1）在输错的情况下，可以选择清屏或者删除，错误多的话可以清屏，错误少则可以用删除键，删除错误部分后继续输入。

（2）小数点的输入，由于小数点在屏幕中不是十分显眼，所以要求学生在输入小数的时候要认真检查小数点的位置，确认无误后再进行计算。

（3）如果还要进行其他计算，就按清屏键后继续计算，如果不再计算，就按关机键关机。

电子计算器的输入过程并不复杂，只要按照规律，从左到右依次按键即可，要给予学生信心和鼓励。对于电子计算器运算的结果，可以让学生笔算来验证其正确与否，并且通过学生之间的互相检查来巩固电子计算器的使用方法。

讨论与探究

1. 简述加法与减法的定义与运算性质。

2. 简述乘法与除法的定义与运算性质。

3. 简述培智学校学生整数运算能力的发展特点。

4. 以 7 的组成为例，说明 10 以内数的组成的教学要点。

5. 从以下课题中选择两个写出一个教学片段，并进行试讲，由学生讲评。

（1）10 以内数的加法；

（2）20 以内数的进位加法；

（3）10 以内数的减法；

（4）20 以内数的不退位减法；

（5）乘法的初步认识；

（6）除法的初步认识；

（7）电子计算器的认识。

进一步阅读的文献/网站

1. 朱友涵，孙桂民. 中度弱智学生数学教育训练状况的调查研究. 中国特殊教育，2005，3：40—44.

2. 王顺妹. 弱智儿童与正常儿童数概念发展水平的比较研究. 中国特殊教育，2003，1：65—70.

3. 赖颖慧，曹仕莹，陈英和. 4—6 岁儿童加减法反演律概念的发展与影响因素. 心理发展与教育，2012，2：121—129.

4. 陈英和，耿柳娜. 小学一——三年级儿童加减法策略选择的发展特点研究. 心理发展与教育，2005，2：11—16.

5. 陈英和，李琳，尹称心. 幼儿加减法运算中的策略发展特点. 心理科学，2006，3：532—535.

第七章　图形与几何的教学

通过本章学习，你能够：

1. 了解直线、射线、线段的定义与性质；
2. 了解基本平面图形的概念；
3. 了解基本立体图形的概念；
4. 了解平移、旋转的定义与性质；
5. 了解对称、轴对称、中心对称的定义；
6. 明确培智学校学生认识几何图形的一般过程；
7. 明确培智学校学生认识空间方位的一般过程与发展特点；
8. 掌握平面图形、立体图形的教学过程；
9. 掌握图形运动的教学过程；
10. 了解图形位置的教学过程。

数学的研究对象是现实世界的数量关系和空间形式。在数学中，研究形的分支学科叫作几何学。几何是什么？弗赖登塔尔说："几何乃研究空间中的形状和空间关系，它提供儿童联结数学与真实世界的一个最佳机会。"①我们居住在一个空间形式、形状与移动的世界里，也就是一个几何的世界里。② 在自然界的事物中，小到花朵、蜂巢、蜘蛛网、松果、矿石、水晶，大至植物、动物甚至整个太阳系，以及在人造的环境事物中，如建筑物、公园、机械器具、艺术作品等，皆可发现图形与几何的存在。儿童的生活中本来就充满各种几何与空间经验，例如：有关形状与空间的指示

① Bruni, J. V. & Seidenstein, R. B. (1990). Geometric Concepts and Spatial Sense. In J. N. Payne (Ed.), *Mathematics for the Young Child*. Reston, VA: The National Council of Teachers of Mathematics.

② National Council of Teachers of Mathematics. (1990). *Curriculum and Evaluation Standard for School Mathematics* (3rd ed.). Reston, VA: The National Council of Teachers of Mathematics.

用语（如从桌子“上”拿“圆”饼干，到“方”桌“前”排队）；收拾各种玩具放在柜架上或大容器里；嬉戏穿梭于各种形态的游戏与大型玩具中（如钻入隧道“里”面、爬到滑梯“上面”）；运用各种玩具建构与安排空间（如用乐高积木搭建房屋、用积木搭建城堡）等。[①] 因此，图形与几何的教学应构筑在儿童的生活经验之上，使之成为有意义的学习。

作为培智学校数学内容的“图形与几何”是几何学中初步的、基础的内容。图形与几何主要包括现实世界中的物体、几何体和平面图形的形状、大小、位置关系及其变换。它是人们更好地认识和描述现实世界，并进行交流的重要工具。图形与几何的学习，是学生进一步学习其他数学内容的重要前提和必备基础，对培智学校学生的数学发展乃至日常生活都有十分重要的促进作用。

第一节　图形与几何的基础知识与基本能力

一、简单图形

（一）维数

我们的现实空间是三维的，三维空间是立体的。而二维空间是平面，一维空间是直线。零维就是一点。点动成线，线动成面，面动成体。[②]

（二）平面图形

同一平面内的点、线、面所构成的图形叫平面图形（二维平面），它是在同一平面内的图形，没有厚度。

常见的平面图形包括：

1. 直线

一点在空间沿着同一方向及其相反方向运动所成的图形。直线的特点包括：两端都没有端点；直线是无限长的；直线是不可测量长度的。直线可以用任意两个大写字母或一个小写字母表示，如直线 AB、直线 a。

2. 射线

直线上从某一点起，朝向一边的部分。射线的特点包括：只有一个端点，另一边可无限延长；射线是不可测量的。射线用任意两个大写字母表示，如射线 AB，其

① 周淑惠. 幼儿数学新论教材教法. 南京：南京师范大学出版社，2012：118—120.
② 张奠宙，孔凡哲等. 小学数学研究. 北京：高等教育出版社，2009：124—128.

中 A 表示射线的端点。

3. 线段

直线上任意两点之间的部分。线段的特点包括:有两个端点;有限长度;可以测量。线段可以用任意两个大写字母来表示,如线段 AB 或线段 BA。

4. 圆形

在平面内,到一定点距离等于定长的点的集合。圆是由封闭曲线围成的,半径都相等。如碗口、套圈、滚铁环等。

5. 正方形

有一个角是直角且有一组邻边相等的平行四边形。正方形的四个角都相等,四条边也都相等。如方窗框、方画框等。

6. 长方形

有一个角是直角的平行四边形。长方形的四个角都相等,两组对边分别相等。如门框架、长窗框等。

7. 三角形

由不在同一直线上的三条线段所围成的封闭图形。如三角铁、三角尺等。

8. 梯形

只有一组对边平行的四边形。不平行的两条边叫梯形的腰。如梯子、河渠的截面图等。

9. 椭圆形

在平面内,到两定点距离的和等于常量的点的集合。如椭圆形镜面框、卫星轨道等。

(三) 立体图形

空间点、线、面所构成的图形叫作立体图形(三维空间),它是由面所围成的封闭图形,有长、宽、高。

常见的立体图形包括:

1. 球体

一个半圆以它的直径为轴旋转所得的曲面围成的几何体。如篮球、地球仪等。球的截面是一个个大小不同的圆形,经过球心截得的圆最大。

2. 长方体

底面是长方形的直平行六面体。如牙膏盒、长方积木、铅笔盒等。其表面展开图的六个面都是长方形或四个面是长方形、两个面是正方形。长方体有六个面，12 条棱，八个顶点。相交于一点的三条棱分别叫作长方体的长、宽、高。连接不同平面的两个顶点的直线叫作长方体的对角线。

3. 正方体

棱都相等的长方体叫正方体。如魔方、骰子、方积木等。其表面展开图由六个正方形组成。

4. 圆柱体

以长方形一边所在直线为轴旋转一周形成的曲面所围成的几何体。如圆木头、罐头、糖果盒。其表面展开图是两个圆与一个长方形。

二、测量

几何学起源于图形大小的度量。根据图形的维数，把度量一维图形大小的数称为长度；将二维图形的大小用面积来表示；体积是标志三维图形大小的数。线段长度是一切度量的出发点。[①]

(一) 测量的相关概念

1. 长度

长度是指两个端点之间的距离。有了单位长度之后，两点之间的距离就可以用单位加以衡量了。

2. 周长

封闭曲线一周的长度称为周长。一个圆或多边形的周长是周界长度或各边长的总和。

3. 面积

平面或物体表面的大小称为面积。面积单位是指量度面积大小的单位，是根据公制长度单位而定。如，平方米或 m^2。人们约定，边长是 1 米的正方形的面积规定为 1 平方米。

4. 体积

物体所占空间的大小称为体积。体积单位是某长度单位的立方，用作测定体积大小的标准。如，立方米或 m^3。通常以边长为单位长(如 1 厘米、1 分米、1 米)的正方体的体积作为体积单位。

---

① 张奠宙，孔凡哲等.小学数学研究.北京：高等教育出版社，2009：144—162.

(二) 测量

测量，是指把待测定的量同一个作为标准的同类量进行比较的过程。用来作为测量标准的量，叫作测量单位。如，米是一种长度测量单位，克是一种重量测量单位等。用一个测量单位来计量某一个量，结果得到这个量含有测量单位的若干倍，这个数值就叫作这个量的量数。同一个量用不同的测量单位来计量，所得的量数不同。测量一般包括三个步骤：(1)确定所要测量的属性；(2)选择具有同一属性的测量单位；(3)通过填充、覆盖或匹配等方法比较待测物体与测量单位，进行测量。①

一般常用的测量方法有直接测量法（如用米尺量书桌长度）和间接测量法（先量出书桌的长和宽，再求出其面积）。一般地，在学习直接测量之前，先进行自然测量。所谓自然测量，是指利用自然物（如一拃、臂长、步长、小棒等）作为量具来测量物体的长短、高矮、厚薄等。

自然测量的过程中包括两种逻辑活动：首先儿童要把量的整体划分为若干个小单元，知道整体是由若干个部分组成；其次还有一个逻辑相加，进行移位和替换的过程，即把每次测量的一部分和另一部分连接起来，从而建立测量单位体系。如测量书桌的长度，是通过移动小棒来进行的，测量的结果是一个表示被测的量与作为测量单位的量之比的抽象的数。通过自然测量使得数和量密切结合，加深学生对量概念的理解。

三、图形与变换

几何学研究图形在变换过程中的不变性质。一般地说，所谓变换是指某个集合符合一定要求的一种对应规律。几何变换就是按一定的方法把一个图形变成另一个图形。几何变换中最重要的是全等变换与相似变换。全等变换是指能够保持图形的形状和大小不变的变换；相似变换是指能够保持图形的形状不变，而只改变图形大小的变换。这里主要研究全等变换，如平移变换、旋转变换、对称变换。

(一) 图形的平移

平移，是指在平面内，将一个图形上的所有点都按照某个方向作相同距离的移动，这样的图形运动叫作图形的平移运动，简称平移。在平移变换中，所有点的移动方向相同，移动距离相等。

---

① 黄毅英．数学教师不怕被学生难倒了——中小学数学教师所需的数学知识．武汉：华中师范大学出版社，2012：111.

根据图形平移的定义，可以得出平移具有如下性质：

(1) 新图形的每一点都由原图形中的某一点平移得到；

(2) 经过平移，新图形与原图形对应点所连的线段平行且相等，对应线段平行且相等，对应角相等。

(3) 经过平移，新图形与原图形形状相同，大小相等。

(二) 图形的旋转

旋转，是指在一个平面内将一个图形绕一个定点沿某个方向转动一个角度，这样的图形运动称为旋转，这个定点叫作旋转中心，转动的角叫作旋转角。

根据图形旋转的定义，可以得出旋转具有如下性质：

(1) 经过旋转，对应点到旋转中心的距离相等；

(2) 经过旋转，原图形上的每一点都绕旋转中心沿相同方向转动了相同角度，各组对应点与旋转中心连线的夹角都等于旋转角；

(3) 经过旋转，新图形与原图形形状相同，大小相等。

(三) 对称

1. 轴对称概念

对称，是指图形或物体对某一点、某条直线或某个平面的运动，在形状、大小、长短和排列等方面都相等或相当，具有一一对应的关系。

一个图形沿着一条直线折叠，直线两旁部分能够互相重合，则这个图形叫作轴对称图形，这条直线叫作它的对称轴。

2. 轴对称变换

从运动变换的观点来看，一个图形的轴对称图形，可以看作是它根据轴对称变换得到的。所谓轴对称变换，是指由一个图形得到它的轴对称图形，新图形上的每一点都是原图形上的点关于某条直线的对称点。

成轴对称的两个图形中的任何一个可以看作是另一个经过轴对称变换得到的。一个轴对称图形，也可看作是以它的一部分为基础，经轴对称变换扩展而成。

轴对称图形与图形的轴对称两者之间的区别在于，轴对称图形是一个具有特殊性质的图形，而轴对称是说两个图形之间的位置关系。两者之间的联系是，若把轴对称的两个图形视为一个整体，则它就是一个轴对称图形；若把轴对称图形在对称轴两旁的部分视为两个图形，则这两个图形就形成轴对称的位置关系。

3. 中心对称

在平面内，一个图形绕着某一点旋转 180°，如果旋转前后的图形互相重合，则这个图形叫作中心对称图形，这个点叫作它的对称中心。

从中心对称图形的定义可以看出，中心对称图形上的一点关于对称中心的对称点也在中心对称图形上；两个对应点所连的线段经过对称中心，且被对称中心平分。

中心对称图形与图形的中心对称两者之间的差别在于，中心对称图形是一个具有特殊性质的图形，而中心对称是说两个图形之间的位置关系。两者之间的联系是，若把中心对称的两个图形视为一个整体，则它就是一个中心对称图形。

四、图形与位置

空间是人从具体事物中分解和抽象出来的认知对象。[①] 客观世界中的任何一个物体都存在于一定的空间之中，都占有一定的位置并且与它周围的物体之间存在着相互位置关系。人从出生开始就通过自身与外界事物的关系体验世界，通过认知事物的空间特点来认知世界。

方向主要指东、西、南、北四个方位。东是与地球自转一致的方向，西是与地球自转相反的方向，东西向也是纬线的方向。东西方向在地球上是没有尽头的，如果我们沿着纬线方向自某地出发，一直朝东方走去，永远不可能走到东方的尽头，而只是绕着纬线一直转圈。南指向地球南极的方向，北指向地球北极的方向。南北方向在地球上是有极点的，当我们从赤道出发向正北或向正南一直走去，最后将走到北极和南极；越过北极或南极，方向将发生改变。在北极和南极点上，是没有东、西两个方向的。在北极点上只有一个方向——南方；在南极点上也只有一个方向——北方。

位置是空间向纵、横、深三个方向扩展得到的。空间坐标系的三对相对应的基本方向（竖轴、横轴、纵轴）分别表示上下、左右、前后三对方向。它们都是相对的概念。位置是指物体所在或所占的地方，它与方向既有区别，又有联系。方向一般都是用上、下、前、后、左、右、东、南、西、北等方位词来描述的，而物体的位置可以用方位词来描述，也可以不用方位词来描述。当物体的位置用方位词来描述时，与方向也是有区别的。如“向南走”、“我在你的南边”，前者是指方向，而后者是指物体的相对位置。

---

① 方燕红，尹观海等. 8—18 岁智力障碍儿童空间方位概念的发展. 中国特殊教育，2014，1：29—34.

五、空间知觉能力

所谓空间知觉能力，是指对于二维、三维空间图形及其特征、图形间的相互关系和图形变化结果的内部感受与直觉。简而言之，是个人对周围环境以及环境中物体的一种直觉。①

Del Grande 提出了七项空间知觉能力：②

1. 眼与动作协调能力

协调视觉与身体动作的能力是最根本的能力。若儿童此项能力很差的话，他将忙于简单的动作技巧，根本无暇进行思考。几何活动涉及眼与动作协调，例如：在点状纸上连接各点成线以画出图形；在窄、直、弯曲或有角度的迷宫图纸里顺着路径画出路线；描绘图形的外缘或对一区域进行着色；根据立体图纸堆积木等。

2. 图形—背景知觉能力

此项能力就是从背景中分辨前景，即在充满交叉与“隐藏式”图形的复杂背景里指认特殊的组成部分。能辨认某些动物使自己隐藏并“消失”在大自然事物背景中的拟态行为，即为“图形—背景”知觉能力的例子。几何活动涉及“图形—背景”知觉，包括在一组重叠的图形中指认一个特定图形。如图 7 - 1 所示，要求在以下三个正方形图示中找出第一幅图所示的图形。

图 7 - 1

测试图形—背景知觉能力的一个例子

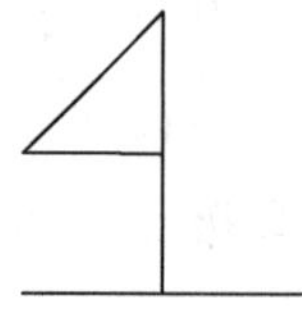

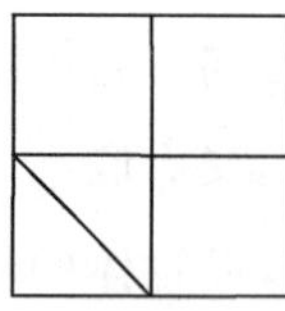
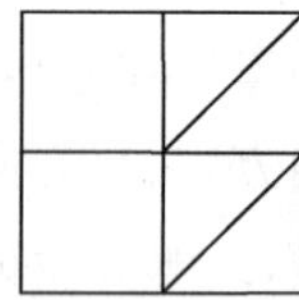
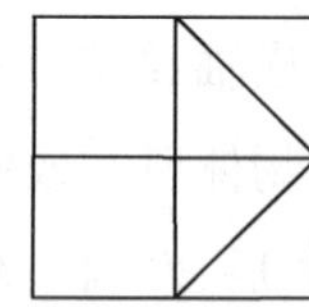

3. 知觉守恒能力

知觉守恒能力又称图形守恒能力，是指能辨识以各种方式呈现的图形（大小、

① National Council of Teachers of Mathematics. (1990). *Curriculum and Evaluation Standard for School Mathematics* (3rd ed.). Reston, VA: The National Council of Teachers of Mathematics.

② Del Grande, J. (1990). Spatial Sense. *Arithmetic Teacher*, 37(6), 14 - 20.

光影度、质地、在空间中的位置），以及能分辨与其类似的几何图形。例如：能辨识正方形旋转 45°后仍为正方形。几何活动涉及“图形守恒”。例如：辨识相似图形（图形相同但尺寸不同）；辨识全等图形（图形相同且尺寸相同）；能依大小尺寸排列图形等。

4. 空间位置知觉能力

空间位置知觉是指有能力去寻求空间中一个物体与自己的关系（在前、在后、在上、在下、在旁边），儿童若对此有困难，很可能有倒写或倒读现象，譬如无法辨识“9”与“6”、“5”与“2”。几何活动涉及“空间位置知觉”的例子有辨识移位、旋转角度、翻转的图形等。

5. 空间关系知觉能力

空间关系知觉是指有能力看出 2、3 个物体与自己的关系或这些物体彼此之间的关系。例如，儿童在模仿图样堆建积木时，他必须理解积木的方位与自己的关系以及积木与积木之间彼此的方位关系（图 7－2）。

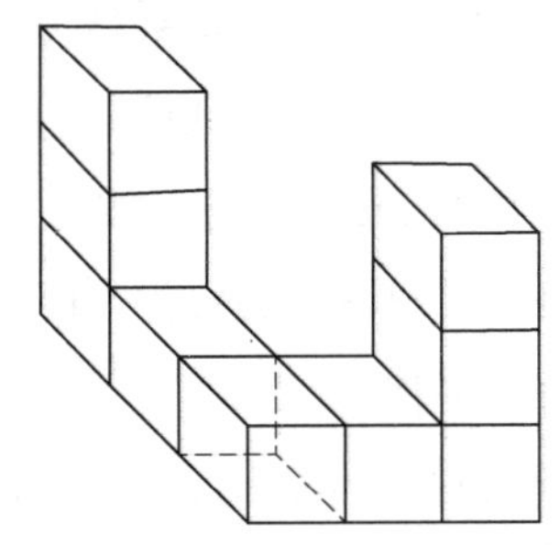

图 7－2

测试空间关系知觉能力的一个例子

6. 视觉分辨能力

视觉分辨是指能指认物体间相似或相异的能力。分类物体、几何模型教具、属性积木（积木本身的形状、大小、颜色、厚度各有不同）或一组图片有助于学生发展这种视觉分辨能力。

7. 视觉记忆能力

视觉记忆是指能正确回忆已不在视线内的物体，并且将其特质联结到其他看得见或看不见的物体上。在日常生活中，幼儿能将玩了一地的玩具，按原陈列位置归位于架子上，即具有了视觉记忆能力。在教学上，老师可以在点状纸上描绘图形，然后反过来不再让幼儿看见，请他们凭记忆仿画出该图形，以此强化他们的视觉记忆能力。

第二节 培智学校学生图形与几何概念的发展特点

一、图形与几何概念的理论

(一) 皮亚杰的研究

皮亚杰等人对儿童的空间、几何概念发展进行了一系列的研究,这些研究均收录在《儿童空间概念》(*The Child's Conception of Space*)与《儿童几何概念》(*The Child's Conception of Geometry*)两本书中。基本上,皮亚杰认为儿童几何概念的萌发遵循一定的顺序渐进发展:从拓扑几何(topology)、射影几何(projective geometry),最后到欧几里得几何(euclidean geometry,简称欧氏几何)。这与历史上几何学的发展顺序相反,历史上以欧氏几何为先,其次是17世纪的射影几何,最后才是19世纪的拓扑几何。[①] 后来,学者克莱门茨(Clements, D. H.)将这种发展现象称为"拓扑为先"(topological primacy)理论。[②]

可以用图形"变形转换"的观点来解释拓扑几何、射影几何、欧几里得几何的本质。在数学上,变形转换是指当模型或物体以某种方式改变或变化而造成特质随之改变或变化。这里,几何模型与物体的"特质",包括包围性、分离性、次序性、接近性、空间度数、直或弯、大小尺寸、形状(线段数、边数、面数、点数)、位置、方向(上、下、左、右)等。"拓扑转换"是指拉扯与压缩,"射影转换"是指由不同的视觉观点而产生,"欧氏转换"是指翻转、平移、旋转。[③]

拓扑几何最早出现在儿童的日常生活中,如母亲的笑脸拉长了她脸上的某些部位(如嘴巴),同时也缩小了其他部位(如眼睛)。这样的转换(拓扑转换)并不改变妈妈的眼、鼻、嘴的位置,而且两只眼睛彼此仍然分离与保持接近,以及脸上所有部位仍被包围在脸界内。再如,吹胀与泄了气的气球。尽管气球上的图形是随着胀气、泄气而变大或缩小,但图形本身的包围性、分离性、次序性与接近性等特质绝不会改变。也就是说,气球上兔子的眼睛不会跑出兔子的脸之外(保有包围性),鼻子不会和嘴巴换了位置(保有次序性)或粘在一起(保有分离性)。换言之,拓扑几何中图形的形状或大小会改变,但是包围性、分离性、次序性、接近性等特质不会

---

① Piaget, J. (1953). How Children form Mathematical Concepts. *Scientific American*, 189(5), 74 - 79.

② Clements, D. H. & Battista, M. T. (1992). Geometry and Spatial Reasoning. In. D. A. Grouws (Ed.), *Handbook of Research on Mathematics Teaching and Learning*. New York: Macmillan.

③ Schults, K. A., Colarusso, R. P. & Strawderman, V. W. (1989). *Mathematics for every Young Child*. Columbus, Ohio: Bell & Howell.

改变。

随着儿童生活经验的逐渐丰富,他们逐渐认识射影几何。在日常生活中,儿童发现因观察视角不同而造成形状和大小有所变化的"射影转换"。比如,一个杯口边缘从上往下看是个圆形,从杯口的高度平视是一条直线;风筝在天上时显得渺小,降落时看起来却好大。射影几何中图形的形状和大小会改变,却不改变其直线度。

此外,在日常生活之中也常可观察到将几何物体移位、旋转或倒翻,但形状、大小不变的"欧氏转换"。例如:将一长方体的积木翻转,它还是同样形状、尺寸的长方体;拼图的每片图块,无论怎样旋转,它的形状和尺寸并不会改变。所以,欧氏几何中图形的位置和方向改变,却不改变其形状与大小。①

皮亚杰等人认为儿童几何概念的发展具有两个不同的层次:知觉层次(通过触觉和视觉而学习)与概念层次(思考与想象)。这两个层次都是按照"拓扑为先"的顺序发展。皮亚杰提出,儿童几何图形的知觉层次的发展分为三个阶段:②

第一阶段能分辨开放与封闭图形(图 7-3),但无法分辨欧氏图形的不同(如圆形、正方形、三角形),因为这些图形均为封闭图形。儿童对物体外围界线的知觉,注意物体是否开放、封闭或分离,实际涉及的是拓扑几何,而不是欧氏几何。对这个时期的儿童而言,简单的封闭图形如正方形、圆形与三角形在拓扑上是等价的,因为它们能够伸缩变形、互相转化。把正方形拉长就得到长方形;把正方形的角"压进去"就形成圆或三角形。这一时期,儿童对物体的探索是被动的,通过手的抓握,感知物体轮廓。

图 7-3

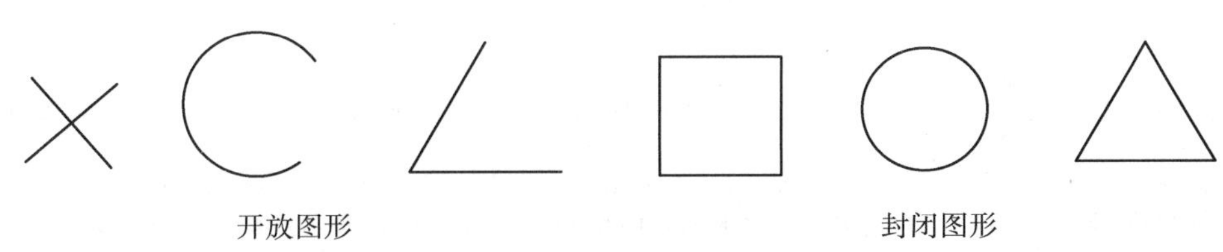

第二阶段能够辨认欧氏几何图形,即能区分直线类图形(正方形、长方形、平行四边形、菱形等)与曲线类图形(圆形、椭圆形)的不同,但是,无法区分每一类

① Schults, K. A., Colarusso, R. P. & Strawderman, V. W. (1989). *Mathematics for every Young Child*. Columbus, Ohio: Bell & Howell.

② Piaget, J. (1953). How Children form Mathematical Concepts. *Scientific American*, 189(5), 74-79.

中的各种图形。比如，无法区分直线图形中的正方形、长方形、平行四边形、菱形。这一时期，儿童的探索动作由手抓握物体，到用眼、手不改变方向地描摹物体的边围。

第三阶段能辨识直线形成的封闭图形，已具有逆向思考能力。探索动作是由某一个固定参考点开始，并且以一系统化方式回到那一点，而前两个阶段的动作是割裂的。以辨认六角星形为例，儿童能用手顺着轮廓探索每一个突出的角并依次回到中央点，以统合整体的感官印象。

皮亚杰学派有关拓扑为先的几何概念发展论点，获得了一些研究者或学者的支持，[①]但同时也广受质疑与批评。后者主要针对欧氏几何、拓扑几何、射影几何并不是单一的相互排斥的几何系统。

在20世纪80年代，罗瑟(Rosser, R. A.)对皮亚杰儿童几何概念发展理论提出疑问。皮亚杰认为"拓扑为先"，然而罗瑟和克莱门茨等人提出"同时渐进发展"的观点，即儿童从学前阶段始，三种几何概念就开始萌发、逐渐发展，并日益整合与综合。[②③] 例如，马丁(Martin, J. L.)发现，4岁幼儿的绘画并未表现出拓扑主导的特征，拓扑概念并未先于欧式、射影几何概念而发展。[④] 罗瑟等人发现，3—5岁幼儿已能保留欧氏几何的直线度，欧氏几何概念在学前期就开始萌发。[⑤] 甚至也有研究证实，2、3岁幼儿就能区辨直线与曲线图形。[⑥] 这说明，儿童早期就已萌发一些欧氏几何概念，展现欧氏几何的能力与保留欧氏几何的特质。

(二) 范希尔的研究

在有关学生的几何概念发展与学习研究中，范希尔的几何思维水平体系是最

---

① Forman, G.E. & Sigel, I.E. (1979). *Congnitive Development: A Life Span View*. Monterey, CA: Brooks Cole.

② Rosser, R.A., Horan, P.F., Mattson, S.L. & Mazzeo, J. (1984). Comprehension of Euclidean Space in Young Children: the Early Emergence of Understanding and Its Limits. *Genetic Psychology Monographs*, 110, 21-41.

③ Clements, D.H. & Battista, M.T. (1992). Geometry and Spatial Reasoning. In. D.A. Grouws (Ed.), *Handbook of Research on Mathematics Teaching and Learning*. New York: Macmillan.

④ Martin, J.L. (1976). A Test with Selected Topological Properties of Piaget's Hypothesis Concerning the Spatial Representation of the Young child. *Journal for Research in Mathematics Education*, 7(1):26-38.

⑤ Rosser, R.A., Campbell, K.P. & Horan, P.F. (1986). The Differential Salience of Spatial Information Features in the Geometric Reproductions of Young Children. *The Journal of Genetic Psychology*, 147(4), 447-455.

⑥ Lovell, K. (1959). A Follow-up Study of Some Aspects of the Work of Piget and Inhelder on the Child's Conception of Space. *British Journal of Educational Psychology*, 29, 104-117.

有影响的理论之一。[①] 荷兰的两位教育家范希尔夫妇(Hiele, P. V. 与 Hiele-Geldof, D. V.)于1959年开始研究几何思维发展并设计几何教学课程,经过理论和实践的长期探索提出几何思维水平论。[②] 该理论一经提出便受到世界各地研究儿童几何概念发展的学者瞩目。经多项实证研究,均证实范希尔的思维水平论是明确存在的,它有助于诊断学生的几何思维水平和设计几何的教学活动。[③④] 范希尔理论的五个思维水平具体描述如下:

1. 水平0:视觉

儿童能通过整体轮廓辨认图形,而不考虑其他的部分,他们能说出长方形、三角形等图形名称,却无法明确指出图形的特殊性质。例如:儿童会说某个图形是长方形,因为它看起来像一个长方形,却没有特殊理由(如因为直角、四边等长);可能会说某个图形是三角形,因为它看起来像一个三明治。基本上,此阶段儿童的思考推理深受视觉外观与感觉所影响,对于图形的特质与图形各部分间的关系不是很清楚。

2. 水平1:分析

儿童能分析图形的组成要素及特征,并依此建立图形的特性,利用这些特性解决几何问题。儿童能指认图形,是因为知道图形的特征。比如,正方形有四个等长的边,所有的角都是直角,或长方形相对的两边相等。但此阶段儿童却无法了解各种图形之间的相互关系,譬如正方形是长方形的特例,或正方形是有直角的菱形,或长方形是平行四边形的一种。

3. 水平2:非形式化的演绎推理

儿童能建立图形及图形性质之间的关系,可以提出非形式化的推论,了解建构图形的要素,能进一步探求图形的内在属性及其包含关系。此阶段儿童能运用非正式逻辑思考去推理,不但能认识图形的特质,还能将图形以最少的特征加以定义、分类,建构不同图形间的关系。例如,建立四边形、正方形、长方形、平行四边形、梯形的关系(图7-4)。

---

① Clements, D. & Battista, M. (1992). Geometry and Spacial Reasoning. In D. Grouws (Ed.), *Handbook of Research on Mathematics Teaching and Learning*, 420-464. New York: Macmillan Publishing company.

② Hoffer, A.R. (1988). Geometry and Visual Thinking. In T.R. Post (Ed.), *Teaching Mathematics in Grades K8*. Newton, MA: Allyn and Bacon.

③ Hoffer, A. R. (1983). Van Hiele based research. In R. Lesh & M. Landau (Eds.), *Acquisition of Mathematics Concepts and Processes*. New York: Academic Press.

④ Burger, W. & Shaughnessy, J.M. (1986). Characterizing the Van Hiele Levels of Development in Geometry. *Journal for Research in Mathematics Education*, 17, 31-48.

图 7-4

图形间的关系

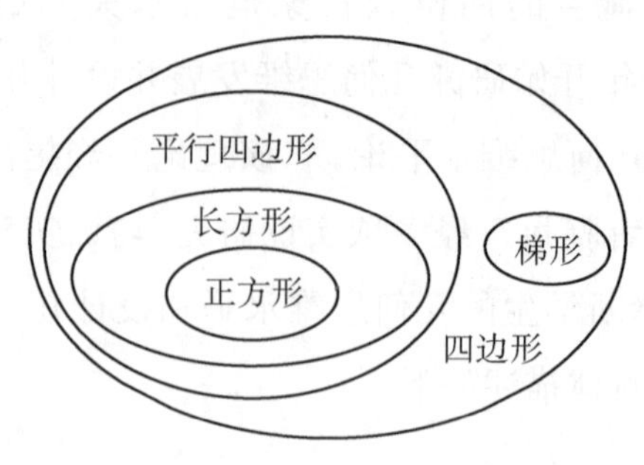

4. 水平 3:形式的演绎

儿童能理解证明中的逻辑叙述,了解两个不同逻辑叙述对同样的定理是有效的,同时也能自己发展一系列的演绎性逻辑叙述去解释与证明定理。此外,儿童能理解解决几何问题必须具备充分或必要条件,能猜测并尝试用演绎方式证实其猜测,能够以逻辑推理解释几何学中的公理、定义、定理等。比如,能写出某一定理的逆定理,如“平行四边形的对角线互相平分”,其逆定理是“对角线互相平分的四边形是平行四边形”。

5. 水平 5:严密性

在这个水平上,儿童能在不同的公理系统下严谨地建立定理,以分析比较不同的几何系统。比如,对欧氏几何与非欧几何系统的比较。

虽然范希尔提出的几何思维水平主要受皮亚杰的影响,但两个理论之间存在差异。① 首先,两个理论的研究内容不完全一致。皮亚杰的研究重点是建构几何概念,深入探究几何概念的形成过程,强调按照时间段划分的认知发展阶段;而范希尔的研究则在于建构几何系统的逻辑顺序,偏向几何知识内容,强调几何思维水平。其次,两个理论的研究目的不一样。皮亚杰的兴趣是描述思维随年龄发展的情况,而范希尔试图帮助教师去改进教学。再次,两个理论在不同阶段的过渡上有不同的看法。皮亚杰认为影响过渡的主要因素是活动,而范希尔认为是语言。

二、培智学校学生图形与几何认识的发展特点

(一) 培智学校学生认识几何图形的一般过程

1. 从拓扑图形到欧氏图形

学生对图形的认识是从生活经验开始的,他们很早就产生了关于物体形状的

① 鲍建生,周超.数学学习的心理基础与过程.上海:上海教育出版社,2009:4—10.

意识。最初,学生对形体的认识是属于拓扑性质的。他们能分辨开放与封闭的图形,但是无法区分正方形、三角形、圆形,因为它们都是不规则封闭曲线。在认识拓扑图形和进行拓扑性质活动的基础上,学生借助于日常熟悉的物体,如皮球、手帕、饼干等来认识几何图形。随着后续发展,学生能够分辨直线与曲线图形,再在曲线图形和直线图形中加以区分。培智学校学生认识平面图形的发展与普通儿童相同。① 培智学校学生在认识平面图形的过程中,最先认识"圆形",再认识"正方形"、"三角形",最后认识"长方形"。

2. 抽象能力随着思维水平的发展而提高

学生在图形认识活动中正确率最高的是配对活动(指找出与给定的范例图形相同的图形),其次是指认活动(指按照口述图形的名称找出相应的图形),接着是命名活动(指说出给定图形的名称),最后是辨认活动(指分析辨别图形并作出判断)。学生在感知、认识形体过程中抽象能力较差,所以在其发展过程中开始会把几何形体与实物等同起来,以后才逐渐过渡到把几何形体与实物作比较,直至最后才能把几何形体作为区分物体形状的标准。随着学生思维水平的发展,其抽象能力会逐步得到提高。

3. 受图形非定义属性影响

图形非定义属性是指图形非性质特征因素,该因素的改变不会影响图形的本质特征,包括图形的大小、倾斜度、纵横比、方向等。② 研究发现,儿童辨别图形时,往往受图形的颜色、大小、方位等非定义属性的影响,受图形的视觉原型干扰而导致不能识别图形的本质特征。学生在不同图形上辨认水平的差异与图形非定义属性有关,图形存在的干扰因素越多,就越不利于学生区分和识别。图形非定义属性影响具体表现为:③

首先,图形大小对培智学校学生影响较小。比如,圆形的大小、边线粗细或两个因素共同作用下,学生仍能有效识别圆形。多数学生能够正确识别不同大小的图形,这种情况可能是由于学生在早期就具有物体大小的经验。特别是学生在感觉期就开始通过触摸探索周围图形的属性,通过这种体验,学生认识到物体具有不

① Clements, D. H., Swaminathan, S., Hannibal, M. A. Z. & Sarama, J. (1999). Young Children's Concepts of Shape. *Journal for Research in Mathematics Education*, 30, 192 - 212.

② Aslan D., Arnas, Y. A. (2007). Three-to Six-Year-Old Children's Recognition of Geometric Shapes. *International Journal of Early Years Education*, 15(1):83 - 104.

③ 柳笛,吴云峰.智力障碍儿童对基本几何图形辨认的研究.现代特殊教育,2015,1:22—26.

同的大小。①

其次,方位变化会对学生的图形辨识产生一定影响。多数学生能够对不同方位的三角形、长方形、正方形进行正确辨认,但有部分学生未认识到图形可以有不同的方位。例如,当主试指着一个钝角三角形问一名中年级培智学校学生:"这为什么不是三角形呢?"她回答:"因为上面的尖头朝左。"此现象与学生的空间知觉发展落后、图形知觉守恒能力弱相吻合。同时这也与几何图形的教学有关,因为教师在教学中所呈现的三角形总是底边水平,顶点正中向上。

再次,纵横比和倾斜度对学生图形辨识的影响最大。纵横比与倾斜度对学生的干扰程度更加明显,其中倾斜度的影响更大。多数学生能够识别标准三角形,但判断纵横比是 8∶1 的三角形"△"和 1∶8 的三角形"△"时表现不佳。这与Hannibal的研究结果类似,正常儿童最易接受的三角形纵横比是高与底边大致相等的等边三角形,即标准三角形。同样,学生能正确辨认标准长方形,但难以辨别纵横比为 1∶8 的长方形"▭",主要是因为它太"长"了。倾斜度对图形辨识的影响也较大,随着三角形顶点到底边中垂线距离的增加,学生在三角形分类任务的正确率逐步降低。

(二) 培智学校学生认识空间方位的一般过程

1. 上下→前后→左右的发展顺序

经实证研究发现,培智学校学生空间方位概念的发展顺序与普通儿童相同。②培智学校学生在掌握空间方位的过程中,最先掌握"上下",再掌握"前后",最后掌握"左右"。在竖轴的上下方位是以"天"和"地"为参照标准来确定的,而天地具有永恒不变性,且上、下位置的区别较明显,不会因为方向的改变而改变。再以自身为参照标准,"头为上脚为下"的方位不会改变,且头与脚在生理上与形态上的差别要比身体前后大,因此认识"上下"比"前后"、"左右"容易。而人体的左右手是对称的,身体的左右两侧完全一样,学生经常混淆,所以认知"左右"最为困难。

前后、左右的位置具有相对性,随着自身位置的改变而发生变化,甚至颠倒,容易产生认知混淆。例如,当学生转了 180°,原来在前面的物体变成在后面,原来在左面变成了在右面,这样给学生辨别带来一定的困难。但由于前后位置由人面向

① Charlesworth, R., Lind, K. K. (1990). Math and Science for Young Children. NY: Delmar.
② 方燕红,尹观海等.8—18 岁智力障碍儿童空间方位概念的发展.中国特殊教育,2014,1:29—34.

加非常缓慢，使用的词类也不全面。与普通儿童相比，培智学校学生在词汇表达和理解方面都要落后，尤其对抽象水平较高的词掌握水平低。[①] 研究还发现，培智学校学生理解指示词语的能力比表达指示词语的能力更强。[②] 所以，相对于用动作来表达空间方位，培智学校学生用语言表达方位的能力更低。

（三）培智学校学生理解空间方位的年龄特点

空间方位概念的发展，主要指不同年龄阶段儿童对空间方位的口头表达与动作摆放的掌握程度。培智学校学生空间方位概念的发展与年龄相关，随着年龄增长而提高，第二学段是培智学校学生空间方位概念发展的飞跃期。[③]

第一学段培智学校学生最早获得“上下”概念。方燕红等人对 8—18 岁智力障碍儿童进行调查，参照以往研究，以理解和产生空间方位概念的平均正确率达 75% 为最低通过标准。[④] 第一学段培智学校学生只在“上下”概念刚达到掌握标准，其他两对概念均未达到最低通过标准。学生能够辨别上下，开始学习辨别前后，但他们所理解的空间方位的区域非常有限，仅限于直接感知的范围内。比如自己的身体部分，靠近自己身体的物体等。

第二学段培智学校学生较好地掌握了“前后”、“上下”概念，对前后、上下概念都超过掌握标准，但左右概念还未达到最低通过标准。这一时期是培智学校学生空间方位概念快速发展的阶段。他们能辨别前后，开始学习以自身为中心辨别左右。

第三学段培智学校学生较好地掌握了“前后”、“上下”概念。学生对前后、上下概念都超过掌握标准，但左右概念仍低于通过标准。这一时期，培智学校学生能正确辨别上下、前后，但仅能做到以自身为中心分辨左右，尚不能完全做到以客体为中心来辨别左右。

第三节 图形与几何的教学

图形与几何的教学是要使学生经历从实际物体中抽象出简单平面图形和立体图形的过程，认识一些基本的平面图形和立体图形，了解图形之间的联系；能

---

① Henry，L. A.（2010）. The Episodic Buffer in Children with Intellectual Disabilities：an Exploratory Study. *Research in Developmental Disabilities*，31(6)：1609 - 1614.

② 吴昊雯，陈云英. 智力落后儿童语用障碍研究新进展. 中国特殊教育，2005，60(6)：3—7.

③ 方燕红，尹观海等. 8—18 岁智力障碍儿童空间方位概念的发展. 中国特殊教育，2014，1：29—34.

④ 同③。

够直观感受图形的运动，如平移、旋转、对称现象；认识物体的相对位置。教学时，应从培智学校学生的认知水平出发，以直观讲解为主，通过观察大量具体实物、几何图形，引导学生观察总结出图形的主要特征，逐渐形成正确的表象概念。

一、平面图形的教学

(一) 通过多重感官，认识基本图形

生活情境是学生初学的基础，是认识图形与几何的前提。为此，教师应充分利用学生的生活经验，设计生动有趣、直观形象的数学教学活动。比如，直观演示、模拟表演、做游戏等，激发学生的学习兴趣，让学生在生动具体的情境中积累几何活动经验，进一步丰富对图形与几何的理解与认识。

1. 在直观感知实物的基础上，指认、命名基本图形

儿童几何图形的心理映像是在两个水平上发展的：一个是知觉水平，通过视觉和触觉获得感性的映像基础；另一个是思维水平，对物体施加物理动作，通过探索物体，摆弄它，用手指抚摸它的轮廓来构造图形概念。① 因此，教师应运用观察、触摸的方法，让学生感知图形。首先，应选用生活中近似平面图形的实物，让学生观察、抚摸，引导学生注意物体的轮廓。例如，“认识圆形”，教师先让学生观察圆镜子、圆饼干、圆盒盖，提问“镜子是什么形状”，并让学生用手指沿着圆形物体的边缘和表面触摸，让学生感知镜子的边缘是光滑的，它是圆形。

其次，在感性认知的基础上，教师出示标准的平面图形。例如，教师出示一个圆形硬卡片，让学生反复观察和触摸，构建清晰的图形概念，再让学生描述自己对图形触摸后的感受并说出图形名称。这个过程是对图形的感知与语言表达相联系的过程。也就是，学生在头脑中建立各种图形的直观形象，并与图形名称建立对应。这时，图形名称已经不是空洞的词汇了。

2. 通过观察操作，初步认识图形的特征

在学生能够初步指认与命名图形之后，应让学生认识图形的基本特征。通过折一折、比一比、数一数等多种活动，引导学生主动发现并概括出图形的基本特征。这里，图形的基本特征主要指图形的边和角的数量。例如，三角形的特征：有 3 条

---

① R. W. 柯普兰著，李其维，康清镳译. 儿童怎样学习数学. 上海：上海教育出版社，1985：274—277.

边、3个角;正方形的特征:有4条边,4个角,4条边一样长,4个角一样大小;长方形的特征:有4条边,且分别相对的两组对边一样长,有4个相等的角。教学时,教师与学生一起触摸图形的边、角,同时介绍什么是图形的边,什么是图形的角;然后请学生点数图形有几条边,有几个角;引导学生比较边的关系,角的关系(这些边是不是一样长,角是不是一样大小)。

3. 改变图形的非定义属性,培养图形守恒能力

图形守恒能力,是指能辨识以各种方式呈现的图形,以及能分辨与其类似的几何图形。教师出示颜色不同、大小不同、方位不同的图形让学生观察、归纳、概括,进一步锻炼学生的图形守恒能力。例如,教师出示大小不同、方位不同、倾斜度不同的三角形让学生辨认,引导学生思考并说出理由。如教师取出一个钝角三角形,问学生"这是什么图形,为什么?"等问题,能引导学生从图形特征上确定图形的名称,得出"它有3条边,3个角,所以是三角形"。再比如,教师出示不同颜色、不同大小的长方形让学生观察,还可以出示不同方位或纵横比的长方形(图7-5),让学生观察判断这些图形是不是长方形。这样逐步培养学生不受图形颜色、大小、方位等非定义属性的干扰,从图形的本质属性出发正确辨认和命名图形。

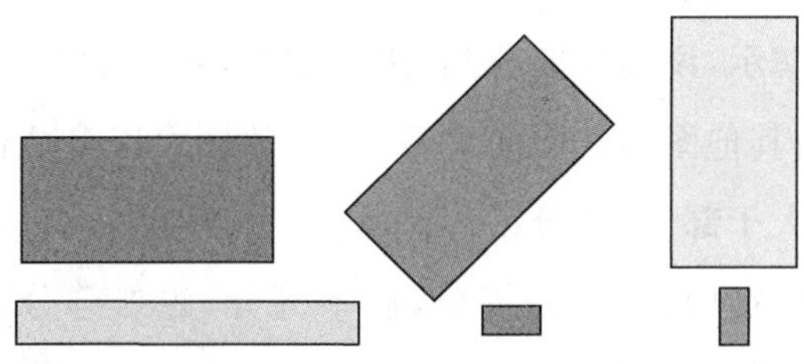

图7-5

图形非定义属性与图形辨识

(二)通过分割与拼合,认识图形之间的关系

认识图形之间的简单关系是对已知图形的进一步认识,它能帮助学生理解图形整体与部分之间的关系,同时培养学生从不同方面思考问题,促进思维灵活性的发展。一般地,要求学生通过对图形的分割与拼合来认识图形之间的关系。图形分割,就是把一个平面图形分成两个或两个以上的图形。可以是分成两个或两个以上相等的图形,如图7-6;也可以分成两个或两个以上大小不同的同种图形,如图7-7;也可以分成两个或两个以上不同的平面图形,如图7-8。

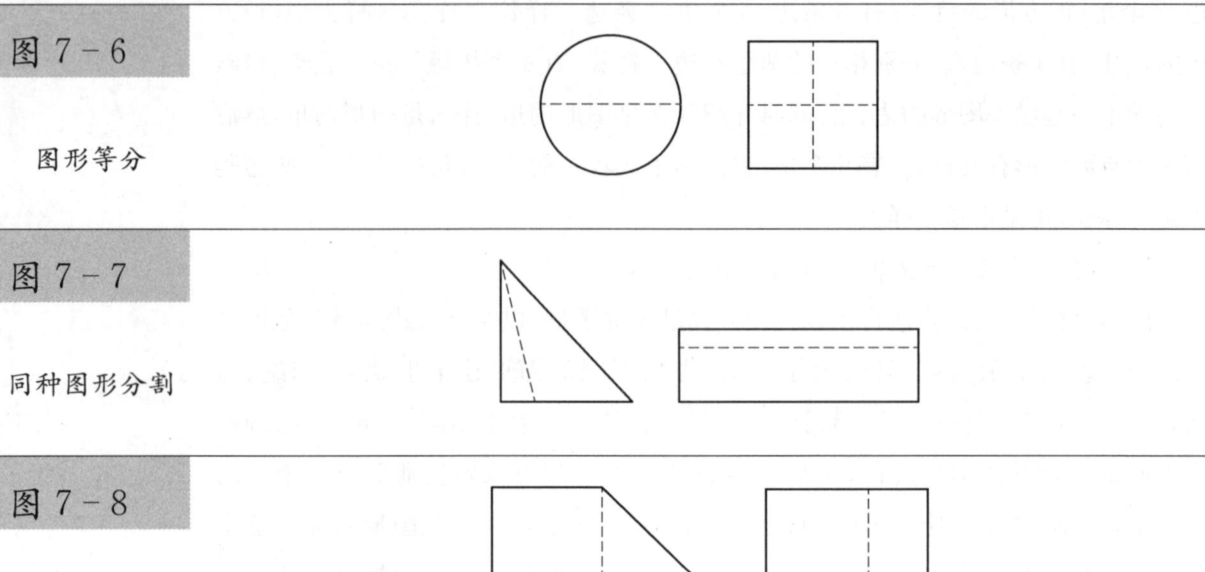

图 7-6

图形等分

图 7-7

同种图形分割

图 7-8

不同种图形分割

图形拼合也称为图形的组合，就是把两个或两个以上的图形拼合起来，形成一个图形或者一个几何图案。[①] 学生通过图形的操作和探索活动，分析图形分合的结果，理解图形之间的关系，加深对已知图形的认识。比如，正方形的硬纸片可以折叠剪成两个三角形、两个长方形、四个三角形、四个正方形等，然后可再拼回原来的正方形，这对图形间关系的理解颇有帮助。在教学步骤上，应先分割，再拼合。教学时，先由教师讲解演示，说明如何分割、拼合图形，然后学生操作练习。关键是让学生理解一种图形与其他图形之间的关系，知道整体可以分成部分，部分合起来还是原来的整体，整体大于部分，部分小于整体。

图形分割的教学，在内容上，先等分，后不等分；先二等分，再四等分。教师需要明确分割的方法，即先对折再剪开。对折要讲清楚对折的方法。如，把一个正方形纸分割成两个长方形，要上边下边对齐折叠，出现一个折痕，然后用剪刀沿着折线痕迹剪下，得到两个一样大的长方形。还可以把一个正方形纸分割成两个三角形，即两个对角对齐折叠，出现一个折痕，然后用剪刀沿着折痕剪下，得到两个一样大的三角形。

图形拼合的教学，在内容上，先完成有图形轮廓的拼图任务，再完成不带有图形轮廓的拼图任务；先完成图形组合次数较少的任务，再完成图形组合次数较多的

① Clements, D. H., Wilson, D. C., Sarama, J. (2004). Young Children's Composition of Geometric Figures: A Learning Trajectory. *Mathematical Thinking and Learning*, 6: 163 - 184.

任务。教师需要明确图形拼合是由哪个图形拼起来的，有目的地旋转和翻转图形，能通过边、角来判断要选择的图形。拼图教学就是为了向学生提供几何直觉的学习素材。学生通过拼图活动，可以进一步认识圆形、长方形、正方形、三角形的特征。

案例 7－1

“直角三角形”的教学设计(八年级)[①]

教学目标：

A 组教学目标：

(1) 直观感知直角三角形，能正确指认和命名。

(2) 先看后拼，通过动手操作独立拼搭图案。

B 组教学目标：

(1) 直观感知直角三角形，能正确指认。

(2) 在教师的口头提示下，边看边拼，通过动手操作拼搭图案。

C 组教学目标：

(1) 直观感知直角三角形，能跟读名称。

(2) 在教师的动作提示下，在图纸上照样拼搭图案。

教学准备：

木脑袋小布袋积木 6 套，图纸若干套，正方形手工纸若干张，PPT。

教学过程：

一、游戏导入，揭示课题

(1) 出示谜语：“三个头，尖尖角，形状好似一张弓。”(打一图形)

(2) 游戏“变一变”。

师：接下来我们来做一个与“三角形”有关的游戏，要求：一张纸，折一次，变三角形。这就是“直角三角形”。

(3) 出示课题“直角三角形”。

二、激发想象，学习拼搭

(1) 学习拼搭“鱼”(边看边拼)。

① 出示各种“鱼”的图片，这是什么？

② 用直角三角形积木搭出鱼。

教师用 PPT 演示，讲解拼搭要点：分成身体和尾巴两部分来拼搭，鱼的身体可以用直角三角形积木拼成正方形、平行四边形等多种图形，尾巴用一块积木。

③ 你们能试试吗？

① 此教学案例来自上海市黄浦阳光学校(作者：蔡文蓉)，有改编。

④ 教师巡回指导、讲解,根据学生完成情况讲评。

(2) 学习拼搭"渔夫"(先看后拼)。

① 教师用 PPT 演示"渔夫"的拼搭步骤,讲解拼搭要点:先拼身体,形状是三角形的,接着把头部、四肢拼搭完整。学生也可以按照自己的想法来拼搭。

② 教师讲解完成后将图撤去,由学生自行拼搭。

③ 教师巡回指导、讲解,根据学生完成情况讲评。

(3) 学习拼搭"船"(先拼后看)。

① 师:我们拼了鱼、渔夫,想一想,渔夫去打鱼还缺少什么交通工具?船是什么形状的呢?

② 教师出示船的图片,提问:你能看着图片试着自己拼出船来吗? 教师巡回指导。

③ 教师出示"船"的拼搭图,供学生比对,根据学生完成情况讲评。

三、复习巩固,拓展思维

(1)"鱼、渔夫、船"3 种图形的组合拼搭。

① 教师出示示范图:把今天拼搭的 3 种图形组合在一起。

② 师:你会吗? 可以学老师,也可以自己设计。教师巡回指导、讲解,根据学生完成情况讲评。

(2) 师:除了今天拼的图形,直角三角形积木还能拼出其他的花样来吗?

四、交流作品,布置作业

(1) 学生优秀作品展示。

(2) 其他作品照片展示。

(3) 小结。

(4) 作业:保存作品,完成一幅剪贴作品。

(三) 通过操作活动,巩固对平面图形的认识

1. 分类活动

对不同平面图形进行分类,可以进一步加深学生对图形性质的认识。教学时,根据学生对平面图形的掌握程度,采取难度不同的分类活动。例如,教师出示各种大小不同、颜色不同的平面图形,要求学生先对相同颜色的同一类图形分类;再对相同颜色的不同图形分类(可以先从两种图形入手);再对相同颜色、不同大小的图形分类;然后增加颜色的干扰因素,即对颜色不同、大小不同的图形分类;最后,让学生自定分类标准自由分类,并说出分类理由。

2. 寻找活动

寻找图形,即教师出示各种图形,由教师说出图形的名称,由学生找出相应的

图形，并展示评价。教师出示各种图形组成的图案，让学生从中找出特定的图形。如图 7－7 所示，让学生观察图案由哪些图形组成，找找其中有几个三角形、长方形、圆形和正方形。

图 7－7

寻找图形示例

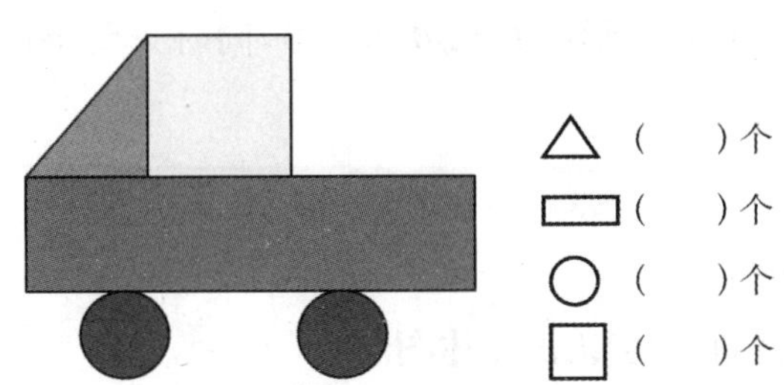

寻找与图形相似的物体，就是引导学生在周围环境中，寻找与平面图形相似的物体或物体的一部分。寻找图形教学时，寻找的范围由教室逐步过渡到社区、家庭等更大的范围。让学生在教室内找一找像某个平面图形的有哪些物体。比如，像圆形的物品有“飞镖盘”、“水杯口”、“学具篮”等；与正方形类似的物品有“窗上的玻璃”、“小椅子面”、“方饼干”等；类似三角形的物品有“三角尺”、“红领巾”、“三角衣架”等。

在学校、家庭里寻找图形，需要学生扩大视野，凭借记忆力与想象力，看“什么东西像什么图形”。比如，提问：家里有什么东西像圆形？学生会发现家里的“钟面”、“碗口”、“糖果盒的底面”等像圆形。

3. 涂色活动

涂色活动，就是提供学生一些印有平面图形或图案轮廓的纸和彩色铅笔或蜡笔，让学生根据教师的要求涂色。教师需要提醒学生顺着一个方向来回涂色，涂满、涂匀。比如，教师出示印有各种图形的纸（图 7－10），要求学生给三角形涂上红色，给正方形涂上蓝色，给圆形涂上绿色。

图 7－10

图形涂色示例

4. 绘制活动

绘制活动，就是提供学生橡皮筋与钉板，让学生根据教师的要求构造出相应的平面图形。比如，要构造出三角形，将橡皮筋套在三根钉子上就构成了有三个角的三角形。在操作过程中，学生可以发现某个图形与其他图形之间的关系。比如，在操作过程中，学生会发现正方形的四条边都相等，同时只要将正方形相对的两条边拉长一点就是长方形。

二、立体图形的教学

（一）通过直观感知，初步认识立体图形

1. 运用视觉、触觉感知立体图形

几何图形的探索应始于三维空间的立体图形或物体，因为学生在日常生活经验中，很早就接触到这些立体事物。[①] 教师应提供学生自由触摸、观察、比较、叙述甚至制作(运用面团、黏土等)的机会，让学生能够发现并感知立体图形的特质。例如，认识球体的教学，教师准备各种大小不同的玻璃球、乒乓球、皮球、篮球等分发给学生，让他们用手触摸，感知球体表面光滑的特点，然后还可以让学生摆弄这些球体，放在桌上或地上滚动，发现球体可以向各个方向滚动。当学生进行上述的探索，发现球体的特质后，教师再介绍球体这个术语。

2. 通过观察操作，认识立体图形的特征

在学生能够初步感知立体图形之后，应让学生认识立体图形的基本特征。立体图形的基本特征主要指立体图形的顶点、棱、面的数量与大小等。例如，正方体有 8 个顶点、12 条棱、6 个面。教学时，教师与学生一起触摸立体图形的顶点、棱、面，同时介绍什么是图形的顶点，什么是图形的棱、面；然后请学生点数立体图形有几个顶点、几条棱、几个面。

通过自然测量，引导学生比较立体图形棱长的关系。例如，认识正方体的教学，教师引导学生用小棒测量正方体的棱，使学生知道正方体的各条棱都相等；测量长方体的棱，知道长方体的棱有长有短，相对的几条棱都相等。也可以用平面图形为工具，测量立体图形各个面的大小关系，进一步认识立体图形的特征。比如，认识正方体的教学，教师事先准备好与正方体的面等大的正方形作为测量工具，讲解示范把正

① Bruni, J. V. & Seidenstein, R. B. (1990). Geometric Concepts and Spatial Sense. In J. N. Payne (Ed.), *Mathematics for the Young Child*. Reston, VA: The National Council of Teachers of Mathematics.

方形分别重叠在正方体的每个面上，看看这六个面是否一样大小，让学生认识到正方体的 6 个面一样大。

通过手工活动制作立体图形，使学生具体形象地感受到立体图形是由面构成的，获得有关立体图形特征形象而深刻的认识。比如，认识正方体的教学，教师给每位学生发一张涂有 6 种颜色的硬纸卡片。教师示范用同样的硬纸卡片做成的正方体，把它拆开，让学生形象地看到它由 6 个一样大小的正方形组成，再把它粘贴回正方体，使得学生对正方体的建构过程有一个形象的认识(图 7－11A)。再要求学生把手中的硬纸片做成正方体。立体图形的制作过程，使学生更加深刻地认识到立体图形及其特征，并锻炼学生的眼手协调能力。学生在探索立体图形的过程中，会自然地发现平面图形是立体图形的一部分，从而增强学生对图形各部分间关系的理解。比如，圆柱体的上下底面是圆形，侧面是长方形，如图 7－11B 所示。

图 7－11

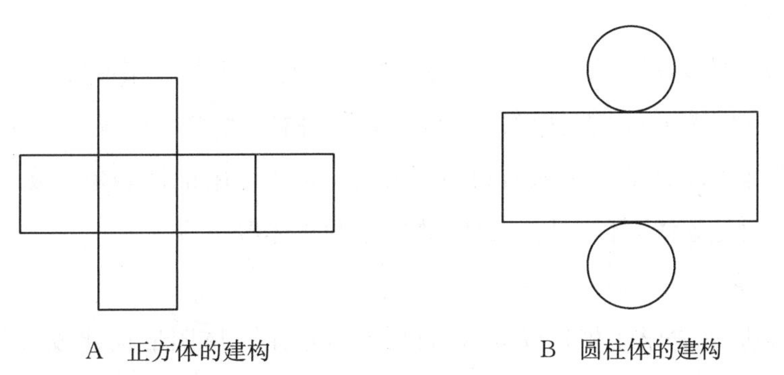

A 正方体的建构　　B 圆柱体的建构

(二) 通过比较，认识平面图形与立体图形以及立体图形之间的关系

平面图形与相应的立体图形的比较，可以加深学生对平面图形的认识，凸现了立体图形的特征，帮助培智学校学生克服将平面图形与立体图形混淆的现象。认识立体图形的教学时，有必要与相应的平面图形进行比较。例如，认识正方体的教学中，可以用一只正方体盒子和一张与正方体的面等大的正方形硬纸片作比较。让学生先复习一下正方形的特征，再比较正方形与正方体之间的不同。让学生知道，正方形是正方体其中的一个面，它有边长；而正方体有 6 个这样的正方形面，正方体有长、宽和高。通过直观比较，让学生学会辨别平面图形与立体图形。

平面图形与立体图形的比较，是认识立体图形本质特征的有效方式。它有助于学生认知不同立体图形的不同，使得学生在已有立体图形知识的基础上获得新的认知。例如，认识长方体的教学中，可以运用已经认识的正方体与长方体作比较，让学生发现长方体和正方体都有 12 条棱和 6 个面，都有长、宽、高，但是正方体的 6 个面是一样大小的正方形，长方体的 6 个面中有 4 个面是长方形，还有 2 个面是正方形或长方形。

（三）开展多种活动，巩固对立体图形的认识

1. 分类活动

对不同立体图形进行分类，可以进一步加深学生对立体图形性质的认识。培智学校学生在活动中探索、发现图形的特质是图形与几何教学的重点，它取代了传统的教师灌输、学生强记的教学方式，而分类、拼搭活动则是延伸与巩固图形认识的好方式。重要的是，在此过程中让学生运用各种方法去分类（如，可以滚的，不可以滚的；有尖尖的，无尖尖的；可以堆的，不可以堆的），并能说出“这两个立体图形的相同点”或“这两个立体图形为什么可以放在一堆”等分类的理由，增进对图形特征的认识。教学时，让学生根据立体图形的特征进行分类。

2. 寻找活动

寻找立体图形，即学生按照教师的要求找出与立体图形相似的物体。比如，教师出示各类立体图形，由教师说出图形的名称，由学生找出相应的立体图形，并展示评价。教师可以让学生在布置好的环境中，或者运用记忆表象在更大的范围内寻找哪些东西是球体，哪些是正方体，哪些是圆柱体等。

3. 拼搭活动

拼搭活动，就是学生根据样图或自己构思，运用立体图形构建成形象生动的物体。活动中要求学生根据立体图形的特征，选择最适合的立体图形正确放置，拼搭成小房子、汽车、滑梯等生活中常见的物品。拼搭活动不仅可以加深学生对立体图形的认识，同时也能够锻炼学生的动手操作能力。

三、图形运动的教学

（一）平移和旋转的教学

平移和旋转的教学，要求学生结合实例，感知平移和旋转现象，体会平移和旋转的特点，会直观区分这两种常见的现象。

1. 结合实例细心观察，直观感知平移和旋转现象

平移、旋转、轴对称现象是图形变换的基本形式，对学生认识丰富多彩的现实世界，形成初步的空间观念，以及对图形美的感受与欣赏都是十分重要的。教学时，通过生活中的实例让学生认识这些现象，并能用适当的语言描述生活中的现

象。比如,“火车的直线运动”、“电梯的上下移动”、“缆车的移动”、“方向盘、风扇、钟摆的运动”等,让学生通过这些例子感知生活中的平移、旋转现象。教师引导学生尝试说说这两类运动有什么相同点。如前一类运动的特点是直直的,方向不变;后一类运动的特点是围绕一个点转动。再引出平移和旋转的概念,如像火车、电梯、缆车这样的运动是平移,像风扇的叶片、直升机的螺旋桨、钟面上的指针这样的运动是旋转。

2. 通过寻找活动,加深对平移、旋转的理解

在了解平移、旋转概念的基础上,教师引导学生找一找生活中的平移和旋转,说一说生活中见过的平移和旋转现象;判断一些物体的运动是平移还是旋转。让学生初步体会生活中的平移和旋转现象很普遍,加深对物体平移、旋转的感性认识。

(二) 轴对称图形的教学

轴对称图形的教学,要求学生联系生活实际,初步认识轴对称现象和轴对称图形,认识轴对称图形的一些基本特征,初步知道对称轴。

1. 通过观察操作,初步认识轴对称现象和轴对称图形

初步认识轴对称现象的教学中,教师出示建筑、黑板、饭碗、剪纸等图片,让学生观察发现这些物体的共同特征:左右两边或上下两边的形状和大小都是相同的,它们都是对称的。再引导学生联想生活中还有哪些物体也具有这种对称特征,进一步体验生活中的对称现象。

初步认识轴对称图形的教学中,教师出示图形、剪纸、交通标识等图片,让学生了解轴对称图形的特征,即对折时两边能够完全重合。比如,教师出示正方形,给出了一条对称轴,引导学生将正方形沿着直线对折,结果发现直线两边的图形部分能够完全重合,因此正方形是轴对称图形。

在学生初步形成轴对称图形的概念后,教师也可以出示以往学过的一些图形以及数字、字母、汉字或数学符号,让学生判断是不是轴对称图形。通过判断哪些图形是轴对称图形,哪些图形不是轴对称图形,帮助学生建立新旧知识的联系,加强对概念的理解。教学时要注意语言的准确性,如要说“这个梯形是(或不是)轴对称图形”,不要随意说成“梯形不是轴对称图形”。

2. 通过折一折、指一指等活动,认识轴对称图形的对称轴

认识轴对称图形的对称轴,是在学生已经知道长方形、正方形都是轴对称图形的基础上进行教学的。教学时,先让学生用一张长方形纸折一折,会发现有两种折法,这对于理解长方形有两条对称轴是有帮助的;再让学生指出长方形的对称轴。

通过折一折、指一指等活动让学生体会什么是对称轴以及它的位置。

四、图形位置的教学

空间位置与培智学校学生的日常生活密切相关，帮助学生初步辨认一些空间方位概念，有利于学生空间知觉的发展，提高他们解决日常生活问题的能力。

(一) 以自身为参照认识上下、前后、左右，初步掌握空间方位概念

培智学校学生对空间方位的认识是以自身为参照，特别是对自己身体有关部位的位置认识开始的。教学时，先让学生感知自己身体相关部位的位置，再配合适当的方位词描述，逐渐理解方位词汇的含义，做到理解与产生空间方位概念。

例如，认识上下的教学，可以让学生想象自己身体的上面有什么，下面有什么，启发学生摇摇头，跺跺脚以取得对这些部位的感知，然后再说出身体上面有头，下面有脚。紧接着通过反复提问的方式，巩固学生对方位概念的理解："头在你身体的什么地方？脚在你身体的什么地方？"还可以问学生鼻子的上面有什么，鼻子的下面有什么，启发学生眨眨眼睛，动动嘴巴以获得感性认识，然后描述鼻子的上面是眼睛，鼻子的下面是嘴巴。教学时，应注意将身体的部位与方位词汇建立联系，使得概念的获得建立在直接感知的基础上，其目的是为了初步理解方位词的含义，而不是身体的部位，所以应强调和重复"上面"、"下面"这样的词。运用同样的方法，让学生认识自己身体的前面有鼻子、眼睛，后面是头发；拿碗的是左手，拿筷子的是右手等。

培智学校学生在认识自身有关部位的方位之后，学习以自身为参照认识上下、前后、左右概念。教学时，教师可作示范讲解，学生观察思考。在一个布置好的环境中，让学生观察：自己的上面有什么？（电灯）下面有什么？（地板）前面有什么？（黑板）后面有什么？（书橱）左边坐的是谁，右边坐的是谁。还可以把认识的空间扩大，带学生到学校的操场上观察，看他们的上下、前后、左右分别有些什么，并要求学生运用正确的语言来描述。

(二) 以客体为参照认识上下、前后、左右，认识空间方位概念

以客体为参照认识空间方位概念，一般以客体为界，分上下方位、前后方位、左右方位。比如，桌子上有盘子，盘子里有苹果。若以桌子为参照，盘子在桌子的上面；若以盘子为参照，苹果在盘子的上面，桌子在盘子的下面。这里，教学以客体为参照认识左右时，要从与学生同向的客体逐渐过渡到与学生面对面的客体。例如，学生面向黑板站立，问学生黑板的左边有什么，右边有什么时，学生往往以自身为

参照来分辨黑板的左右，而对面客体的左右方位与学生的左右方位正好相反，于是产生了左右混淆现象。对此，教师应作出必要的讲解与演示，帮助学生正确理解与辨认。

为了帮助学生认识上下、前后、左右等空间方位的相对性、可变性，教学可以通过选用不同的主体或改变主体的位置来进行。第一，以不同的物体做主体，确定客体的位置。比如，桌子上有盘子，盘子里有苹果。以桌子为主体，问学生盘子在桌子的什么地方(盘子在桌子的上面)；以盘子为主体，问学生桌子在盘子的什么地方(桌子在盘子的下面)。第二，改变主体与客体的位置关系。例如，原来盘子在桌子上面，现在把盘子放在桌子下面，问学生盘子在桌子的什么地方。

(三) 开展多种活动，巩固对图形位置的认识

1. *操作活动*

培智学校学生运用操作法可以加深对空间位置的认识。例如，分发给学生一件小玩具，要求他们把玩具放在课桌的上面、下面，放在铅笔盒的前面、后面，放在课本的左边、右边等。学生操作完毕后，要求用语言描述玩具的位置，如“玩具在课桌的上面”。

2. *游戏活动*

运用游戏活动认识方位，能够引起学生极大的学习兴趣。比如“抓老鼠”游戏。教师在教室内布置一定的场景，如在房子、大树、喷泉等教具边上放一些纸做的小老鼠等。让学生当警察侦察敌情，回来报告，要求说出什么东西的前面(或后面、上面、下面、左面、右面)发现了老鼠。再请一个学生去抓老鼠，抓到老鼠后告诉大家是在哪里抓到的(要求用上下、前后、左右等方位词回答)。学生在游戏过程中以不同的客体为参照，反复辨别上下、前后、左右，进一步巩固对方位的认识。又如“给娃娃布置房间”的游戏。教师先准备娃娃家游戏的场景(如床、桌子、柜子、椅子等)，再分发给学生一些新“购置”的娃娃用品，请大家帮助娃娃把房间布置好。教师可以一边出示物品，一边问学生：“这是什么？(被子)”“被子应该放在什么地方？(床上)”；也可以教师先摆好物品，再让学生说出摆放的位置。在这个游戏中，学生不仅练习了上下、前后、左右等方位概念，更重要的是学习了如何在现实生活场景中运用空间方位概念。

图形与几何的教学，提倡在日常生活情境下动手操作，并且符合培智学校学生身心发展的特点。在教学中，应注意以下几个方面。

1. 与培智学校学生的生活经验相联系

培智学校学生的图形与几何教学应从学生的生活经验入手，潜移默化地将相关概念传达给学生。无论是课上或课下活动，教师都应尽量与学生的生活实际相联系，或以生活情境为素材，这样学生才能进行有意义的学习。比如，学生中饭时吃的肉丸是球体，饼干是圆形和长方形，切块豆腐是长方体或正方体，冰淇淋甜筒是圆锥体。教师应随时抓住机会进行教学，将抽象的概念与具体的生活经验相结合。在日常生活中，教师也要多使用空间方位用语，例如，"把圆桌上的铅笔拿来"，"把门后面书架上的童话书拿来"等。在户外活动时，教师也可以强调空间关系："看A爬到滑梯上面了"、"请大家排好队，A排第一个，B在A的后面，C在B的后面"等。

2. 提供大量动手操作的活动

大部分研究者支持动手或动躯体的经验性活动。学生深受视觉原型影响，把图形看成一个整体，并不考虑它的各个部分，而操作活动提供学生注意一个图形的组成部分、注意图形组成部分之间关系以及注意图形之间关系的机会。操作性经验活动包括堆建、分类、配对平面或立体积木，绘画几何图形，拼合与拆分几何图板等。身体运动的经验性活动，包括结构性的大小集体活动与自由活动，让学生在空间中移动身体，亲身体验空间概念。

3. 提供接触多种变化图形的机会

培智学校学生深受图形视觉原型的影响，多以为正三角形或顶点在上的三角形才是三角形，其他的则不是三角形。当三角形、正方形、长方形旋转45°或任意角度后，学生就无法确认它们的形状。因此，教师应多提供机会，让学生通过操作性的建构、拼搭等活动将各种图形旋转角度、翻转、移动位置；或者在开展分类、辨认、配对任务时，涉及各种不同的例子，呈现各种边长、角度变化的图形。也就是说，如果教师经常提供学生接触各种变化图形的机会，那么学生在辨认几何图形时，就会减少受到图形非定义属性的干扰。

讨论与探究

1. 简述直线、射线、线段的定义与性质。
2. 简述平移、旋转的定义与性质。
3. 举例说明培智学校学生认识几何图形的一般过程。

4. 举例说明培智学校学生认识空间方位的一般过程与发展特点。

5. 设计“认识正方形”的教学过程。

6. 设计“认识球体”的教学过程。

进一步阅读的文献/网站

1. 柳笛，吴云峰. 智力障碍儿童对基本几何图形辨认的研究. 现代特殊教育，2015，1：22—26.

2. 方燕红，尹观海等. 8—18 岁智力障碍儿童空间方位概念的发展. 中国特殊教育，2014，1：29—34.

3. 林仲贤，丁锦红，孙家驹等. 弱智儿童心理旋转的研究. 心理与行为研究，2004，2(1)：325—327.

4. 邓碧琳，陈穗清，张积家等. 智障儿童空间参考框架的选择. 心理与行为研究，2012，10(1)：44—49.

第八章　统计的教学

通过本章学习，你能够：

1. 了解分类的内涵；
2. 了解分类活动的形式；
3. 了解统计的内涵；
4. 明确统计的基本步骤；
5. 掌握分类教学的教学过程；
6. 掌握统计教学实施的策略。

在以信息和技术为基础的社会里，人们面临着更多的机会与选择，常常需要在不确定的情境中，根据大量无组织的数据作出理性的决策。无论从国民生产总值到天气预报，还是从人口预测到股票投资，统计存在于国民经济和日常生活的各个方面。因此，人们应该具有从纷繁复杂的信息中搜集、整理对我们所要解决的问题有用的信息，解释数据，以及根据信息作出判断和决策的能力。这是当代公民应当具备的基本素质。

随着现代社会的发展，人们越来越需要与数据打交道，因为数据本身是一个量化的东西，便于人们去把握，具有很强的说服力。在处理现实问题时，人们更注重对数据的搜集、分析和整理。这个过程就是统计的过程。统计在现实生活中随处可见，人们进行的每一项社会调查都与统计有着非常密切的关系。20 世纪以来，统计知识逐步进入日常社会生活，成为现代公民所应具有的一种数学素质。① 为了认识世界、理解世界，学生必须学会处理信息，尤其是数据信息，其中涉及大量与统计

① 张奠宙，孔凡哲等. 小学数学研究. 北京：高等教育出版社，2009：203.

有关的数学知识。培智学校的主要教育理念就是使学生适应现代社会生活，提高生活质量。培智学校学生初步认识一些统计知识，对于回归主流社会是有益的。[①]

第一节 统计的基础知识

一、分类

（一）分类的内涵

分类，是指根据事物之间的异同关系而形成各类组，它同时涉及区分与组合两个并行的过程。[②] 也就是把相同的或具有某一共同属性的东西归并在一起。例如，把红色的小球从混杂在黄色、绿色的小球中挑选出来并放成一堆。儿童形成各类别以及处理一个类别内与不同类别间的关系，可促进儿童逻辑思考，是数学推理的基础。[③]

分类活动中要把物体一个个地加以区分，再一个个地归并在一起，这种手眼运动促进了学生对集合中元素个数的感知，同时为学生手口一致的点数活动打下了基础。在分类活动中要求学生仔细观察所分的对象，再逐一比较分析对象间的异同，最后再按某个特征条件进行归并综合。这种观察、比较、分析、综合都是思维的基本过程，因此分类活动对培智学校学生思维能力的发展起着促进的作用。比如，学生看完书后，要把图书按照不同主题放进图书角内；玩好积木后，要把积木按形状摆回架子上；玩跳棋时，要把不同颜色的棋子先挑出来等。

（二）分类活动的形式

1. 按物体的名称分类

把相同名称的物体放在一起，例如把玩具放在一起，把图书放在一起。

2. 按物体的外部特征分类

按物体的颜色、形状分类，例如在很多积木中，按颜色把红色积木放一边，黄色积木放一边；或按形状把圆柱形积木、正方体积木分开摆放。

3. 按物体量的差异分类

按物体大小、长短、粗细、厚薄、宽窄、轻重等量的差异分类，例如按照大小把雪

---

① 陈云英.智力落后课程与教学.北京：高等教育出版社，2007：137—138.

② Charlesworth, R. & Redeloff, D. (1991). *Experiences in Math for Young Children*. Albany, New York: Delmar.

③ Burton, G. M. (1985). *Towards a Good Beginning: Teaching Early Childhood Mathematics*. Menlo Park, CA: Addison Wesley.

花片分别放在两个学具篮中。

4. 按物体的用途分类

根据物体用途的差异来分类，例如把铅笔盒、作业本、塑料垫板归成一类，它们都是学习用品；把碗、筷、水杯归成一类，它们都是生活用品。

5. 按物体材料分类

根据物体材质的差异来分类，例如将塑料做的花朵、小碗、图片归为一类；将木头做的积木、小棒归为一类；将布料做的娃娃、小衣裤归为一类。

6. 按物体数量分类

根据物体数量的差异分类，例如把数量是一个的物体放在一起，数量是两个的归放在一起。

从思维角度考虑，分类活动还可以按维度个数进行分类，例如按大小分、按颜色分、按数量分，这是按一个维度分类；把大的圆形物品放在一起，把三个红色的物品放在一起，这是按两个维度分类；把大的红色圆形物品放在一起，这是按三个维度分类。

二、统计

（一）统计的内涵

《大不列颠百科全书》把统计学定义为“关于搜集和分析数据的科学和艺术”。[①]统计是一门学科，由搜集资料、整理资料、分析资料及解释意义等规则与程序所组合而成，[②]也就是说，统计是以科学的精神对各种数据进行判断并且作决策的一门学科，它可以告诉我们如何搜集数据、整理资料，经过分析之后，最后作决策。统计在生活中的应用随处可见，随意翻阅报纸杂志或书籍，里面都充斥着各种统计信息，例如职业棒球比赛球员的打击率、防守率、球队的胜率，或者某位球星平均一场球赛上场几分钟、得多少分等，这些均是生活中常见的统计信息。

（二）统计的基本步骤

用数理统计方法解决一个实际问题，一般有以下几个步骤：建立数学模型，搜集整理数据，进行统计推断、预测和决策。[③] 当然，这些环节不能截然分开，也不一定按上述次序，有时是互相交错的。

---

① 张奠宙，孔凡哲等．小学数学研究．北京：高等教育出版社，2009：211—213.
② 陈顺宇．统计学(二版)．台北：华泰书局，1997.
③ 张奠宙，孔凡哲等．小学数学研究．北京：高等教育出版社，2009：213—214.

1. 模型的选择和建立

在数理统计学中，模型是指关于所研究总体的某种假定，一般是给总体分布规定一定的类型。建立模型要依据概率的知识、所研究问题的专业知识、以往的经验以及从总体中抽取的样本(数据)。比如，我们知道同年龄儿童的身高，总是两头小、中间大，即特高和特矮的人数少。

2. 数据的搜集

搜集数据的方法主要包括全面观测、抽样观测和安排特定的实验3种方式。全面观测又称普查，即对总体中每个个体都加以观测，测定所需要的指标。抽样观测又称抽查，是指从总体中抽取一部分，测定其有关的指标值。这方面的研究内容构成数理统计学的一个分支学科，叫抽样调查。安排特定实验以搜集数据时，这些特定的实验要有代表性，并使所得数据便于进行分析。这方面的研究内容构成数理统计学的又一分支学科，即实验设计。

3. 数据整理

数据整理的目的是把包含在数据中的有用信息提取出来。一种形式是制定适当的图表如散点图，以反映隐含在数据中的粗略的规律性或一般趋势:另一种形式是计算若干数字特征，以刻画样本在某些方面的性质，如样本均值、样本方差等简单描述性统计量。

4. 统计推断

统计推断是指根据总体模型以及由总体中抽出的样本，作出有关总体分布的某种论断。数据的搜集和整理是进行统计推断的必要准备，统计推断是数理统计学的主要任务。

5. 统计预测

统计预测的对象是随机变量在未来某个时刻所取的值，或设想在某种条件下对该变量进行观测时将取的值。

6. 统计决策

统计决策是指依据所作的统计推断或预测，并考虑到行动的后果而制定的一种行动方案。

三、统计图表

统计是搜集、整理、分析及解释资料的过程。要从所搜集到的资料中获取有意义的信息，最直接且有效的方法就是以图形来描述资料。统计图表是利用具体的外在表征如图形、表格等，对所搜集的数据进行加工处理，借以描述客观现象所呈现的规律性数量特征。①

统计表，是把相互关联的统计数据填写在一定格式的表格内，用来反映情况，说明问题。通常按照表内统计项目的多少，统计表可分为：单式统计表（只统计一种项目的数量）和复式统计表（统计两种或两种以上项目的数量）。

统计图，是用图形表示统计资料或统计表中相互关联的数量。统计图比统计表更直观形象，令人印象深刻。统计图的种类繁多，包括象形统计图、条形统计图、折线统计图和扇形统计图等。② 不同类型的统计图处理不同类型的数据。

1. 数据

数据是随机变量（事物）的观测值。它用来描述对客观事物观察测量结果的数值。对某个随机变量（比如某班学生的身高）进行观测时，事先不能预料会取到谁的身高；一旦某人被抽取到，就称这人的身高数值为这个随机变量（身高）的一个观测值，即数据。直接获得的观测值称为原始数据或观测数据。

2. 象形统计图

象形统计图又叫象形图，是用实物的图像表现统计数值大小和变动的统计图。③ 图中形象的大小或多少，反映不同时间、地区和单位的不同统计数值。制作象形统计图，是将实物图片按其特征进行分类，然后按一定的方式排列。统计图上不要求写出数字或标上单位，项目名称也由教师给出，教师只需提供足够的实物图片供学生粘贴。学生排列的方式可以是竖式，也可以是横式，教师要鼓励呈现方式的多样化。

培智学校生活数学课程中象形统计图出现的次数最多，这既与学生所具有的数学知识（如"数的认识"）生活经验和思维发展特点有关，也与象形统计图的功能和特点有关。个体最初认识世界是从简单的比较和分类开始的，这通常也是现代科学研究的第一步，而象形统计图就具有这样的作用。学生通过这类统计图的学习和制作，感受客观事物某些属性的数量表现形式，获得简单的搜集、整理和描述数据的方法，学会按一定的标准对物体进行比较、排列和分类，并表达这些比较、排列和分类的结果。

---

① 张奠宙，孔凡哲等．小学数学研究．北京：高等教育出版社，2009：211—213.

② 张奠宙，孔凡哲等．小学数学研究．北京：高等教育出版社，2009：214—220.

③ 夏征农．辞海．上海：上海辞书出版社，1999：1861.

3. 条形统计图

条形统计图简称条形图，也称直条图。它是用直条的长短来表示统计事项数量的图形，主要用来比较性质相似的间断型（离散型）数据资料。条形图是象形图的发展，在象形图中一个图片代表一个事物，若将一个图片换成一个方格，象形图就变成了条形统计图（1 格代表 1 个单位）。

按图形中被比较数据资料的一组和一组以上，条形统计图分为单式和复式两种。由于条形统计图主要用于间断型数据，因此制作条形图时，反映不同指标的直条之间应有一定间隔，各直条的条宽应一致。复式条形图的同一个指标上，被比较的几个直条之间则不必留空隙。

4. 折线统计图

折线统计图常称为线形图，它主要用来表示连续型的资料。凡想表示两个变量之间的函数关系，或描述某种现象在时间上的发展趋势，或一种现象随另一种现象变化的情形，用折线图来表示是较好的方法。在折线图中画两条线或多条线，用于比较两组或多组数据资料。

5. 扇形统计图

扇形统计图也称为圆形图、饼图，主要用来表示间断型的资料。扇形统计图使用一个圆的面积表示总数（即 100%），用圆内的扇形面积表示各部分占总数的百分数。这种统计图能清楚地表示出各部分与总数之间的数量关系。

第二节　统计概念的发展与统计的教学意义

一、儿童统计概念的发展

儿童经由物体影响的短暂停留到长久停留再变成记忆，进而能由物体的外表来比较分辨物体的相同、相似与不同之处。所以，统计的初步概念是建立在资料分类，再依其分类的结果绘制成统计图表的基础之上的。① 儿童统计概念的发展大致分为非抽象与抽象两个阶段。

（一）非抽象阶段

1. 资料分类

例如儿童将相同形状或颜色的物体放置在一起，此阶段与皮亚杰所提出的具

① 苏国梁. 小学生对统计图的概念发展. 商学学报，1993，1：41—45.

体操作期儿童所具备的认知特性相符合。

2. 点记

点记就是做“数字记录”，儿童将物体分类后排放整齐，就可以计算其数目。

3. 记录

记录可以了解整个群体内各个组成的分布情形，儿童可以由具体数字的记录进而理解统计的初步概念。

4. 长条图

当儿童能在记录上有效掌握数量之后，便能将资料简化成表格或长条图，以便于沟通，迅速传递信息。[①]

5. 折线图

这一阶段儿童能简化制作长条图的步骤，并能加入连续数的概念。

(二) 抽象阶段

1. 由图转成数值

统计图虽然比原始资料方便，但是其较占地方且无法做进一步分析，而统计数值的运用则可以解决这一问题。由图转成数值的一种方法是计算平均数，这大概是最简单且最容易被一般人所接受的代表值。

2. 百分数图

一般而言，小学四年级的学生应能理解分数、小数以及百分比的意义，并有集合与几何的部分概念，由此观念可推知儿童具有认识百分比概念的扇形图或其他图形的能力。

综上可知，儿童的统计观念是在非抽象统计概念(如资料分类、点记、记录、长条图以及折线图)建立的基础之上，加入诸如基本统计量、扇形图等抽象统计概念而养成的。

二、统计概念的教学意义

(一) 学习统计有利于发展学生的数据分析观念

数据分析观念是课程标准的重要目标之一，培养学生熟悉统计的基本思想方法，从而逐步形成数据分析观念，进而形成尊重事实、用数据说话的科学态度。数

① 谭宁君. 国民小学数学新课程统计图表教材分析. 国民小学数学科新课程概说(低年级). 台北：台湾省国民学校教师研习会，1994：126—134.

据分析观念，就是了解在现实生活中有许多问题应当先作调查研究，搜集数据，通过分析作出判断，感受数据中蕴涵着的信息。

数据分析要经历这样一个过程：首先是问题的提出，搜集与这个问题直接相关的信息；其次是根据这些信息建立一个适当的数学模型，运用数学工具解决这个数学模型；最后是根据这个数学模型的解来解释或解决开始提出的问题。这其中一个关键的环节就是如何从实际问题中搜集最有用的信息，或者说最本质的信息，根据这些信息构建一个适当的数学模型。我们对任何一个实际问题的解决，实际上也是经历了这样的过程。因此，在统计的教学中，首先要让学生经历统计活动的全过程，即在提出问题、搜集数据、整理数据、分析数据、作出决策等活动中，逐步发展学生数据分析的意识与能力。

（二）学习统计有助于学生适应社会

随着大数据时代的到来，统计的应用越来越广泛。在日常生活中，报纸、电视、广告、保险、理财都要用到统计；在气象预报、经济管理、工农业生产中人们也要用到统计；在物理学、化学、生物学、医学、地质学等学科的研究中，人们也要用到统计。可见，在以信息与技术为基础的社会里，搜集数据、整理数据、分析和利用数据，已经成为每一个人的基本素养。人们应具有从大量复杂的信息中搜集、整理对我们所要解决的问题有用的信息，进而作出理性的决策。因此，学生学习一些统计知识，有助于他们更好地理解社会，适应生活。

（三）学习统计有助于提高学生解决问题的能力

统计内容的教学情境大多来源于日常生活实际，因此，学习统计实际上就是在学习解决生活中的问题。另一方面，在学习统计的过程中，动手搜集与呈现数据是一个活动性较强且充满乐趣的过程，有助于培养学生对数学积极的情感体验。另一方面，在学习统计的过程中，学生不仅要运用统计的知识与方法，还要运用整数、运算等知识，这样不仅可以培养学生综合运用知识的能力，还能发展学生解决问题的能力。

第三节　统计的教学

一、分类的教学

统计最基本的活动是比较、排列和分类。对现实生活中某一类物体根据其不同的标准进行比较，从中分辨出异同，并按一定的顺序进行排列，这些都是统计的萌芽思想。分类是在比较、排列的基础上，进一步划分不同标准的结果。对培智学校第一学段的学生渗透一些这样的思想，既可以为后续学习统计知识打下基础，又能培养学生的分类能力。

（一）能按照给定的某个标准对物体进行比较、排列和分类，体验同一标准下的一致性

运用教具与实物，让学生对熟悉的物体进行比较、排列和分类。由于第一学段学生生活经验较少，他们活动的范围也有限，因此，可安排学生对比较熟悉的“属性积木”进行分类的活动。属性积木是由各种可分辨的“属性”与“值”所组成的一组积木，就一个属性而言，它们都拥有一些不同的值。比如，由颜色（如红、黄、蓝）、形状（如圆形、三角形、正方形）、尺寸（如大、小）、厚薄度（如厚、薄）四种属性与其括号中各“值”交叉形成各种可能的组合。教师出示一些积木，请学生按照颜色来分类，也就是红颜色的放在一起，黄颜色的放在一起，蓝颜色的放在一起。

（二）自行选择某个标准对物体进行比较、排列和分类，体验不同标准下的多样性

在教学中多采取自由分类活动，就是让学生将实物、教具和图片等，根据自定标准自由形成各类组。比如，教师出示一些水果请学生分类。当学生分成各组各类后，请他们说出分类依据（如依据形状、大小、颜色、是否有叶子）并根据不同方式进行分类。通过活动，让学生体验到不同标准下分类的多样性。

（三）分类教学的注意事项

1. 与学生日常生活紧密联系

分类活动源于自然情境或基于生活需要而发展，因此有关的教学活动应尽量联系学生的日常生活情境，或以生活情境为素材，让学生体验分类。如，学具用品可以让学生实际参与分类（操作类、笔类、工具类等）；可以让学生参与讨论垃圾分类与回收问题，在教室中真正设立分类的垃圾桶（用来收集可回收的纸、铝罐、塑料瓶等）。

2. 鼓励互动交流

学生在完成分类操作活动之后，教师应组织学生用语言表述自己的分类结果，这是分类教学中的一个重要环节。对学生来说，用语言表述自己所分出的结果是体现学生思维抽象和内化水平的一个重要标志。在动作水平上的分类之后，引导学生用语言经过内化加以正确表述，对促进学生抽象逻辑思维的发展具有重要的意义。同时，交流和表达陈述的过程，还能够促进学生之间的互动，锻炼学生的口语表达能力。

在交流环节中，可以让学生把自己分类的物品展示给大家，并重点讲解自己的分类标准以及分类过程。教师也可以把每个学生的分类结果放在桌上，组织全体学生互相观察，并提问：看看这个同学是按什么分的？是怎么做的？怎么想的？还有不一样的做法吗？教师应善用组织这样的活动，鼓励沟通，引发思考。

3. 开展多种形式的分类活动

学生的分类活动经验是随着多种分类活动的开展而不断积累的，教师在教学中应当特别注意帮助学生拓展多种维度的分类以及自由分类。在教学中，应开展辨别异同活动、自由分类活动、感官分类活动、猜测分类标准活动等多种形式的分类互动，逐步丰富学生的分类活动经验。同时，结合学生按一种维度分类的不同结果，帮助学生归纳不同分类的标准，并开展尝试一维特征的多种自由分类、层级分类以及按二维（或以上）特征的分类活动，帮助学生在分类活动中锻炼其思维能力。

二、统计活动初步的教学

（一）体验简单统计的全过程，初步掌握数据处理的一些方法和技能

统计包括数据的搜集、整理、描述和分析等几个环节。《课标》十分强调让学生经历统计的全过程。在教学中采取互动式的教学方式，对于帮助学生体验数据的搜集、整理、描述和分析的全过程十分有利。教师应强调在统计的整体活动中，让学生发现并提出问题，学习一些针对简单数据的搜集、整理和描述的方法，并能根据数据回答一些简单的问题。

教学应与日常生活情境相联系，让学生体验统计的实际意义，便于学生对数据进行分析和解释，表述对数据信息的理解和判断。例如，组织学生开展“我最喜欢的水果”的信息搜集活动，就是与学生生活密切相关的一个实例。在教学中，组织学生调查每人最喜欢吃的水果，搜集并获取资料，然后进行分类计数，接着把数据填入表格中，最后根据统计表思考：你知道了什么？这样教学，学生能感知并体验统计的全过程，自觉运用分类计数的统计方法感受数据的意义和统计的功能，发展学生的统计观念。

（二）通过现实情境，认识统计表、象形统计图和条形统计图

根据培智学校学生的认知发展规律，教学统计表、象形统计图和条形统计图时，一般要遵循由直观到抽象、由简单到复杂的认知规律。教学的基本过程与方法

是采取“分一分”、“排一排”、“数一数”的方法，初步认识象形统计图；通过象形统计图，认识方块统计图；通过方块统计图，认识条形统计图。

如教学方块统计图时，先出示情境图，让学生统计同学们最喜爱小动物小猫、小狗、小兔的人数。再通过象形统计图认识方块统计图，即在象形统计图的基础上，引导学生用 1 个方块表示 1 个人喜欢小猫，用 3 个方块表示 3 个人喜欢小猫，并让学生自己用方块分别表示喜欢小狗、小兔的人数。由于方块图只表达物体的数量，不表达物体的其他属性，因此，从三种具体的呈水平排列的象形图到形成方块图的过程，是一种渐进抽象的过程，不仅体现了统计图的本质特征，有利于学生认识方块图，而且为后续教学条形统计图打下了基础。有关象形统计图的教学设计，请参考案例 8－1。

案例 8－1

“认识象形统计图”的教学设计①

教学目标：

A 组教学目标：

(1) 认识象形统计图和简单的统计表，能根据图表提一些简单问题并回答。

(2) 通过“分一分”、“排一排”、“数一数”，初步体验数据的搜集、整理过程。

B 组教学目标：

(1) 认识象形统计图和简单的统计表，能根据图表回答一些简单的问题。

(2) 在教师的动作辅助下，初步体验数据的搜集、整理过程。

C 组教学目标：

在教师的语言提示与动作辅助下，感受数据的搜集、整理过程。

教学重点：

认识象形统计图，初步掌握数据的搜集和整理的方法。

教学难点：

象形统计图的形成。

教学准备：

图(图上昆虫的背后贴有磁性条)，各种颜色的小花学具，空白统计图和统计表，答题纸，贴有磁铁的水果图片。

① 此教学案例来自华东师范大学附属卢湾辅读实验学校(作者：龚伊娜)，有改编。

教学过程：

一、创设情境，激发兴趣

教师用 PPT 演示昆虫飞进花园的情境，提问：你看到了哪些昆虫？

教师出示图。让学生看着这幅图，提出自己想知道的数学问题。

二、尝试学习，体验过程

（一）认识象形统计图

（1）教师提出任务，学生解答。

① 我想知道蝴蝶有几只，你有什么方法吗？

② 谁能迅速比较出哪种昆虫的数量最多，你有什么方法吗？

（2）搜集数据。

请学生把这几种昆虫分一分。要求其他学生观察他（她）是怎么分的，分完之后能不能迅速比较出哪种昆虫的数量最多。

（3）整理数据。

① 引导学生学习正确的整理方法。

师：要想迅速比较出哪种昆虫的数量最多，我们需要把这些昆虫排一排。排的时候注意竖排、横排要对齐。为了排整齐，我们可以在最下面画一条直线，从这条直线开始从下往上排。

② 师生合作搜集和整理。

老师示范、指导正确的整理方法。指名学生照样子整理，老师指导纠正。

（4）分析数据。

根据整理结果，指名学生回答哪种昆虫的数量最多，哪种昆虫的数量最少。

（5）板书“象形统计图”。

总结：进行排列时，一定要注意竖排、横排要对齐。这样得到的一幅图，我们把它称为象形统计图。

（二）认识简单统计表

（1）根据象形统计图，填表。

① 统计种类。

统计图中告诉我们有哪几种昆虫？老师根据学生的回答在表格中贴上蝴蝶、蜻蜓和瓢虫的图片。

② 统计数量。

师：蝴蝶有几只？蜻蜓有几只？瓢虫有几只？

（2）统计表。

用数一数、填一填的方法，把每种昆虫的数量填写在这张表中，这张表我们称它为统计表。

（三）小结方法，引出课题

动手把这些昆虫分一分、排一排后形成的这张象形统计图，让我们能迅速比较出哪种昆虫最多，哪种昆虫最少。通过数一数、填一填的方法完成的这张统计表，让我们能迅速知道每种昆虫的数量是多少。像这样的分一分、排一排、数一数、填一填的方法，就是我们这节课要学习的“统计”。

三、动手操作，巩固新知

出示各色“小花”学具若干，学生看“小花”学具，提自己想知道的数学问题。学生通过数据的搜集和整理，解答自己提出的数学问题。

① 根据颜色的不同把“小花”分类排列。

② 统计每种颜色“小花”的数量。

③ 分析统计图表，回答问题。

四、联系生活，形成技能

开展实践活动——向校长推荐购买哪种水果。

(1) 讲清调查原因。

学校组织老师春游，校长打算为老师购买一种水果，但是不知道买哪一种水果好，你有什么好的方法吗？

(2) 合作解决。

① 让学生把课前搜集到的有关老师爱吃哪种水果的数据加以整理。

② 整理好数据后，说一说打算向校长推荐购买哪种水果。为什么要买这种水果？

五、复习小结

今天这节课我们学习了什么本领？

你学到了哪些统计方法？

（三）关注学生的合作交流，引导学生根据统计图表中的数据回答简单的问题

在教学中，教师应通过提问题促进学生分析、解释数据。一类问题是，判断统计图能否回答最初引发我们通过搜集数据想要解决的那些问题。比如，通过统计图能否判断出学生最喜欢的是哪种水果。另一类问题是，判断统计图是否还能显示出什么别的信息。教师引导学生回答描述性问题，比如，“喜欢吃草莓的同学有多少人？”；教师引导学生回答比较性问题，比如，“喜欢吃草莓的人比喜欢吃葡萄的人多，还是少？如果多，多几个？”。

统计教学时，需要注意以下几个事项：

首先，在统计教学的起始阶段，对概念的表达主要以描述性为主，避免出现过多的专业术语，避免单纯计算而不重视学生的体验和活动。

其次，所选择的问题情境要与学生生活紧密联系。统计调查的项目可以分为两类：一是关于个人喜好方面的；二是学生普遍关心的。教师可以根据学生的实际情况和季节气候的变化，提出更多的问题。例如，在个人喜好方面，统计调查的项目可以是:喜爱的玩具/小动物/花草;爱吃的水果/蔬菜/零食;最受欢迎的电视节目/动画片/卡通人物;喜爱的运动/球类;爱喝的饮料等。

讨论与探究

1. 简述分类的内涵。
2. 简述统计的内涵与基本步骤?
3. 简述统计的教学意义。
4. 举一个案例阐述分类教学的活动过程。
5. 写一份关于统计的教学设计。

进一步阅读的文献/网站

1. 史宁中.数学思想概论·数与数量关系的抽象.长春:东北师范大学出版社,2008.

2. 刘福林.论小学生的数据分析观念与统计内容的编排.课程·教材·教法,2013,10:41—46.

3. 史宁中,张丹,赵迪."数据分析观念"的内涵及教学建议.课程·教材·教法,2008,6:40—44.

4. 史宁中,孔凡哲,秦德生,杨述春.中小学统计及其课程教学设计.课程·教材·教法,2005,6:45—50.

第九章　综合与实践的教学

通过本章学习，你能够：

1. 了解综合与实践的教学意义；
2. 了解综合与实践的教学要求；
3. 掌握综合与实践的活动形式；
4. 掌握综合与实践的教学过程。

“综合与实践”是一个新增的教学内容，它能加强数学内容与现实世界的联系，促进“常见的量”、“数与运算”、“图形与几何”、“统计”等教学内容构成一个整体，发展培智学校学生综合应用数学知识来解决简单问题的能力。因此，综合与实践对培智学校生活数学教学、对学生的发展都具有十分重要的意义。本章介绍了综合与实践的教学意义和要求，探讨了综合与实践的教学。

第一节　综合与实践的教学意义和要求

一、综合与实践的教学意义

（一）增强数学知识与实际生活的联系

综合与实践是数学课程改革中一个重要的突破，旨在增强数学知识与学生熟悉的现实生活的联系。以前，对数学应用的处理总有明显的人为编造的痕迹，而几何、代数、统计都是按照各自的学科体系结构发展，忽视了相互之间的联系和综合应用，导致数学教学脱离现实生活的状况。因此，《课标》在“常见的量”、“数与运算”、“图形与几何”、“统计”这些知识性的领域之外，设置了“综合与实践”领域。其目的在于让学生在模拟情境或真实的生活情境中，综合运用有关的知识与方法，积累学生的活动经验，使得数学学习与日常生活缺少联系的状况得到改善。如“我在教室中的位置”这一教学内容，教室是学生学习的生活场所，学生对这里的陈设非常熟悉，在这样的场所中表达方位，有助于学生进一步巩固对方位的认识，感受物体间位置的相对性，体验数学与现实生活的联系，更好地认识自己的生活和空间。

(二) 提高解决日常生活简单问题的能力

《课标》提出的目标之一，是体会数学知识之间、数学与其他学科(生活语文、生活适应、唱游与律动等科目)之间、数学与生活之间的联系。它强调通过感悟数学各部分内容之间、数学与其他学科之间、数学与生活实际之间的联系，加深对所学数学内容的理解，运用数学的思维方式思考，分析问题和解决问题。如“了解牛奶的保质期”这一教学内容，是让学生以小组为单位，走访附近的两家便利店，调查三种品牌牛奶的生产日期和保质期，把搜集的数据整理后填入调查表，并进行简单的分析。在这项活动中，培智学校学生要综合运用数据搜集、数据整理、数据分析等统计知识，要综合运用时间、数的运算、容积等数学知识以及一些社会经验。因此，“了解牛奶的保质期”的教学，不仅能引导学生走出教室、走向社会，而且有助于培养学生综合应用数学知识来解决日常生活问题的能力。

(三) 改变学生的学习方式

综合与实践应用的教学，提倡室内与室外相结合，开展动手操作型、场景观察型、游戏活动型、调查访问型、课题研究型等多种学习活动方式。它改变了单一的在课堂中进行的学习方式，把数学学习活动向课外延伸，学习在实际生活中解决数学问题，极大地激发了学生的积极性，体验到数学的应用价值。

(四) 激发学习兴趣，获得情感体验

在实际生活情境中开展综合与实践活动，由学生自主观察、实验、操作、调查，能够激发学生的学习兴趣，使得学生获得展示自己、表现自我的机会，让每一个学生获得成功的体验，感受到数学与生活的联系。同时，在学生学习的过程中，教师要采用多元的评价方式，在分享每个学生的成功与快乐的同时，激发每一个学生的兴趣和好奇心，增强学生学习数学的信心和热情，进而获得良好的情感体验。

二、综合与实践的教学要求

《课标》中明确要求：“体验数学与生活之间的联系，运用数学的思维方式进行思考，增强解决日常生活简单问题的能力。”由此可见，新课程非常强调综合与实践内容领域，它是培养学生综合数学知识与能力的重要途径。综合与实践教学的目

的是让学生在动手、动口、动脑等多感官的活动下参与学习，进而在活动中理解数学问题、思考数学问题、解决数学问题，加深对其他四个领域内容的理解，体会各部分内容之间的联系，以充分发挥学生学习的主体性，促进其思维的发展。

综合与实践主要强调实践，强调数学与生活经验的联系。它要求学生通过实践初步获得一些数学活动的经验，了解数学在日常生活中的简单应用，增进运用数学解决简单实际问题的信心，初步学会与他人合作交流，获得积极的数学学习情感。

第二节　综合与实践的教学

一、综合与实践教学的活动形式

研究综合与实践活动形式的意义在于从客观存在着的众多具体的课型中归纳出一般性的规律，即课型特征及结构，并运用这种规律去指导教师正确合理地选择综合与实践活动的形式，设计教学过程。常见的活动形式有：动手操作型、场景观察型、游戏活动型、调查访问型、课题研究型。[①]

（一）动手操作型

动手操作型活动方式包括制作、试验、实验、测量等，经常开展“做一做”、“摆一摆”、“剪一剪”、“画一画”、“量一量”等活动。

动手操作活动在教学中要注意以下要点：

第一，做好活动场所、活动材料和活动工具的准备。这类活动需要教师提供丰富的活动素材，以便学生进行课堂观察或者课堂操作。活动材料与活动工具最好按照活动的先后次序，分别放在不同的学具篮中依次呈现给学生，避免将课堂大量时间用于材料分发与收集。

第二，明确操作要领，让学生知道先做什么、再做什么以及注意事项。在活动开始阶段，教师需要讲清楚操作要领，再分发活动材料与工具，否则学生面对大量素材，容易出现杂乱态势，无法达到预期的教学目标。

第三，针对不同学生的能力，设计不同的活动，尽可能地让每个学生自己动手实践。教师要精心设计与合理组织每个活动，应确保每个学生参与操作，经历完整的探索过程，教师切不可包办代替。

第四，在活动过程中，教师要及时地进行方法上的指导。这类活动重在学生自

---

① 沈科.小学数学“综合与实践”课型分类及教学策略.教学与管理，2013，10：45—47.

己操作、体验，但也离不开教师的指导。比如，当活动难度比较大时，教师宜采取“适时介入”的方法，帮助学生寻找适当的操作方法。

(二) 场景观察型

场景观察型教学一般是向学生展示一幅(组)生活场景图，让学生观察后再开展相关的实践活动。教学中，学生应找到一条观察活动的主线，逐步发现与生活有联系的一些数学现象、数学问题，从中加深对教学内容的理解和体验。

场景观察活动在教学中要注意以下要点：

第一，要把握活动主题。一般情况下，场景观察型活动的教学内容，都有着明确的主题，需要教师引导学生合理把握，营造积极的学习氛围。例如，“小明的一天”这一教学内容，给我们呈现了小明上午上课、中午吃饭、下午放学、晚上睡觉等生活场景，教学时要突出“一天”这个主题，特别是要让学生明确一天有上午、中午、下午、晚上等几个时间段。

第二，要有序观察。对场景图的有序观察是非常重要的，教师要引导学生看懂图的意思。“小明的一天”这一教学内容，分别呈现了四个小场景，要指导学生“从部分到整体地”进行观察，看懂场景里的内容，了解其结构。

第三，要让学生读出所蕴涵的数学信息。教师通过提问，引导学生把所看、所想说出来，比如，大家发现了什么？小明在干什么？猜猜这是什么时间呢？引导学生进行合理的数学思考，培养他们善于思考的习惯和解决问题的能力。

(三) 游戏活动型

游戏活动型教学一般是以游戏为载体开展教学活动的，主要是组织学生主动参与、尝试，在游戏活动中掌握解决数学问题的方法，并运用学到的知识解决实际问题。有关游戏活动的教学，可参看案例 9－1 的教学活动设计。

案例 9－1

“数的游戏”的教学设计①

教学目标：

A 组教学目标：

(1) 经历“小猫钓鱼”的游戏过程，巩固 5 以内数的加法、10 以内数数及大小比较，并提高手眼协调能力。

① 此教学案例来自上海市金山区辅读学校(作者：陆爱燕)，有改编。

(2) 通过对游戏中"小鱼"的分类计数,初步渗透一一对应和组合的数学思想,培养学生的数学表达能力。

(3) 在游戏情境中体验学习的快乐,成功的愉悦,培养合作意识和乐于助人的精神。

B组教学目标:

(1) 经历"小猫钓鱼"的游戏过程,巩固10以内数数,并提高手眼协调能力。

(2) 通过对游戏中"小鱼"的分类计数,初步渗透一一对应的数学思想,培养学生的数学表达能力。

(3) 在游戏情境中体验学习的快乐,成功的愉悦,培养合作意识和乐于助人的精神。

C组教学目标:

(1) 在教师的口头帮助下,认识数字1和2。

(2) 在游戏情境中体验到学习的快乐。

教学重点:

复习5以内数的加法和10以内数数。

教学难点:

正确的数学表达和排列组合思想的渗透。

教学准备:

磁性黑板、小花猫的图片、标题、红绿黄三种颜色的吸铁石、小礼物等。电动小猫钓鱼玩具5套、3种颜色的纸盒各5个、学具盒(C组)等。

教学过程:

一、创设情境,引入游戏

1. 引入游戏

今天我们一起帮小猫钓鱼,好不好?

2. 分组介绍(课前将学生和助教共10人分成5个小组,每组2人)

每一组小朋友向老师介绍一下自己的名字好吗?

3. 认识玩具

(课前将玩具放在桌上)数一数:每套玩具中有几根鱼竿?有几种颜色的小鱼,分别是什么颜色?每种颜色的鱼有几条?鱼盘里一共有几条小鱼?

二、开展游戏,巩固知识

(一) 第一次游戏

1. 介绍规则

老师说"开始",组长按开关,小朋友开始钓鱼,把钓到的鱼放在自己的桌子上,老师说"停"就停。我们一定要做一个守规则的小朋友,千万不要抢。比一比谁钓得多。

2. 参与游戏

组长根据指令按开关,音乐起,学生开始钓鱼,教师巡回观察并指导。游戏时间由教师根据学生钓鱼的实际情况决定,一般在2分钟以内。

3. 交流评价

(1) 数一数,比较大小

① 数一数:“你钓到了几条鱼?”教师根据学生的回答将数字写在对应的学生名字旁边。

② 比一比:“你们小组里面谁钓得多?”教师引导学生比较两个数的大小,教师在钓得多的学生名字旁加一个☆。

③ 比一比:“全班谁钓得最多?”教师给钓得最多的人加一个☆。

(2) 算一算,比较大小

① 算一算:“两个人一共钓到了几条鱼?”如果两人钓到鱼的数量超过5条,可先鼓励B组学生数出总数,再鼓励A组学生列出加法算式;教师将算式写在黑板上。

② 比一比:“哪一组钓的鱼最多?”教师将加法算式中的得数用红笔描出来,引导学生找出最大的那个数,在黑板上给获胜小组的两位同学分别画上一个☆。

(3) 分一分,算一算

① 分一分:(请组长把抽屉里的纸盒拿出来)“每个小组有几个纸盒,分别是什么颜色?请把钓到的小鱼按颜色放在纸盒里,再数一数,每个盒子里有几条小鱼呢?”

② 算一算:任意取两个不同颜色的纸盒,算一算两个盒子里一共有几条鱼。如果加起来数量超过5,可先鼓励B组学生数出总数,再鼓励A组学生列出加法算式。

(二) 第二次游戏

1. 介绍规则

这次要求两位同学继续努力,把盘子里的鱼全部钓出来,还是放在桌子上。比一比,哪一组钓得最快。钓完后马上向老师报告。老师说“停”马上就停下来,明白了吗?请继续遵守游戏规则、做个讲文明的小朋友。

2. 参与游戏

组长根据指令按开关,音乐起,学生继续钓鱼,教师巡回观察并指导。当有一组学生胜出后教师喊停,请学生汇报并及时评价。

3. 交流评价

(1) 比一比

“第二次你钓到了几条鱼?你们俩谁钓得多?”可以请一位帮别人钓鱼的小朋友说一说自己钓了几条鱼,帮别人钓了几条鱼,算一算一共钓了几条鱼。

(2) 分一分

现在请把刚刚钓到的小鱼仍按颜色放到纸盒里,再数一数每个盒子里有几条鱼,好吗?

4. 拓展训练

双维思维训练难度较大,以训练A组学生为主。学生按要求完成任务后,先请他们介绍自己的方法,再把小鱼放回原处。教师用相同颜色的吸铁石代替小鱼，以组合的方法显示在黑板上。

① 从纸盒里拿出 3 条小鱼，放在桌子上。

要求：同一种颜色。

② 从纸盒里拿出 3 条小鱼，放在桌子上。

要求：有 3 种不同的颜色。

③ 从纸盒里拿出 3 条小鱼，放在桌子上。

要求：有 2 种不同的颜色。

三、总结评价，布置作业

1. 统计五角星

今天谁的五角星最多？哪个小组的五角星最多？一起数一数，今天全班一共获得了多少颗五角星？

2. 揭示课题，发放礼物

今天每个小朋友都很棒，大家齐心协力，通过数的游戏（出示课题），不仅会数 10 以内的数，会比较数的大小，会做加法，还会按颜色分类，小猫可高兴啦！为了感谢你们为它钓了这么多美味的小鱼，小猫决定送给每位小朋友一件礼物。（小朋友自己挑选礼物）

3. 布置作业

你知道小猫送给你的礼物是由几种颜色的珠子串成的吗？

游戏活动在教学中要注意以下要点：

第一，创设好游戏活动的情境。为学生创设的游戏活动情境要贴近学生的日常生活，使得学生在游戏中发现问题、分析问题、解决问题，提高数学学习的兴趣。游戏情境与游戏规则切不可过于复杂，否则容易影响学生的注意力。

第二，让学生明确与遵守游戏规则。教学时，必须让学生明确游戏规则，并按这个规则去开展游戏活动。对于学生首次接触的游戏，一定要在活动的开始让他们知道游戏的规则和要求，以及如何有序地开展。

第三，游戏活动与数学教学内容要贴切。教师在选择游戏活动之前，要处理好游戏与数学教学内容之间的关系，使得游戏活动这个媒介能够恰当地呈现出数学内容。要让学生在玩的过程中感受数学的意义与应用价值，学会用数学知识解决游戏中的问题，学会用数学的眼光观察、用心感受游戏中的数学味道。

（四）调查访问型

调查访问型的教学一般是学生在教师指导下，从学习生活和社会生活中选择、确定调查专题，主动获得信息、分析信息并作出决策的学习活动。

调查访问活动在教学中要注意以下要点。

第一，开展调查访问活动时，教师要协助学生明确调查的内容和方法。像“身高与体重”这一教学内容，教师引导学生明确所要解决的问题，让学生感受并体会到调查身高与体重之前要做好哪些准备，对调查活动有一个初步的认知，鼓励学生提出自己的意见；然后，针对要调查的项目，组织学生交流、讨论，选择适合的调查方式。在活动中，教师提出注意事项，做好引导工作，必要时帮助完善。

第二，用数学方法对搜集的数据进行数学化的整理，确保搜集的数据要准确、可靠。活动中，教师要对学生的数据搜集给予指导和帮助，指导学生搜集可靠的、有用的信息，并教会学生获取信息的方法与途径。教学中要对信息进行搜集并整理，对学生搜集的信息要进行全面了解，将有效信息与无效信息分开，并从学生搜集的信息中提炼出数学问题，为课堂教学作好充分的准备。

第三，对调查的结果进行数学分析和思考。在“身高与体重”教学中，可以组织学生根据调查结果，重点解决“身高有何变化？体重有何变化？自己的身高与标准身高之间有何关系？自己的体重与标准体重之间有何关系？”等问题。要让学生自己出示调查所得的信息，并从中发现数学问题，通过课堂上的讨论与研究科学合理地解决这些问题，培养学生综合运用数学知识分析和解决问题的能力，并学会应用策略解决问题。

（五）课题研究型

课题研究型教学一般是围绕“小课题”开展的数学实践活动。它和之前的调查访问型相仿，但是操作过程更加复杂，内容覆盖面更广。

课题研究活动在教学中要注意以下要点：

第一，教师要充分利用各种资源，结合班级的实际情况，开发“小课题”项目，帮助学生了解方案制作的要素。例如，“购物的预算方案”这一教学内容，教师要告知人物、地点、干什么，提供商品价格、开支预计的信息，拟购买的商品，最后让学生拟定一份购物方案。实际教学时，学生要利用生活经验正确理解所给信息的实际含义，根据所要解决的问题合理灵活地选择、组合信息。对于问题的解决，不以向学生介绍各种不同的预算方案为主要方式，要充分发挥学生的主体性。

第二，强化教师的指导作用，帮助学生做选题和制定方案。“购物的预算方案”教学时，在学生掌握了基本的方案制作要素和方法后，可以让学生自己学着做一个方案，包括“确定专题”、“制订计划”、“写出方案”。确定专题时，学生会有不同的兴趣点，可以让学生自己选择做方案的方式。制订计划时，学生需要明确考虑的条件有很多，需要合理选择。写出方案时，可以根据课堂时间灵活变动，如果时间充足，可以让学生在课堂上做方案；如果课堂时间不够了，也可以让学生利用课后时间来做方案。

第三，要安排课题汇报会，让学生交流活动的体会和成果。比如“购物的预算方案”一课，如果选择在课堂上实施行动，写出报告，那么应立即进行交流，然后其他学生与教师都可以给予相应的评价，最终教师作出总结。如果实施行动放在课后，那么教师就可以利用其他时间让学生充分地交流汇报自己所做的方案，让大家自由发表评价，最后进行总结。

二、综合与实践教学的设计

（一）综合与实践应用活动的目标设计

1. 综合与实践应用活动的具体目标

综合与实践的具体目标是以问题为载体、以学生主动参与为主的学习活动，是帮助学生积累数学活动经验的重要途径。在学习活动中，学生获得综合运用“常见的量”、“数与运算”、“图形与几何”、“统计”等相关知识解决一些简单实际问题的成功体验，初步树立运用数学解决问题的自信心。

2. 综合与实践应用活动的目标设计

我们以“拼图”教学为例，说明如何进行综合与实践应用活动的目标设计。

案例：“拼图”的教学目标

(1) 让学生通过对基本平面图形（长方形、正方形、三角形、圆形）的感知与再认，能进行准确判断。

(2) 通过观察、操作、交流，进一步理解图形之间的联系。

(3) 在情境中体验几何图形的规则美，进一步激发学习数学的兴趣。

分析：这个案例在制定过程与方法、情感态度价值观目标时，能抓住要点清楚地表述目标。但在制定知识与技能目标时出现了一些问题：第一，没有结合具体的内容来制定目标，目标与内容脱节；第二，泛泛而谈，空洞无物；第三，重点不突出。“拼图”教学目标的重点应该是会用长方形、正方形、三角形和圆形进行拼图，而不是“通过对基本平面图形的感知与再认，能进行准确判断”。如果把教学目标的第一点改成“在数一数、说一说、摆一摆的活动中，用长方形、正方形、三角形和圆形进行简单的拼图”，那么就比较具体，有可操作性。

因此，在制定综合与实践活动的教学目标时，要注意如下问题：

第一，依据具体教学内容和学生的实际情况来制定目标；

第二，制定目标时，内容要具体，具有可操作性；

第三，明确目标的主体是学生，避免出现“让学生”、“使学生”、“培养学生”等表达方式。

(二) 综合与实践教学的一般过程

一般地，综合与实践活动的教学步骤如下：

1. 活动准备

活动准备阶段一般由教师与学生共同完成，内容包括了解学生、考察场地、布置场景、准备活动所需要的材料和各种工具等。

2. 明确活动要求

在教师的指导下，学生确定活动的课题，明确活动的要求。活动开始之前，教师必须向学生说明活动规则，并按这个规则去开展活动。教师需要预设活动可能发生的多种情况，针对实际情况制定完整、精细的活动规则，以确保活动有序地开展。

3. 制定活动方案

活动方案包括活动的对象、情境、时间和地点，开展活动的具体过程与方法，任务和分工等方面的内容。活动方案主要讨论解决问题的方法及步骤。在制定活动方案时，教师可以根据学生的具体情况，有针对性地加以指导，引导学生制定切实可行的活动方案。

4. 开展活动

这个阶段的主要任务是根据活动方案开展具体的活动。在活动过程中，学生通过查找资料、动手实验、社会调查等方式获取信息，要特别提倡学生的自主性、探索性，强调学生亲身参与实践和体验，以形成一定的观念、态度，初步掌握一定的方法。

5. 交流活动体会与成果

活动结束后，学生或小组先要将取得的结果进行归纳整理，总结提炼形成口头汇报材料，再进行成果的交流。成果交流可以采用讨论会、交流会、图片展示会等方式。在交流过程中，教师应创设自由氛围，鼓励学生发表意见，大胆交流，促进成果共享，相互启发，初步学会与他人合作交流获得积极的数学学习情感。

有关综合与实践教学的教学过程设计，请参看案例 9－2。

案例 9 - 2

根据预算设计购物方案的教学过程设计[①]

1. 活动的准备

简化的超市广告单，购物计划表，商品图片，计算器。

2. 明确活动要求

教师创设情境，提出问题："周末到了，沈奶奶的小孙子要来家里玩，所以沈奶奶准备去超市为小孙子选购一些商品。我们一起来看看沈奶奶想买哪些东西好吗？沈奶奶的预算是 100 元，她设计了一个购物计划表，说一说沈奶奶用 100 元买这些商品够吗？为什么？通过比较，我们发现商品总价为 104 元，超过了 100 元，沈奶奶的钱不够，想一想该怎么办呢？请大家帮助沈奶奶修改购物计划，使得购买物品的金额在 100 元以内。"

教师提问的目的是引导学生关注购物计划表中的信息，商品名称、单价、数量、金额、合计金额等；确定活动主题就是根据预算调整计划表的内容。教师需要强调，购物计划表中的商品总价要在预算金额的范围内。当计划表中的商品总价超过预算金额时，要修改、调整计划表的内容。

3. 根据预算设计购物方案

同学们设计购物方案包括以下实施步骤：(1)先算一算购物计划表中的金额和合计。(2)比一比商品的总价是否在预算范围内。(3)如果商品总价超过预算金额，想一想怎样调整计划表的内容。(4)改一改计划表，直到商品总价在预算金额的范围内。

4. 搜集并整理数据

以小组为单位，按照预设方案进行活动，通过价格比对，重新选择新购商品，再将修改调整的商品放在购物计划表中重新计算，使得商品总价在预算金额范围内。

5. 汇报交流

交流的内容多种多样，包括选择了什么课题，怎样预设方案，在修改调整的过程中遇到了什么问题，怎样解决的，调整后的购物计划表以及做预算过程的体会等。

讨论与探究

1. 简述综合与实践的教学意义。
2. 结合具体案例简述综合与实践的活动形式。

① 此教学案例来自华东师范大学附属卢湾辅读实验学校(作者：胡媚嫄)，有改编。

3. 举一个案例阐述综合与实践活动的一般过程。

4. 撰写一份“你有多高”的教学设计。

进一步阅读的文献/网站

1. 张丹. 如何进行实践与综合应用的教学. 小学教学设计,2004,6:4—6.

2. 郭雪冰. 小学数学“实践与综合应用”教学设计策略研究. 宁波:宁波大学硕士学位论文,2012.

3. 赵艳辉. 小学数学实践与综合应用的设计与实施. 长春:东北师范大学硕士学位论文,2007.

第十章　培智学校数学教学的教具学具

通过本章学习，你能够：

1. 了解使用教具学具的意义；
2. 了解教具学具的分类；
3. 了解教具学具的功能；
4. 了解教具学具的制作原则；
5. 了解常用的简单教具学具和多功能教具学具。

第一节　使用教学学具的意义

培智学校数学教学的教具学具是教师和学生在教与学的过程中相互传递信息的媒介和工具。在培智学校数学课堂教学中，使用教具学具的意义表现在以下几个方面。

一、教具学具是学生认识活动必不可少的媒介

培智学校学生数学的学习，经历了一个从具体到抽象的过程。他们借助各种直观实物获得感性认识，逐步抽象、概括出数学概念、原理和方法。在这个学习过程中，直观的教具学具起到了重要的中介作用。例如，学习“长短”概念时，为了使学生理解长短的含义，可以通过观察实物、图片等方式，让学生建立起感性的认识，形成长短的概念。再比如，学习加法概念时，为使学生准确理解加法的意义，可采用摆实物、看图片等方式，帮助学生理解加法是添加、合并的含义。

例如，“原来有 3 条小鱼，又来了 2 条，一共有多少条小鱼？”

让学生先摆出 3 条小鱼（图 10 - 1A），再摆出 2 条（图 10 - 1B），数一数一共有

几条小鱼，说一说使用的是什么方法。最后教师说明用加法来表示，即“3＋2”。在这个过程中，作为教具的小鱼起到了中介的作用，在学生学习加法的过程中，成为学生认识抽象知识的一个桥梁。

A

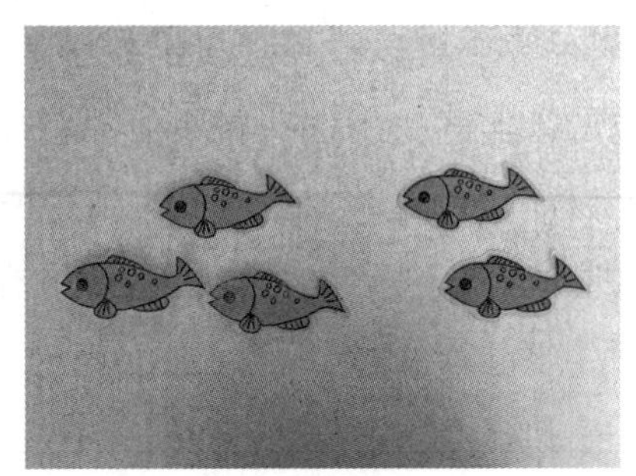

B

图 10－1 用教具学具教学加法

二、教具学具是教师教学活动不可缺少的工具

在培智学校数学教学中，教师组织课堂教学、设计教学方法都需要考虑教具学具这一因素。要深刻地揭示教学内容，有效地启发学生思考，培养学生学习数学的兴趣，都必须恰当地选择和运用教具学具。教师只有熟练掌握各种教具学具的功能与作用，并且在教学中游刃有余地加以运用，才能更好地达成教学目标。

三、教具学具的更新是生活数学教学改革的主要内容

当今，培智学校数学教学改革包括教学目标、教学内容、教学方法等多方面内容，越来越受到广大教育工作者的重视。特殊教育教师日益意识到，黑板加粉笔的单一教学方式早已不适应现代教学方法的改革，多种形式的现代化教学手段的运用，给培智学校数学教学增添了活力。

第二节 教具学具的分类与功能

在教学过程中呈现的教具学具，具有辅助教学技巧以及发挥教学功能的作用，有助于达成教学目标。教具学具可由教师从生活情境中搜集或自制，或者由学校采购。以下讨论教具学具的分类与功能。

一、教具学具的分类

教具学具是学生学习教材的媒介物，教学时教师操作教具，或者与学生共同操

作，有利于学生通过学具的操作过程掌握教学内容，进而达成教学目标。依据不同的标准，培智学校教具学具可以分为不同的类型。

（一）按教具学具的来源分类

1. 选自大自然的教学用具

在自然界中可以找到很多供数学教学的模型和材料，例如小石块、小木棒、树叶、植物的果实等。用这些材料作为教学用具不仅方便、经济，而且非常实用。在城市和农村，师生随时随地可以找到各种可供操作的材料。将这些收集到的石子、果实、树叶等（图 10－2）稍作加工，便可成为简便的教具和学具。在城市，废弃的塑料瓶、卫生纸卷筒、硬纸片等，也可用作学生的操作用具。

图 10－2

果实用作教具学具

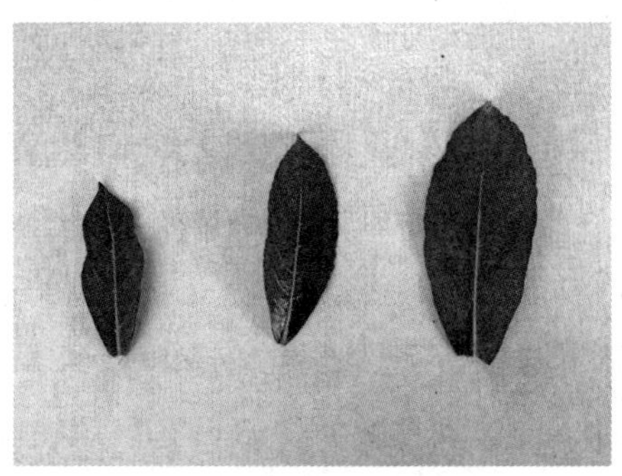

树叶用作教具学具

2. 自制的教学用具

根据教学内容的需要，教师或学生可以用简易材料制作一些方便实用的教学用具。在教学中使用自制的用具，既可以激发学生的学习兴趣，加深学生对所学知识的理解，又可以使学生感到亲切、自然，进而增强学习数学的主动性和自觉性。师生自制的教学用具包括仿真币、实物卡片、口算卡片、数字卡片、几何图形等（图 10－3、图 10－4）。

图 10－3

教学用的仿真币

图 10－4

各种自制的教学用具

3. 工厂生产的教学用具

随着科技的发展、生产技术的提高，由专家设计、工厂生产的各种教学用具越来越常见。比如，几何拼板、几何模型、几何图形插板、学具袋、计数器、算盘、教具箱等。专门生产的教学用具具有结构合理、美观耐用等特点。但与前两种教学用具相比，需要较多的资金购买，条件较好的地区和学校可以使用。

（二）按教具学具的呈现方式分类

1. 实物类

数学实物类教具学具是指经过加工整理后，直接用于课堂教学的各种生活实物，如粮食、水果、蔬菜等农副产品，树叶、石头、花朵等自然界物质。其优点是可以调动学生的多种感官，用眼观察、用手触摸、用鼻子嗅、用嘴品尝、用耳朵听等，具有强烈的真实感与亲切感，能帮助学生达到较好的识记效果。

2. 图像类

数学图像类教具学具是指教学挂图、图片、照片、卡片、幻灯片、投影片、视频片段、动画片段、电影片段等。其优点是方便呈现，易制作。它通过二维空间生动、活泼、简洁的画面，形象表现事物的本质属性。

3. 模型类

数学模型类教具学具主要有平面几何图形模型、立体几何形体模型、时钟模型以及各种示教板等（图 10－5）。每件模型的研制成功，又标志着对有关教材内容钻研达到一定的深度。模型是各种数学模型的抽象缩影，是颇受学生欢迎的二维、三维空间的直观教具。其优点是可以在一定程度上突破观察视角的局限，让学生全方位认识图形特征；把学生无法理解的图形特征，通过变换图形方位或将几何体进行平面展开，从而降低认知难度，激发学生的学习兴趣。

图 10-5

时钟模型

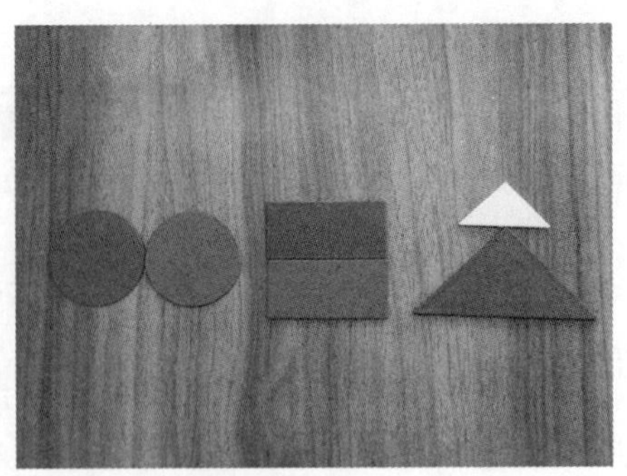

平面几何图形模型

二、教具学具的功能

1. 提高学生的学习兴趣与学习动机

在课堂教学中，教师借助自制的教具和学具为学生创设比较活跃的学习氛围，形象生动地展现数学知识，有利于调动学生的学习兴趣，激发学习动机，使教学过程更富有激励性。

2. 有助于抽象概念的习得

自制的教具与学具能够直观展现学习过程，用具体直观的方式展示抽象的数学概念，从而让学生清楚地理解和掌握相应的数学知识，有助于学生理解抽象的概念。

3. 提供动手操作机会，调动多感官学习

在数学课堂中，教具学具的使用能够让学生体验到动手操作的快乐。同时，这一过程能够充分调动学生的眼、耳、鼻、喉等多种感觉器官，促使学生协调这些器官共同参与学习过程，通过动手操作、亲身探索发现，真正验证数学知识，从而从感知表面现象升华到更加抽象的理论知识。

4. 能扩充学生的思考范围，增进解决问题的能力

使用自制的教具学具，有助于扩充学生的思考范围，让学生更加深刻全面地理解数学知识，并且把数学理论知识转化为自己解决问题的一种技能，促进学生思维能力的发展与提高。

5. 鼓励师生互动与合作

教师运用数学教具演示，学生使用学具自主探索操作，可以让师生在学习中产生互动、合作和协同，学会彼此支持，共同努力，让学生在与他人的互动中学会团队协作，发展善于与人共事的良好个性。

6. 节约教育成本

自制的教具学具可以节省教师教的时间和学生学的时间，提高课堂效率；同时制作教具学具可以利用废旧物品，变废为宝，节约成本。

第三节　教具学具的制作

一、制作教具学具的原则

培智学校数学教具学具的设计制作，应以培智学校数学课程标准、教材为依据，以数学、教育学、心理学、教学论为指导，使之符合教学目标。

(一) 符合教学目标

制作教具和学具本身不是目的，而应配合课程目标来安排，要符合教学目标的层次性。如要教学生区别两样东西或两种概念时，宜从最大的变化到最小的变化。

例如：在区分“有”与“没有”的时候，教师让学生分辨杯中“有水”和“没有水”两种情况。倘若在其中一个透明杯中放了少量的自来水，学生可能无法辨认。教学生分辨“有”与“没有”，宜先从“杯中有红色小球”这样有明显差异的材料开始，而不是先使用“杯中有无色液体”这种差异不明显的材料。待学生能够分辨后，再提供差异不明显的材料。

(二) 能运用多感官呈现与操作

使用时，能运用视觉、触觉、听觉、动觉等多重感官，并激发学生的学习兴趣。例如，让学生认识“大小”的含义，可先使用篮球和乒乓球，再使用排球和皮球，通过用眼睛看一看，用手摸一摸，让学生获得“大小”概念的理解。也可以通过做游戏，让学生走个大圆圈，再走个小圆圈，或在桌子上画个大圆圈，再画个小圆圈，从而体会“大小”的含义。

(三) 多功能性

教具和学具若在使用上可同时达到多项教学目标，将有助于培养学生的多项能力，适应不同能力程度学生的需求。比如，制作的数字卡片在“认识数字”的教学中可以运用，在后续“数的运算”教学中仍然可以运用。

(四) 实用性

尽量选择生活情境中的真实材料作为教具和学具，如广告单、账单、收银条等。注意教具学具在学生生活中是否经常得到使用。例如，在讲时钟的时候，最好选用类似家里常用钟表的教具学具。

(五) 安全性

教具要大小适中,方便取用、收藏和保管。制作教具时,应选择安全的材质,制作完成后应检查是否会刮手,直角、边等是否磨圆。教具宜具有良好的视觉感,如字体应当是正楷,清晰、大小合适,图片真实清楚。

(六) 经济耐用性

在生活中就地取材、废物利用,将家庭、学校、社区视为教具的来源,时刻留意生活中可用的教具,广为收集。例如:超市的宣传单、收银条、饮料瓶等。教具的设计要有弹性,可让教师变换重复使用。如,塑封的图片较为耐用,用魔术贴粘在卡片上,做成可拆卸式的图卡或数字卡,可以重复利用。

二、简单的教具学具

在培智学校数学教学实践中,教师结合教学实际,设计使用了多种教学材料。在教学中广泛使用教具和学具,可以使学生在感知的基础上理解和掌握较抽象的数学知识,同时也使学生的能力得到充分的发展。

(一) 学生身边的各种实物

选取学生身边的实物作为操作材料,既经济又方便,是重要的教具学具来源。这类教学材料包括石子、木棍、树叶等。学生通过摆放石子、木棍、硬纸片等,可以认识数的概念和数量关系;通过收集树叶并分类整理,可以学习统计知识。

(二) 实物卡片

实物卡片可以充当帮助学生认识数字和 20 以内数的加减法的学具。

制作方法:用相机拍摄学生平时常见的实物,如水果、交通工具、学习用品等,也可以动手绘制卡通图片;图片大小控制在 7 厘米×8 厘米之内,彩色打印 20 个一样的图片,塑封,再按轮廓剪下来,注意四个角皆修成圆弧形。

实物卡片(图 10 - 6)主要用于认识 20 以内的数与 20 以内的加减法教学。例如,教学“认识数字 6”时,拿出 6 只橘子图片,让学生通过点数橘子的总数来认识数字 6。

图 10 - 6

用实物卡片来认识数字“6”

学习“3+4”时，先拿出 3 只桃子，再添上 4 只桃子，然后数出一共有 7 只桃子，让学生知道添加用加法，原来有 3 只添上 4 只，可以列式“3+4=7”。

(三) 数字卡片

数字卡片可以帮助学生认识和复习巩固 10 以内的数以及强化精细动作的训练。

制作方法：

(1) 打印出所需的数字；

(2) 剪下数字；

(3) 塑封；

(4) 在塑封好的数字卡片上打一个小洞，装上钥匙扣或串珠绳。

教学“10 以内数的认识”的复习巩固阶段，可以利用自制的数字卡片对学生进行训练。如认识数字“3”和数字“4”，可以用数字卡片来进行认知(图 10-7A)；也可以在复习数字“4”时，在数字卡片上串相应数目的雪花片(图 10-7B)；在复习数字“8”时，教师可以让学生在数字卡片上串上相应数目的珠子(图 10-7C)。

图 10-7

A 数字卡片

B 数字卡片与雪花片

C 数字卡片与串珠

(四) 计数棒

计数棒是一种帮助学生认数和计算的教具学具。

教师可以用废弃的凉席条做成计数棒，每套凉席计数棒由 100 根小竹棒组成，小棒长度为 16 厘米，需要时可在其背面贴上吸铁石。运用这套小棒，学生可以学习认数、计算、应用题和几何知识等。学生可以用小棒摆出 100 以内的数，需要时把 10 根小棒捆成一捆，每捆就表示 10(图 10-8)。

计数棒还可以用来演示加减法的运算过程。例如，用小棒演示 100 以内数的不退位减法“34 减 12”。如图 10-9A 所示，教师先摆出 3 捆 4 根，表示“34”；“34 减

12”，就是从 3 捆中去掉 1 捆剩下 2 捆，4 根小棒中拿掉 2 根剩下 2 根；最后共剩下 2 捆带 2 根小棒，即“22”，如图 10－9B 所示。

图 10－8

计数棒

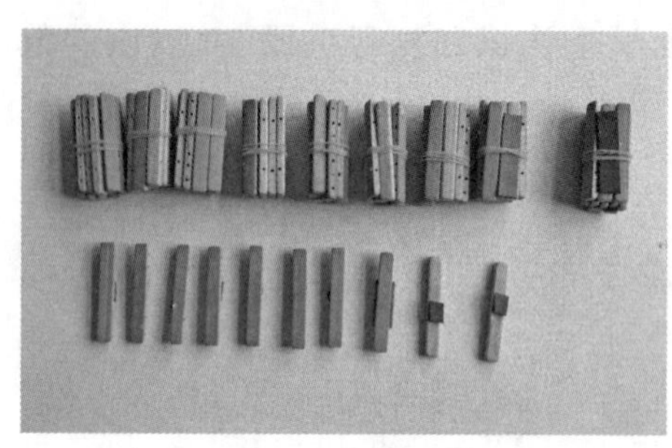

图 10－9

用计数棒演示“34—12”

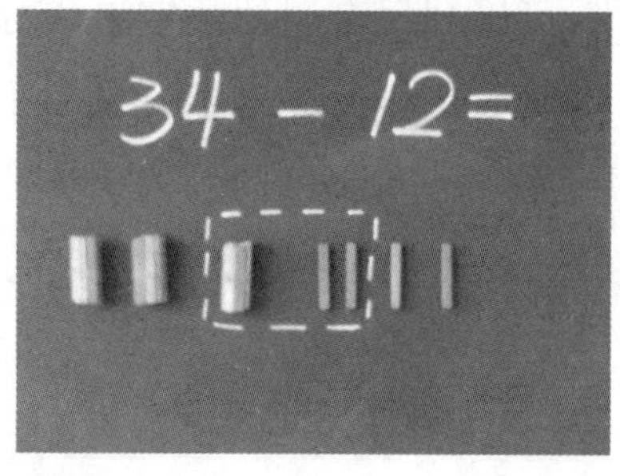

A

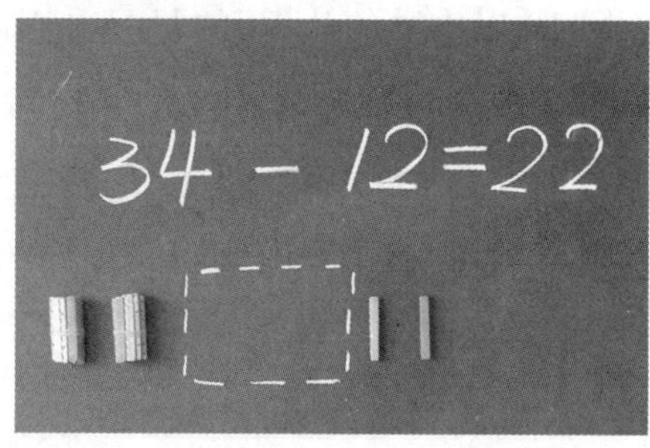

B

考虑到安全，学生用的计数棒应用棉签制成，如图 10－10A 所示。例如，用小棒演示 10 以内数的不退位减法“6 减 2”。教师用棉签摆出 6 根小棒，表示“6”；“6 减 2”，就是从 6 跟小棒中去掉 2 根，剩下 4 根小棒，即“6－2＝4”，如图 10－10B 所示。

图 10－10

A 棉签用作计数棒

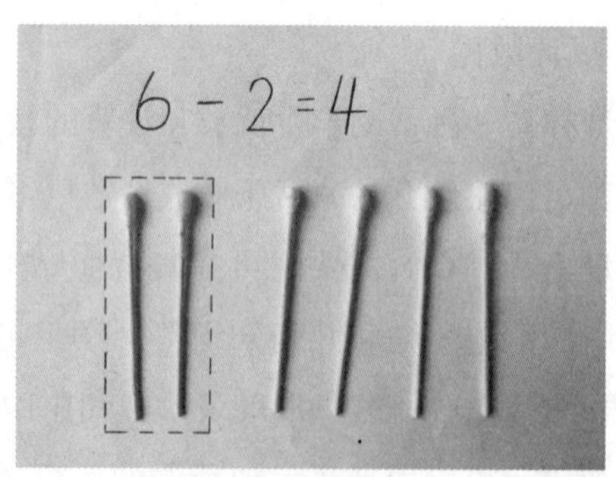

B 用棉签演示“6－2”

(五) 数位计数器

教学用具数位计数器上标有数位,便于学生认数、理解数位的意义。

制作方法:在一块长方形木板上,均匀地穿上6根铁丝环;准备40个串珠,使用时将串珠穿到铁丝上,每根铁丝要用到10个串珠;在木板的底部,从右端算起,第一位标"个",第二位标"十",第三位标"百",第四位标"千"等。

数位计数器可以用来表示1 000以内的数。例如,表示"457",其中"4"在百位上,它表示4个百;"5"在十位上,它表示5个十;"7"在个位上,它表示7个一(图10-11)。

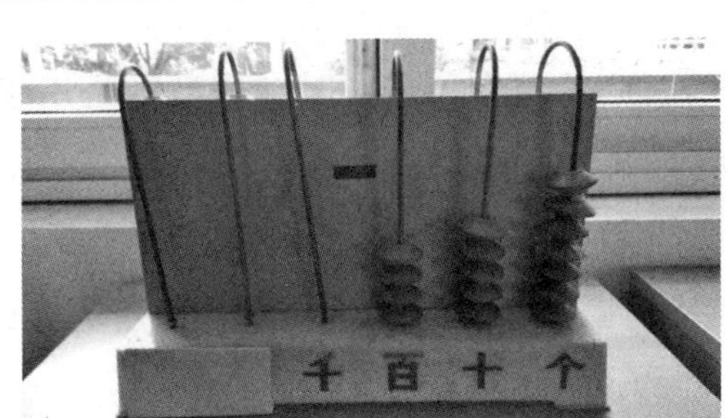

图10-11

数位计数器

(六) 口算卡片

口算卡片是一种帮助学生口算加减乘除四则运算的教具学具。

制作方法:

(1) 打印出所需的加减法算式或乘除法算式及其答案;

(2) 剪下算式,如果需要长期使用,可以塑封。一般来说口算卡片属于消耗品可不塑封;

(3) 将答案折到背后。

教师可以用口算卡片指导学生读算式,帮助学生熟练掌握计算。例如,将一组加减法或乘除法卡片放在一起,请学生逐一计算,在学生说出答案后,再将折叠至背后的答案呈现出来。在学生掌握加减计算的关系后,可让学生看一道加法算式,再说出另一道加法算式,可以进一步要求能力较强的学生说出相关的两道减法算式。在进行加减复习时,可以让学生帮助整理口算卡片。例如,按几加1、几加2等方式整理,也可按加减关系进行整理(图10-12),整理的方法应根据教学目标来设定。

图 10－12

口算卡片

(七) 时钟模型

时钟是计量和指示时间的精密仪器。时钟模型则是用于课堂教学的教具学具，帮助学生认识时间。

制作方法：

(1) 拿一张 A4 大小的铅画纸，画上可爱的动物，在动物身上找一个合适的位置画一个钟面；

(2) 在旁边空白的地方画适合钟面大小的时针和分针；

(3) 将时钟的各个部件涂色，剪下来塑封；

(4) 用揿钮在时钟上安装时针、分针。

具体制作过程如图 10－13 所示。使用时，通过手动拨动时针和分针来显示时间。

图 10－13

时钟模型的制作过程

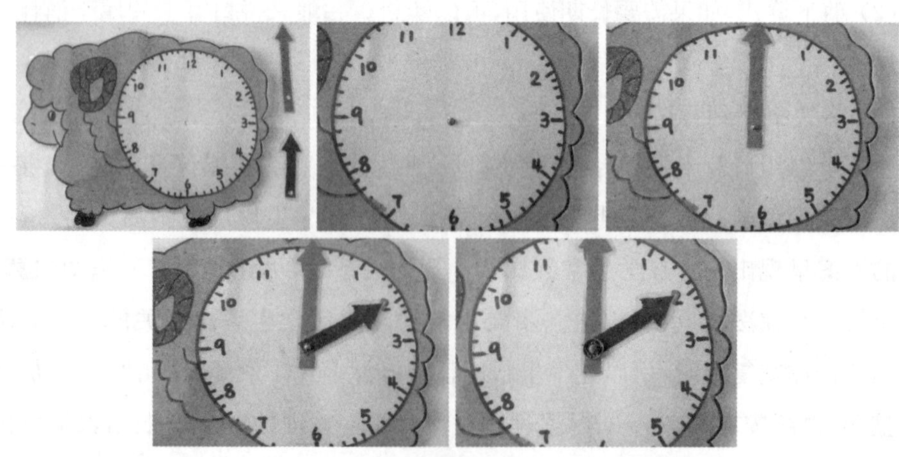

例如，“认识整时”的教学，教师示范拨分针和时针，分针指向 12，时针指向 4，表示 4 时，如图 10－14 所示。请学生按照示范拨分针和时针。

图 10-14 用时钟模型认识整时

(八) 仿真币

仿真币是一种帮助学生认识人民币与使用人民币的教具学具。这仅仅是用于帮助学生认识与使用人民币的一种学具。[①]

制作方法:用数码相机拍摄第五套人民币的照片,包括 1 角硬币、5 角硬币、1 元硬币、1 元纸币、5 元纸币、10 元纸币、20 元纸币、50 元纸币、100 元纸币;注意人民币正反面图案都要拍摄,仿真币的大小尽量与真币保持一致;每种面值分别打印 10 个,沿图片的轮廓剪下来,并将正反面粘起来,塑封,最后把塑封好的仿真人民币再沿轮廓剪下,如图 10-15 所示。

图 10-15 仿真币的制作方法

二、多功能教具学具

在诸多教具和学具之中,有些教学用具的功能是单一的,而有些则具有多种功能。多功能教具学具是指那些设计合理、结构性强、具有多种用途,可以完成多项任务的教具和学具。运用这些学具和教具,有助于学生理解和掌握数学基础知识,

① 《中华人民共和国人民币管理条例》规定:禁止仿制人民币图样;未经中国人民银行批准,不得在宣传品、出版物或其他商品上使用人民币图样。

有利于学生智力的发展，有利于培养学生的动手操作能力、想象能力和独立的思考能力。近些年来，国内外开发利用了许多结构性的教具和学具，这对数学教学手段的改革乃至整个小学数学教学的改革都起到了促进作用。

(一) 蒙台梭利教具

蒙台梭利教具是由蒙台梭利(Montessori, M.)设计供儿童进行活动和操作的用具和材料。它大致分为三类：第一类，用于实际生活技能训练和动作教育；第二类，用于感官教育；第三类，用于读、写、算练习。蒙台梭利教学用具包括训练儿童握笔的几何镶嵌图，训练儿童写字母的砂纸字母卡，学习字母顺序的砂纸数字卡，数字棒、纺锤棒箱、筹码，算术框，十进位珠子材料等。[①] 这里主要介绍数学教学中比较常用的几个教具。

1. 数字棒

数字棒是由一套10根由短至长、红蓝相间的木棒，以及从数字1到数字10的10块数字片组成。

培智学校在“量的概念”和“数的认识”教学领域，可以通过数字棒操作，使学生建立起较深刻的感性认识，进而形成有关数学内容的模型和表象。这有助于加强学生对连续量“长短”的认识，了解数的大小、数序，加深对数概念的理解。以下一些教学活动案例可供参考。[②]

(1) 比较长短

通过看一看、比一比等活动，将数字棒由长至短排列，帮助学生理解“长短”的概念，掌握比较长短的方法，并进行排序，如图10-16所示。

图10-16

用数字棒比较长短

(2) 数量匹配

师生互动，教师出示数字棒，让学生数一数每根数字棒有几段，可以用哪个数

---

① 朴永馨.特殊教育辞典(第3版).北京：华夏出版社，2014：321.

② 此案例来自上海市徐汇区董李凤美康健学校(作者：朱慧)，有改编。

字来表示，如图 10－17 所示。或者教师说一个数字，让学生找出相应的数字棒。

图 10－17

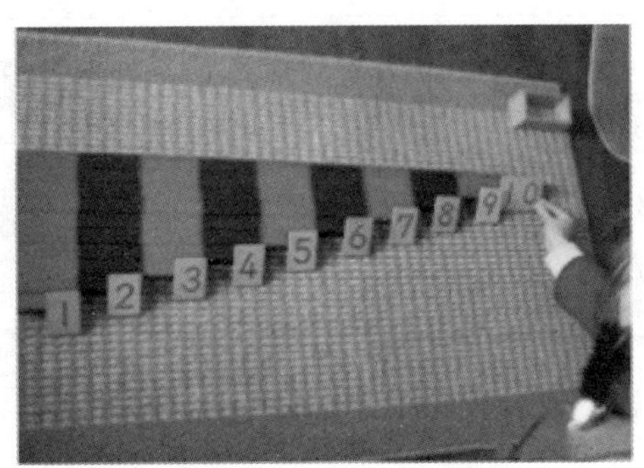

用数字棒进行数量匹配

2. 砂纸数字卡

砂纸数字卡是由数字 0 到数字 9 的 10 块单板组成。培智学校在“数的认识”教学领域，可以通过操作砂数字板，使学生建立起对数字字形的认识。这有助于培养学生认识从 0 到 9 的数字，同时为纸笔书写数字做好准备。

（1）认识数字

学生用右手食指和中指触摸砂纸数字卡上的数字，感知体会数字的字形，达到认识数字的目的，如图 10－18 所示。教师还可以在学生手上写数字，让学生在砂纸数字卡上找到相应的数字。

图 10－18

用数字卡认识数字

（2）书写数字

在认识数字的基础上，学生反复触摸砂纸数字卡，熟悉数字的起笔、落笔、笔顺、笔划等，达到能够书写数字的目的，并能够在沙盘上写数字。

（3）数序

在认识数字的基础上，学生将砂纸数字卡按照“1、2、……、8、9、0”或者“0、9、8、……、2、1”的顺序放回盒中，以达到熟悉掌握数序的目的，如图 10－19A 和

图 10－19B 所示。

图 10－19

用数字卡教学数序

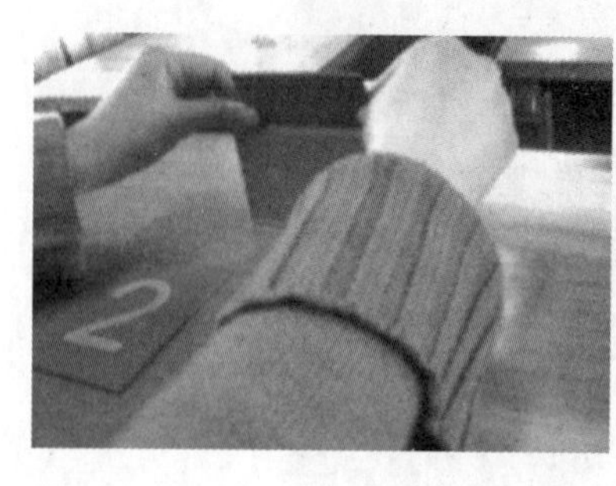

A

B

3. 数字与筹码

数字与筹码教学用具是由 55 个圆片以及从数字 1 到数字 10 的 10 张卡片组成。培智学校在“数的认识”教学领域，可以通过操作数字与筹码，使学生了解数与量之间的关系，感知数的大小，认识奇数与偶数。

(1) 数量匹配

教师将数字按 1—10 的顺序从左至右排列，数字与数字之间一拳相隔，如图 10－20A 所示。让学生指认数字，从盒中取出相应数量的筹码放在手中，握住并感受数量的多少，如图 10－20B 所示。

图 10－20

匹配数字与筹码

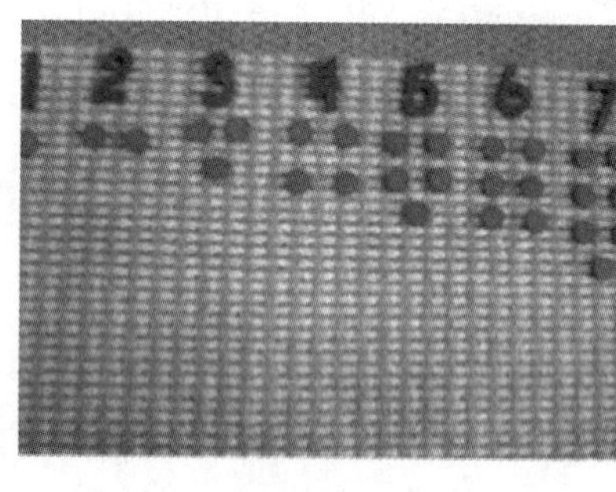

A

B

(2) 认识单、双数

让学生取出一定数量的筹码，将它们放在相应数字的下方。要求左右两两排放，如果多出一个则放在两排的当中。教师示范指认数字，再用右手食指在两排筹码中穿过，如穿得过，则说：“穿得过，叫双数”；如穿不过，则说：“穿不过，叫单数”，如图 10－21 所示。让学生通过数量的感知来理解单数、双数的含义。

图 10 - 21

用数字与筹码认识单数与双数

(二) 聪明伶俐木脑袋

1. 木匠的眼睛

这是一套由两部分组成的综合类教学用具：一块长 20 厘米，宽 9 厘米，高 3 厘米的大木砖，上面有很多大小不同的圆形凹洞，圆形凹洞的直径从 8 毫米至 2 厘米共五种不同尺寸(如图 10 - 22 所示)；另外还有若干粗细不同的圆柱形木柱，圆柱体的粗细与圆形凹洞的直径相一致。

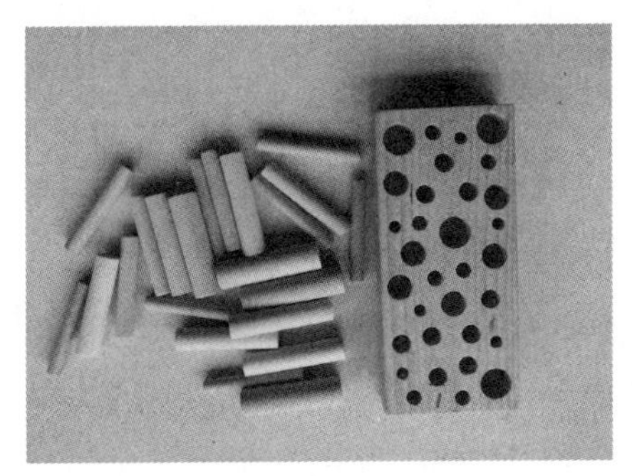

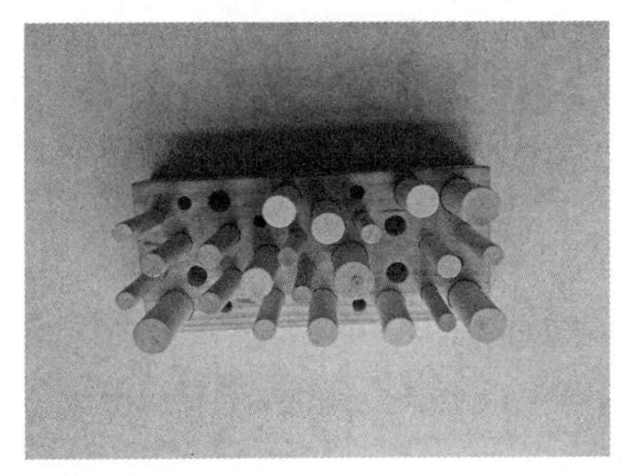

图 10 - 22

教学用的"木脑袋"

学生可以通过操作木砖和圆柱形木柱，获得深刻的感性认识，进而建立起有关数学内容的模型和表象，认识大小、粗细、10 以内的数。

(1) 大小

通过触摸木砖上大小不同的凹洞，帮助学生直观地感知大小。

(2) 粗细

让学生将粗细不同的木柱插入圆形凹洞，由于有的木柱较细可以插进凹洞，有的木柱较粗无法插入凹洞，帮助学生初步建立粗细的概念。

(3) 10 以内数的认识

师生互动游戏，教师在木砖上插上若干小木柱让学生数一数有几根，或者教师说一个数字，让学生在木砖上插上相同数量的木柱。还可以根据学生障碍程度的差异提出不同的活动要求，对于能力较强的学生，可以在认识数量的基础上要求他们找出相同粗细的木柱，而对能力较弱的学生，仅要求他们认识。

2. 数字排列

这是一套由 10 个船形大木块和若干人形小木柱组成的综合类教学用具。每个船形大木块上标有一个颜色各异的数字(1—10)，船形大木块上有与该数字对应数量的凹槽；每个人形小木柱有不同的面部表情，戴不同颜色的帽子，并且有的小木柱上有三粒小圆点，有的则没有。

学生通过操作船形大木块和人形小木柱，感性认识数与量，进而建立数概念，认识数字 0—10，学习分类。

(1) 0—10 的认识

根据船形大木块上的数字，让学生数出相应数量的人形小木柱，并插在船形大木块上，如图 10 - 23 所示。或者给学生一定数量的人形小木柱，让学生找到相对应的船形大木块。

图 10 - 23

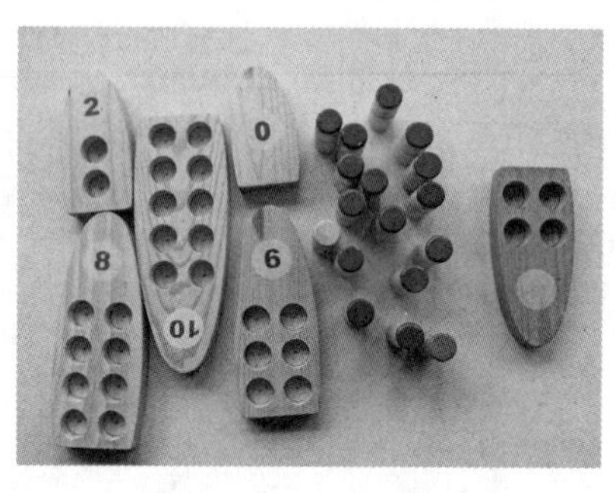

A 教学用的船形木块与小木柱

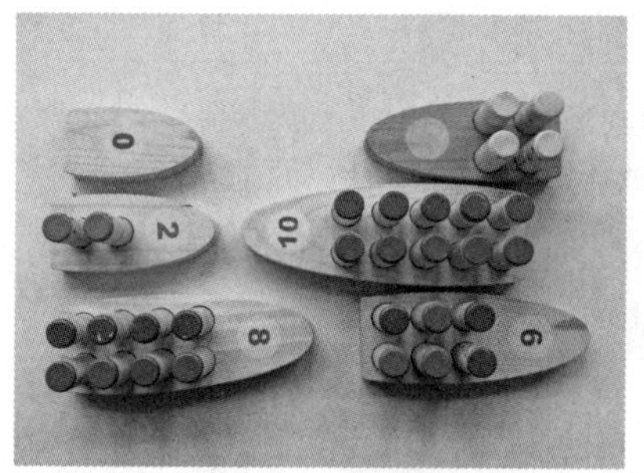

B 船形木块与小木柱的使用方法

(2) 学习分类

要求学生根据小木人(即人形小木柱)头上帽子的颜色来分类，或者根据小木人脸上的表情来分类，或者根据小木人身上有无纽扣来分类。

(三) 几何图形片

几何图形片是一种结构简单、操作方便、趣味性强的学具。它是由颜色、形状和大小各不相同的塑料块组成。其中包括三角形、圆形、正方形、长方形、平行四边形、梯形等六种图形，分红、黄、蓝、绿四种颜色，含大小两种尺寸。

利用几何图形片可帮助学生初步了解分类的知识，并通过各种活动，加深对几何图形性质的认识。

1. 学习分类

按颜色、形状、大小的不同可自然地把几何图形片为几类。例如，先按颜色分类，把相同颜色的几何图形片放在一起，分成四部分，如图 10－24A 所示；也可以按形状、颜色分类，即先把同样形状的几何图形片放在一起，再按照颜色分为四部分，如图 10－24B 所示；也可以先按照大小、形状来分类，即把相同大小的几何图形片放在一起，再按形状分为三部分，如图 10－25 所示。

图 10－24

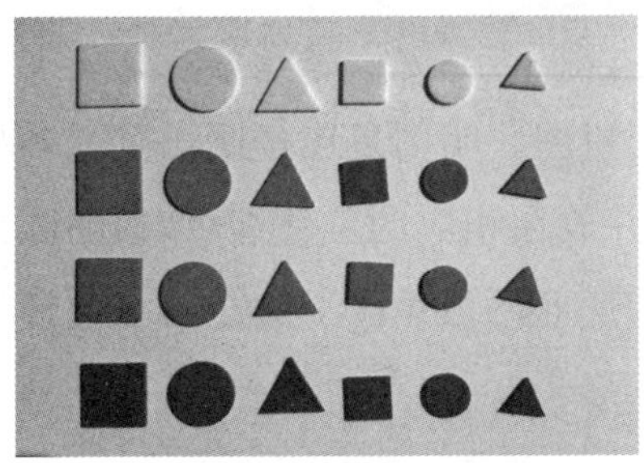

A　按颜色分类的几何图形片

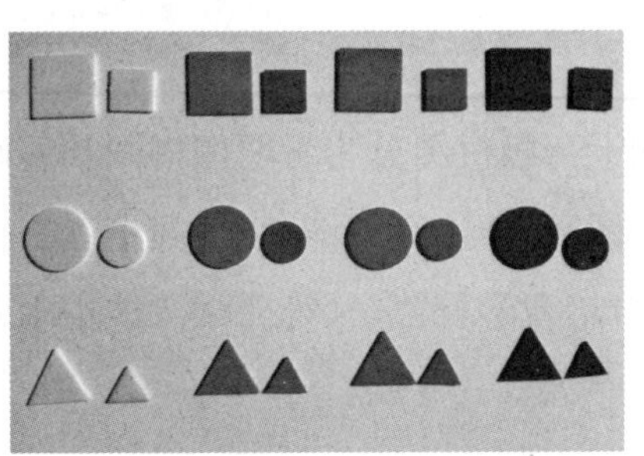

B　按颜色和形状分类的几何图形片

图 10－25

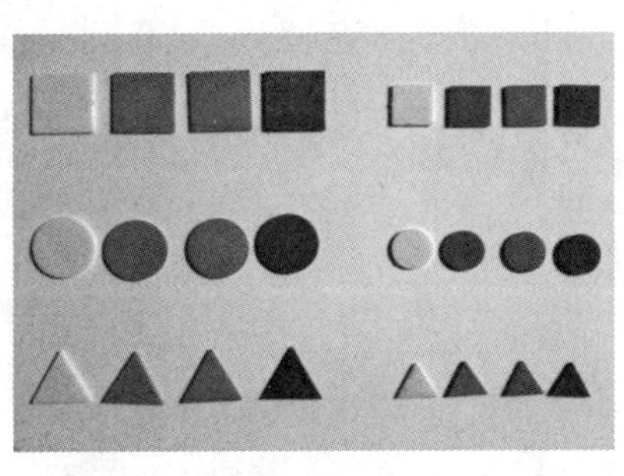

按大小、形状分类的几何图形片

2. 认识集合

把同类的几何图形片放在一起，就构成一个集合。若同时构造几个集合，便可以认识集合之间的关系，如“绿色块”与“正方形”是两个不同的集合，但又有共同的元素，因而就出现交集即“绿色正方形”。

(四) 七巧板

七巧板是一种我国古代发明的、流行很广的智力拼图板。

七巧板是由 1 个正方形分割成 7 块基本几何图形构成的(图 10－26)。这 7 块基本几何图形中，有 5 块三角形、1 块正方形和 1 块平行四边形。

使用七巧板时，要把 7 块板分开，通过不同的组合，拼出各种各样的图案。拼图的规则是：必须在平面上拼，不能把任何一块立起来，也不能重叠；必须把 7 块全用上。

图 10-26

七巧板

用七巧板拼图分为看明图拼图和看暗图拼图。明图是已经画出了七巧板各块位置的图案,学生看着图,直接找出各块板,并放在相应的位置即可,摆明图比较容易,适合培智学校第一、第二学段学生刚开始摆七巧板用。下面是几个这样的图案(图 10-27)。

图 10-27

看明图拼七巧板

暗图是指用七巧板拼出的完整图案中没有画出各块板的位置,只给出图案的结果。看暗图拼图是七巧板的主要活动方式。下面是几个这样的图案(图 10-28)。

图 10-28

看暗图拼七巧板

看暗图拼七巧板要比看明图难得多。可以先让学生用七巧板中的几块拼一些基本图形，如用两个小三角组成一个正方形(图 10－29A)；用两个大小相同的三角形组成一个正方形；用一个小三角形和一个平行四边形组成一个梯形(图 10－29B)。当学生对一些基本的拼摆方式比较熟悉，并在头脑中形成一定的表象后，再让学生独立操作，按要求拼出完整的图案。

A

B

图 10－29

用七巧板拼基本图形

三、教具学具的范例

案例 10－1

魔力积木[①]

1. 教具介绍

“魔力积木”教学具由 10 块正方体积木制作而成，积木的六面根据需要设计图案。本套积木的六面分别是数字、算盘珠码、点状图、蔬菜、水果、人民币，如图 1 所示。

图 1 “魔力积木”

2. 适用对象

“魔力积木”适用于低年级智障学生在学习数与计算内容领域使用。该教学具通过数与量的配对与指认，帮助学生建立和巩固数概念，掌握 9 以内的数序，提高学生的加减计算能力。

① 此案例来自上海徐汇区董李凤美康健学校(作者：杨健)，有改编。

3. 制作方法

(1) 搜集数字、算盘珠码、点状图、蔬菜、水果、人民币的图片，打印、剪切图片。

(2) 挑选大小适中的实木积木。本套教学具选用的积木大小为长 3.4 cm、宽 3.4 cm、高 3.4 cm，注意积木不宜过大，应方便学生携带。

(3) 将图片粘贴到积木的六个面上。在粘贴图案时，每一块积木的上下、左右、前后位置上的图案种类最好保持一致，方便学生翻动积木时观察到的对象是统一的。

4. 使用方法

(1) 数量配对

在开展数量配对活动时要准备两套“魔力积木”，让学生操作积木进行数量配对，帮助他们建立和巩固数概念。先把两套积木分别摆放在左右两边，出示某一边积木上的点状图，让学生根据数量找出另一边积木上的数字，如图 2 所示。还可以让学生根据数字找出相应的数量，如图 3 所示。

图 2　用魔力积木根据数量找出数字

图 3　用魔力积木根据数字找出数量

(2) 排列数序

先把积木有数字的一面朝上，让学生按顺数或倒数的数序依次摆放。也可以把积木有蔬菜的一面朝上，让学生按数量从少到多或从多到少依次摆放，如图 4 所示。

图 4　用魔力积木排列数序

(3) 加减计算

教师指导学生观察积木上的点状图，说出相应的加法或减法算式。比如，教师摆出点状图“1”和“2”，提问：“这是几？你能说一道加法算式吗？”如图 5 所示。

图 5 用魔力积木教学加减计算

案例 10－2

货比三家[①]

1. 教具介绍

“货比三家”教学具由 3 个超市盒子和 3 张作业单组成，如图 1 所示。其中，3 个超市盒子里面放有常见的蔬菜、水果、日常用品、玩具等物品。作业单包括 2 张“小小理货员”和 1 张“货比三家”。

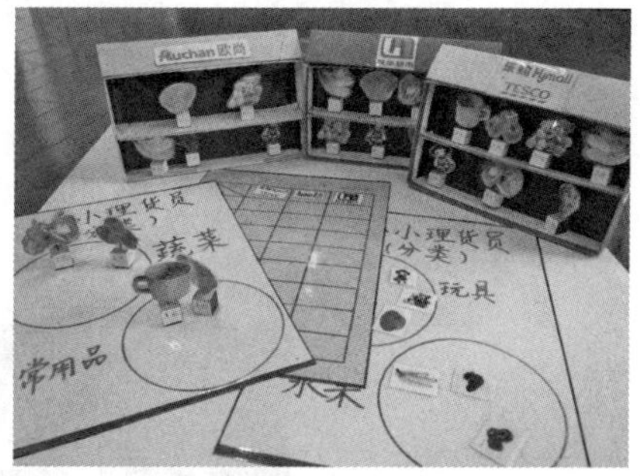

图 1 “货比三家”

2. 适用对象

“货比三家”适合培智学校生活数学第一学段学生使用。该教具不仅能让学生体会到生活中的数学，掌握与生活相关的简单的数学知识，激发学生的学习兴趣；同时对于脑瘫学生来说，通过抓、握、拿、取相关物件，还能够在教学中获得康复训练。

3. 制作方法

(1) 用废旧纸盒或鞋盒子制作超市立体模型。

---

① 此案例来自上海市嘉定区成佳学校(作者：赵慧)，有改编。

(2) 收集超市中常见的物品图片，打印、剪切、塑封图片。

(3) 在小木块上钉铁钉，铁钉的另一端双面粘贴实物图片，制成立体物品模型。

(4) 在立体物品模型的底部标明价格。

(5) 制作记录卡片：在两张彩色 A4 纸上画上 2 个圆，并在圆的旁边标上物品类别。在彩色 A4 纸上绘制表格，包括超市名称、货物等项目，便于学生比较。如图 2 所示。

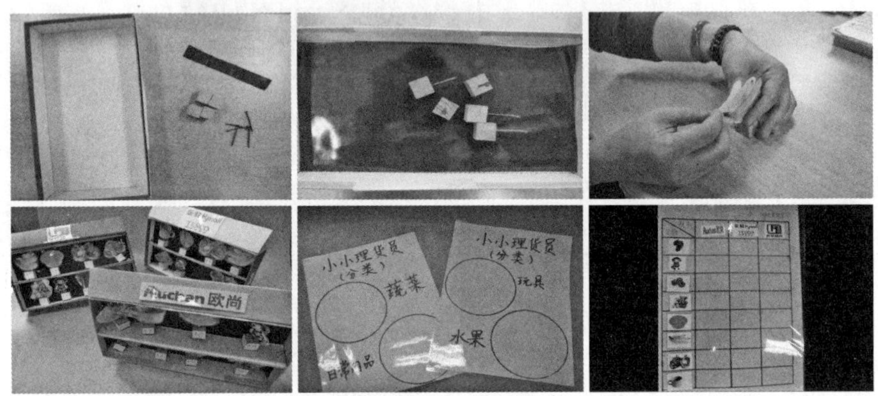

图 2 “货比三家”的制作

4. 使用方法

(1) 物品分类

对超市物品进行分类，把相同类型的物品放在相应类别的圆内，如图 3 所示。

图 3 物品分类

(2) 认识标价

认识 10 以内的数字，会说出立体物品模型上标注的价格，如图 4 所示。

图 4 认识标价

(3) 比较价格

根据数字的大小比较价格,从而得出哪家超市的物品价格更便宜,并把价格最便宜的物品图片贴在相应的表格中,如图 5 所示。

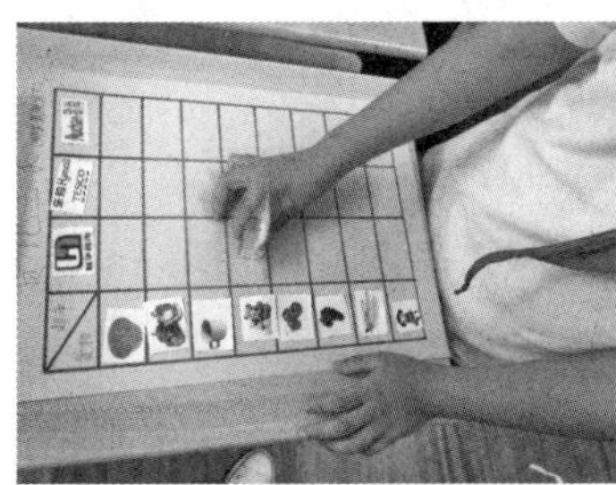

图 5 比较价格

讨论与探究

1. 简述培智学校数学教学运用教具学具的意义。
2. 简述培智学校教具学具的分类与功能。
3. 举一个案例说明制作教具学具的原则。
4. 举一个案例说明如何制作一种常用的教具学具。

进一步阅读的文献/网站

1. 洪梅花. 国小启智教材教具制作与教学实例. 台北:心理出版社,2005.
2. 教学图库,https://cd. edb. gov. hk/la_03/chi/teach_resouce/clipart_collection/TPS_search. htm.
3. 上海特教之窗,http://shsedu. sherc. net/web/stjzc/221018. htm.
4. 上海市特殊教育资源库,http://sser. sherc. net/shserc/resource. do? method=main.

第十一章　培智学校数学课程的教学设计

通过本章学习，你能够：

1. 了解数学教学设计的内涵；
2. 了解数学教学内容分析；
3. 掌握培智学校数学教学目标的确定；
4. 掌握培智学校数学教学重点与教学难点的确定；
5. 掌握培智学校数学教学设计的基本内容。

本章主要介绍培智学校数学教学设计与组织工作，包括数学教学设计的内涵，数学教学设计的基本内容，数学教学设计的编写等。

第一节　培智学校数学教学设计的内涵

教学设计是运用系统科学的方法，遵循教学过程和学生的认知规律，对教学活动进行系统规划。[①] 教学设计的过程实际上是教师为即将进行的教学活动绘制蓝图的过程，教学设计是教学活动得以顺利实施的基本保证。教学设计应该从关注学生需要学习什么知识，为什么要学习这些知识，怎样学习这些知识出发，来考虑教师教什么、为什么教和怎样教的问题。良好的教学设计有利于调动教师和学生双方在教学活动中的积极性、主动性，有利于引导教学活动取得预期的教学质量和教学效果。培智学校数学教学是一个复杂的动态系统，如何使系统中的各组成要素（如教师、学生、教学方法、教学手段及教材）形成最佳结构序列，充分发挥各自的

① 麦曦．教学设计的理论和方法．广州：新世纪出版社，1996：19．

作用，提高教学效能，是教学设计的主要任务。

具体来说，教学设计是面向教学系统、解决教学问题的一种特殊的设计活动，是运用现代学习与教学心理学、传播学、教学媒体论等相关理论与技术，分析教学中的问题和需要，设计解决方法，试行解决方法，评价试行结果并在评价基础上改进设计的一个系统工程。① 教学设计是由目标设计、达成目标的诸要素的分析与设计、教学效果的评价所构成的有机整体。教学设计具有如下基本特征：

（1）教学设计的理论基础是教学理论、学习理论和系统理论，其中，教学理论是教学设计的"内核"，系统理论构成教学设计的"形式"；

（2）教学设计是解决教学问题的科学方法；

（3）教学设计是操作和规划教学活动的程序和过程；

（4）教学设计是以反馈评价对教学效果进行价值判断；

（5）教学设计是一门理论和实践兼备的应用型学科。

数学教学设计作为以数学学科为主要内容的一种特殊的教学活动，具备教学设计的基本特征。数学教学设计是以数学学习论、数学教学论等理论为基础，运用系统方法分析数学教学问题，确定数学教学目标，设计解决数学教学问题的策略方案、试行方案、评价试行结果和修改方案的过程。② 培智学校数学教学设计是在符合培智学校学生的身心发展特点，把握数学教学的特殊规律，遵循教学设计的一般规律的基础上，对教与学的双边活动进行设计。这就要求必须以特殊儿童心理学、数学学习论、数学教学论等理论作为数学教学设计的基础。

数学教学是由数学教师、学生、数学教学内容等要素组成的一个系统。要进行成功的数学教学设计，必须运用系统论的观点和方法，对数学教学系统中的各个要素进行整体的分析和策划，通过系统分析、系统决策和系统评价的操作程序进行教学设计。

数学教学设计通常包括两类：第一类是数学课程设计，包含制定数学课程标准、编选数学教材；第二类是数学课堂教学设计，包含数学单元教学设计、数学课时教学设计。本章主要研究数学课时教学设计，以下简称教学设计。

第二节　培智学校数学教学设计的基本内容

培智学校数学教学设计过程中，教师首先要进行教学分析，包括对数学教学内

---

① 马云鹏.小学数学教学论.北京：人民教育出版社，2012：156.

② 奚定华.数学教学设计.上海：华东师范大学出版社，2001：1.

容的分析和对学生学习情况的分析。通过分析可以有的放矢地制定数学教学目标、明确教学重点难点、选择数学教学策略、设计数学教学活动，才能设计出恰当的学习方案。

一、教学分析

（一）教学内容分析

1. 教学内容分析的内涵与意义

数学教学内容是解决教师教什么和学生学什么的问题，它的主要依据是数学教材。数学教材是在数学教学过程中协助学生达到教学目的的各种数学知识信息材料，是按照一定的教学目标，遵循相应的教学规律组织起来的数学理论知识系统。这里所说的数学教学内容分析，主要是指对数学教材的分析。

数学教材分析是数学教师进行教学设计的基础，数学教师只有在深刻理解数学教材的基础上，才能灵活地运用数学教材、组织教材和处理教材，深入浅出地上好每一堂数学课，取得良好的教学效果。数学教材分析是数学教师教学工作的重要内容，也是数学教师开展教学研究的主要方法之一。数学教材分析能充分体现教师的教学能力和创造性的劳动。教师通过数学教材分析，能不断提高自身的业务素质，并加深对数学教育理论的理解。因此，数学教材分析对于提高数学教学质量，提高数学教师的自身素质都具有十分重要的意义。

2. 教学内容分析的基本步骤

培智学校数学教学内容分析可以从钻研数学课程标准、分析数学教材内容两方面着手。

（1）钻研数学课程标准

《培智学校义务教育课程设置实验方案》和《培智学校义务教育生活数学课程标准》是国家课程的基本纲领性文件，是国家对基础教育数学课程的基本规范和质量要求。它对学生接受九年数学教育应达成的基本素质要求进行了具体描述，具有一定的法规性质。它是编写教材、开展教学、评估教学质量以及测试评估的依据，是国家管理和评价课程的基础。它体现了国家对不同阶段的学生在知识与技能、过程与方法、情感态度与价值观等方面的基本要求。

（2）分析数学教材

数学教材分析遵循从整体到局部的思路，先做结构分析，搞清教材的系统性，再以知识结构为导向，进行各部分的内容分析和习题分析，使教学内容了然于胸。

一是教材结构分析，了解数学教材的整体结构、地位作用和前后知识点的联系。教师要通览全套教材，了解数学教材的全貌。如果有困难，则至少浏览前后几册课本，特别是弄清本册教材与前后册教材相关部分的内在联系；在此基础上，分析本册教材有哪几个单元，涉及哪几个领域，哪几个单元是本学期的教学重点；然后深入每个单元，分析这一单元内容的前后联系，也就是搞清这部分内容的学习基础是什么，它又能为哪些后继内容的学习作出铺垫。

二是教学内容分析，主要分析一堂课的知识、技能内容。如，分析一堂课有哪些知识要点，它们之间的相互关系、前后次序如何，其中哪些是重点、难点和关键点，核心概念有哪些，着重训练的技能是什么等。一堂课的具体内容结构如图 11－1 所示。

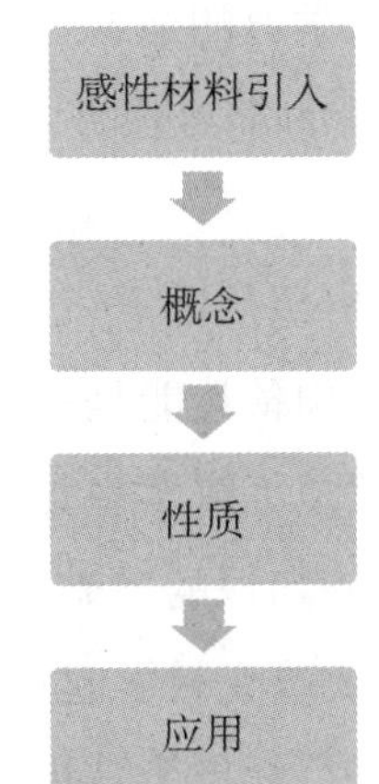

图 11－1

一堂课的具体内容结构

例如，“正方体”（辅读学校教材《实用数学》第十六册，上海教育出版社，第 45—47 页）的知识结构分析如图 11－2 所示。

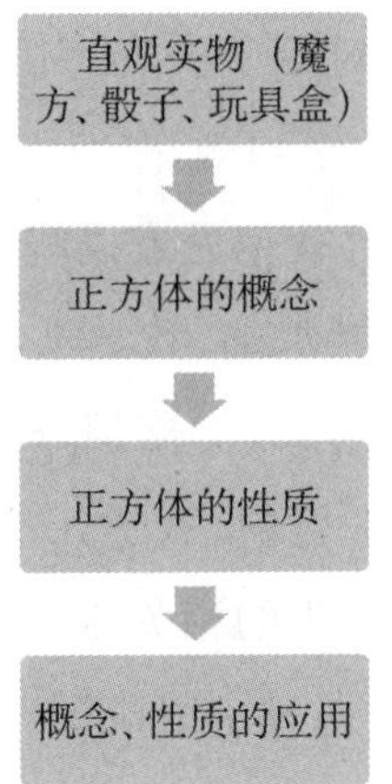

图 11－2

“正方体”教学的知识结构

三是例题习题分析，分析例题习题的编写意图、难易程度与所占分量。分析例题、习题配备的目的性，搞清每道例题、习题的安排意图和作用，弄清哪些是巩固概念和法则的基本题，哪些是促进理解、应用的变式题，哪些是复习已学内容的巩固题，哪些是需要用到几方面知识的综合题，哪些是引申、深化知识的思考题；分析例题习题之间的层次性，弄清楚由易到难、由浅入深的顺序，以及各类习题如何与例题搭配；分析例题习题的分量，根据教学目标的要求和学生的水平，结合题目的数量和难易程度，估计例题习题的分量是否恰当。如果分量不够，就需要补充；如果分量过多，则需要精简。

（二）学生学习情况分析

学生学习情况即学生的学习准备，是指学生在从事新的学习时，其原有的知识水平或原有的心理发展水平对新的学习的适合性。学生原有的学习准备状态就是新的教学的出发点。学生在接受新的学习任务之前，原有知识技能的准备是学生习得新的能力的内部前提条件。

一般来说，学生的起点能力分析包括以下三个方面：

一是对学生预备技能的分析。预备技能是指进行新的学习所必须掌握的知识与技能。对学生预备技能的分析就是了解学生是否具备了进行新的学习所必须掌握的知识与技能，是否具备学习新的知识的基础。如果学生没有掌握预备技能，那么就不具备学习新知识的条件，需要改变教学起点，补上这一部分内容。

二是对学生目标技能的分析。目标技能是指教学目标中要求学会的知识与技能。对学生目标技能的分析就是了解学生是否已经掌握或部分掌握了教学目标中要求学会的知识与技能。如果学生已经掌握了部分目标技能，那么这部分教学内容就没有必要进行。

三是对学生学习态度的分析。了解学生的学习态度，对选择教学内容和教学方法都有重要的影响。如果学生对所学内容态度积极，那么他就会认真学习所要学习的内容，就有可能取得较好的学习效果。因此对学生学习态度的分析就是要了解学生对所要学习的内容是否存在偏见或误解。

要了解学生的数学知识与技能基础、数学学习的能力与数学学习的情感与态度，主要通过以下几种方法进行：第一，文档调查法。查阅学生以前的相关学习档案，比如学生的个别教育计划、作业资料、数学评估资料、教师与学生以往接触的资料等。或者查阅针对这个年龄段学生的相关研究文献，比如心理学、教育学以及有关的学术期刊等。第二，访谈法。通过小组谈话、个别谈话或者找与学生有直接接触的人员进行谈话，来了解学生的学习情况。第三，测试法。教师组织一系列测试，包括课前测验、重新布置课前练习及作业等，来了解学生的学习情况。第四，观察法。教师观察学生在不受约束的情况下的言行举止及其综合学习环境。第五，经验分析法。教师根据自己以往与学生接触的经验对学生的学习情况进行分析。

二、教学目标

（一）教学目标

教学目标是教学活动预期达到的结果，是学生通过学习以后预期产生的行为变化。它表现为对学生学习成果及中介行为的具体描述。在教学活动开始之前，教师必须明确学生学习结果的类型，并且用清晰的语言陈述教学目标。编制教学目标是教学设计中非常重要的组成部分。

当前，在教学实践中存在着教学目标设计不合理的现象，主要表现在以下方面：(1)对教学目标的设计不够重视，教学目标设计形式化，模式化；或照搬现成教案上的教学目标，使得不同地区不同学校的教师，其设计的教学目标千篇一律，在编写中为了体现新课程三维目标，形式化地将教学目标分为知识与技能、过程与方法、情感态度与价值观三个部分。教学目标设计缺乏对实际教学的导向调节作用。(2)对教学目标的定位不够清楚。要么把一节课的教学目标设置得太笼统，与教育目的、课程目标混为一谈；要么设置得过于精细，将教学目标与教学任务混为一谈。(3)对教学目标的本质把握不清，将知识、技能、能力目标分割理解；将过程方法目标当作教学方法手段，认为是探究教学过程教学；将教学目标设计为学生的活动过程或活动内容，而不是活动结果。(4)教师对教学目标的知识类型、学习认知过程和学生学习情况缺乏必要的分析，目标内容没有起到对教学以及评价的指导作用。(5)对教学目标应如何编写缺乏方法论上的指导。教学目标用词过于抽象概括，目标表述含糊空洞，与教学内容脱节，在实际中很难操作。教学目标缺乏对行为条件和行为程度进行限制的词汇，致使教学目标缺乏可检测性，难以评估。

（二）教学目标的陈述

教育心理学家对于教学目标的陈述有两种不同的观点：行为主义强调用可以观察和测量的行为来描述教学目标；认知学派则主张用内部心理过程来描述教学目标。下面我们分别介绍这两种陈述教学目标的方法。

1. 教学目标的要素

美国心理学家马杰(Mager, R. F.)提出，教学目标应包括三个基本要素：行为、条件和标准。后来在教学实践中他又感到还需要补充教学对象，这样，教学目标就更加明确，形成了 ABCD 法。

（1）教学对象（A，audience）。它是教学行为的主体，行为目标描述的是学生的行为，而不是教师的行为。有的教学目标写成“教师给学生……”、“使学生……”或“培养学生……”，这些都是错误的。教学目标规范的写法开头是“学生应该”，不过通常省略这四个字，但不管是否写这几个字，教学目标总是针对学生提出的。严格地说还应明确注明特定的教学对象，例如“一年级上学期的学生”。

（2）行为（B，behaviour）。在教学目标中，行为的表述是最基本的成分，说明学生在教学过程结束后应该达到什么要求。行为的表述应具有可观察的特点，应使用明确的行为动词来描述。传统的方法是用“了解”、“理解”、“掌握”等动词来表述，但这些动词的含义较广，理解的程度因人而异，因而目标就不够明确。这些词语可以用来表述课程目标和单元目标，但不适于表述课时教学目标。

描述行为的基本方法是使用动宾结构的短语，行为动词说明动作的类型，宾语说明学习的内容。例如“画出”、“比较”、“列举”等都是行为动词，在它们后面加上动作的对象，就构成了教学目标中关于行为的表述。

（3）条件（C，condition）。条件是指学生完成行为时所处的情境，就是在什么情况下评价学生的学习结果。条件包括环境、人、设备、信息、时间、问题明确性等因素。

（4）标准（D，degree）。标准是行为完成质量的可接受的最低衡量依据。对行为标准进行具体描述，可使教学目标具有可测性。标准一般从行为的速度、准确性和质量等方面来确定。

2. 教学目标的表述范例

在编写教学目标时，教学对象往往是非常明确的，通常在每一个教学目标中省略教学对象。行为的表述是关键内容，必须具体写明，不能省略。相对而言，条件和标准是可选部分。描述行为的基本方法是使用动宾结构的短语。行为动词说明学习的类型，宾语说明学习的内容。一般来说，学习的内容比较明确，教师容易掌握。下面举例说明如何表述教学目标。

（1）行为

① 能指认（行为）正方形。

② 能读出（行为）数字 5。

（2）行为＋标准

① 能背出(行为)九九乘法口诀表,正确率超过80%(标准)。

② 能正确(标准)唱数(行为)20以内的数。

(3) 条件+行为

① 用计算器(条件)计算(行为)10以内数的加法。

② 利用直尺(条件)测量(行为)出作业本的长度。

(4) 条件+行为+标准

① 能在10分钟内(条件)计算(行为)5个10以内数的加法算式,至少正确回答3题(标准)。

② 能在教室中(条件)找出(行为)5种以上(标准)圆形物品。

(三) 教学目标编制的步骤

1. 学习《培智学校义务教育生活数学课程标准》

首先通过学习《培智学校义务教育生活数学课程标准》,了解数学教学的目的、内容和教学要求,明确数学教学的原则以及测试评估的方法和要求,对整个数学学科教学的目的、要求、内容和方法有一个全局性的认识。

2. 明确单元教学目标

课时教学目标是单元教学目标的子目标,所以在编制课时教学目标前,必须明确本单元的教学目标,将单元教学目标进行分解。在此基础上,结合本课时的教学内容,制定本课时的教学目标。

3. 明确本课时教学的具体内容和要求

在熟悉这一课时教材的基础上,领会它的编写意图,并进一步对本课时学习内容的类型进行分析。弄清楚这段教材中有哪些数学事实、数学概念、数学原理、数学问题解决、数学思想方法、数学技能、数学认知策略和态度。再进一步根据单元教学目标,教材的深度和广度,例题、练习的要求和难度,确定每一个学习内容所要达到的水平。

4. 了解学生的学习基础和学习特点

通过对学生学习情况的分析,了解学生的起点能力、心理特点和学习风格,对学生进行分层,为编制分层教学目标提供依据。

5. 按照内容和水平分类确定教学目标并加以陈述

根据教学目标编制的方法,区分不同的内容和水平。根据每一个学习内容所要达到的水平,在它的前面选择合适的行为动词。

编制教学目标时需要注意的事项包括:第一,应该判断这堂课所属的课堂教学性质，即是属于新授课还是复习小结课；倾向于概念教学偏多，还是运算教学偏多。例如，新授课往往倾向于基础知识（概念、性质、法则、公式、公理、定理等）的落实以及基本技能的形成（运算技能、作图技能、逻辑推理技能等），而非概念的应用。第二，应该结合课堂教学的对象确定教学目标。课堂教学的性质、课程标准的要求固然是确定教学目标的重要考虑因素，但学生的学习基础等具体情况在确定教学目标时也不可忽视。例如，如果学生的学习基础比较好，可以适当提高教学目标的要求，但一般不宜超越课程标准提出的要求。第三，在编制教学目标的时候，避免使用“使动词”，如“使学生掌握……”等。第四，每一条教学目标列出的学习要求不宜过高，最好只有一个行为目标。

案例 11－1

两个物体的长短的教学目标[①]

A 组：

（1）能理解“长短”的含义，正确判断两个物体的长短。

（2）能运用两个物体一端对齐的方法，正确比较物体的长短。

（3）能初步了解“长短”在生活中的作用，学习解决生活中的长短问题。

B 组：

（1）能理解“长短”的含义，能在口头提示下，指出哪个物体长或哪个物体短。

（2）在教师的动作提示下，体验用两个物体一端对齐的方法，比较物体的长短。

（3）能感知生活中具体物体的长短。

C 组：

（1）感知物体的长短。

（2）能跟读哪个物体长或哪个物体短。

三、教学重点与教学难点

教学重点，是指在教学中起决定性作用并在学生进一步学习中起基础作用和纽带作用的内容。比如，教材中有关概念的形式，定义、定理、定律、公式、法则的内

① 此教学案例来自上海市特殊教育资源中心（作者：潘佳），有改编。

容及其推导和应用,各种技能技巧的培养和训练,解题的要领和方法等都可以确定为教学重点。

教学难点,是指学生接受起来比较困难的内容。不同程度的学生面临的教学难点不同,但多数是有规律可循的。比如,比较抽象的知识,内在结构过于复杂的知识,本质属性比较隐蔽的概念以及各种逆运算等都可以确定为教学难点。

教学重点与难点的把握是体现一个数学教师是否成熟的重要指标。一般说来,教学重点与难点出现"重复"或"交叉"的现象比较多,但也存在教学重点并非教学难点或者教学难点并非教学重点的情况。

1. 教学重点分析

确定教学重点一般要综合考虑这样几个因素:一是《课标》所指定的内容;二是学生的知识薄弱点;三是以前的教学任务完成情况以及以后的教学任务设定;四是整体教学任务特别是单元教学任务的规划情况。

2. 教学难点分析

一般来说,教学难点包括以下内容:一是抽象的概念。这是因为培智学校学生的思维普遍表现出以具体形象思维为主,凭借事物的具体形象或表象而进行思考,难以形成抽象的概念。例如,数概念、减法概念、线段概念、时间概念等。二是容易由思维定式带来的负迁移。例如,整数的加法与减法,整数的读法与小数的读法,整数的运算与小数的运算等。三是根据《课标》要求不需要掌握的内容。比如,体积概念,线面垂直、平行等问题。四是某些与学生生活经验缺乏相关性的数学知识应用,例如利率、商品折扣等问题。

四、教学活动

在完成教学分析、教学目标的编制、教学的重点与难点的分析之后,还需要对数学教学过程中的每一个阶段、每一项具体教学活动进行设计。如导入设计、情境设计、提问设计、例题设计,练习设计、小结设计和板书设计等。下面我们分别加以说明。

(一) 导入设计

1. 导入概述

导入是指在学习新的教学内容或开展新的教学活动开始前,引导学生进入学习状态的教学行为方式。它是课堂教学的序幕,也是课堂教学的重要环节。

导入的功能主要表现在以下几个方面:

(1) 引起学生注意，使学生进入学习情境；

(2) 激发学生的学习兴趣和学习动机；

(3) 明确学习目的，调动学生学习的积极性；

(4) 建立知识之间的相互联系，为学习新的内容做好准备。

2. 导入的方法

进行课堂教学设计时，要根据教学的目标和内容灵活运用导入的方法。常用的导入方法有以下几种：

(1) 情境导入。数学在生产和生活实际中有广泛的应用，很多数学概念、定理、公式和法则都来自实践，与日常生产和生活有密切的联系。因此，可以选取一些生动形象的实际例子来引入数学知识。这样既可以激发学生的学习兴趣和学习动机，又符合学生从实践到理论、从感性知识到理性知识的认识规律。

例如，在学习"分数的初步认识"时，[①]教师首先提出以下实际问题让学生思考："过几天就是传统节日中秋节，中秋节我们要吃月饼，想一想，如果把一个月饼平均分给两个同学，每人能吃到多少呢?"教师让学生试着分一分，又采用重合的方法比较分开的月饼的大小。"一个月饼用'1'表示，那么半个月饼用哪个数表示呢?"由此引入分数的认识。

(2) 直观导入。在学习新课之前，先让学生观察实物、模型、图片、投影或电影录像等，引起学生的学习兴趣。学生通过直观形象演示操作，感知数学知识，从而导入新课。例如"认识钟面"的导入可以这样来设计：教师出示几组不同形状的时钟图片，让学生观察并回答下列问题：①这是什么？②它有什么作用？③它的上面有什么？

(3) 复习导入。这是一种常用的导入方法。在学习新知识前，先复习旧知识，在旧知识的基础上，引导学生提出问题、发现问题，从已知的领域进入未知的境界，从而引入新知识。

例如，学习"认识 20 元、50 元、100 元"时，先复习 1 元、5 元、10 元的认识，回顾认识人民币的方法，先看数值，再看单位。然后在此基础上出示 20 元、50 元、100 元的人民币，让学生思考这是什么面值的人民币，并且说明理由。由此引出认识 20 元、50 元、100 元面值的人民币。

(4) 故事导入。学生都爱听有趣的故事，通过讲故事导入，可以使学生对所学内容产生浓厚的兴趣，激起强烈的求知欲望。而且很多数学故事还蕴含着数学思

① 此教学案例来自上海市特殊教育资源中心(作者：陆爱燕)，有改编。

想方法,对培养学生的数学意识、数学观念很有好处,有时又可以对学生进行思想品德教育,培养学生的爱国主义精神。

(二) 情境设计

1. 教学情境概述

教学情境是一种特殊的教学环境,是教师为了发展学生的心理机能,通过调动学生的"情商"来增强教学效果,有目的地创设的教学环境。它也是教师根据教学目标和教学内容,创造出的师生情感、欲望、求知探索精神高度统一、融洽和步调一致的情绪氛围。创设教学情境,不仅可以使学生容易掌握数学知识和技能,而且可以"以境生情",使学生更好地体验教学内容中的情感,使原来枯燥、抽象的数学知识变得生动形象、饶有趣味,并且受到思想品德教育。

2. 教学情境的类型

(1) 问题情境。教师提出具有一定概括性的问题,与学生已有的认知结构之间产生内部矛盾和冲突,学生单凭现有的数学知识和技能暂时无法解决,于是激起学生的求知欲望,形成一种教学情境。在教师的指导下,学生通过探索和研究解决问题。

例如,在教学"三位数的读写"时,[①]教师提出问题:"小海贝碰到难题了,一个数的最高数位是百位,它是几位数呢? 谁能帮帮它? 说说你是怎么想的?"教师借用学生熟悉的"海贝社区"来提出问题,以此激发学生的学习兴趣。

(2) 故事情境。教师通过讲数学知识发现的故事、数学家的故事,创设教学情境,激发学生学习数学的求知欲望,使学生在听故事的过程中学习数学知识,接受思想教育。

(3) 活动情境。教师组织学生进行与数学知识有关的活动,构建教学情境,让学生在活动中提高学习数学的兴趣,掌握数学知识。

例如在教学"人民币的认识"时,可以开展模拟购物活动。将班级分成 3 个小组,一个小组扮演顾客,另一个小组扮演收银员,还有一个小组扮演超市工作人员。顾客购买商品,超市工作人员向顾客介绍商品标价,收银员收钱找零。在活动进行一段时间以后,扮演顾客、收银员、工作人员的各小组角色交换。通过模拟购物情境,让学生掌握人民币的应用。

(4) 竞争情境。教师设计一些数学问题,将学生分成多个小组,创设进行比赛

---

① 此教学案例来自上海市特殊教育资源中心(作者:沈湘萍),有改编。

的情境，让学生之间开展竞争，比准确、比速度、比技巧。

例如在“复习20以内数的进位加法”时，[①]可以设计雏鹰争章活动。通过竞争礼仪海贝章、爱心海贝章、环保海贝章、服务海贝章、才艺海贝章等5个活动，将枯燥的运算设计成生动活泼的竞争互动练习，帮助学生整理与复习了20以内数的进位加法，引导学生找到了20以内数的进位加法表的排列规律，让学生体验到了成功的快乐。

（三）提问设计

1. 提问设计概述

提问是指教师根据教学内容的目的要求，以提出问题的形式，通过师生相互作用，检查学习、促进思维、巩固知识、运用知识实现教学目标的一种教学行为和方式。它是数学课堂教学的重要环节，是数学教师与学生交流的一种重要方式。

根据学生对问题的认知水平，将提问分为六类：(1)回忆型提问：通过回忆以前学过的定义、定理、公式和法则，回答教师要求记忆的内容，让学生对已经学过的知识再现和确认。(2)理解型提问：要求学生对已知信息进行内化处理后，能用自己的话对数学知识进行表述、解释和组合，对所学的概念、定理等进行比较，揭示其本质区别。(3)运用型提问：设置一个新的问题情境，让学生运用新习得的知识结合过去学过的知识解决新的问题。(4)分析型提问：要求学生把事物的整体分解为部分，把复杂事物分解为简单事物，分清条件与结论，找出条件和结论之间的因果关系。(5)综合型提问：要求学生把事物的各个部分、各个方面、各种要素、各个阶段联结成整体，找出其中的相互联系和规律。(6)评价型提问：要求学生通过分析、讨论、评论、优选解法，对事物进行比较、判断和评价。

2. 提问设计的原则

(1) 目的性。课堂教学提问要紧紧围绕教学目标，有目的地设计实施。可以从以下方面来进行：根据教学的重点和难点设计问题；选择教学的突破口设计问题；在新旧知识的连接点处设计问题；在数学概念容易混淆处设计问题；在教学内容总结处设计问题。

(2) 明确性。课堂教学提问要明确具体，表述要清楚。要使学生明确提问什么，思考什么，回答什么，而不能笼统模糊、模棱两可。

(3) 启发性。课堂教学提问要针对学生的旧知识和新知识的矛盾，提出对于学

---

① 此教学案例来自上海市特殊教育资源中心（作者：肖靓），有改编。

生来说既不是完全不知，又不是完全知道的问题，让学生借助已知去探索未知，启发学生思维。

(4) 层次性。课堂教学提问的难度要有一定的层次，既有认知水平较低的问题，又有认知水平较高的问题。

(5) 系统性。课堂教学提问要按教材内容和学生认知发展的顺序，由浅入深、由易到难、由近及远，设计一系列的问题链。

(6) 针对性。要根据学生的年龄、知识基础和能力来设计问题。问题难易要适当，提问要面向全体学生，要按班级中等学生的水平设计问题。要使问题处于学生能力的最近发展区，学生经过认真思考可以回答。

(四) 例题设计

1. 例题设计概述

数学例题是指帮助学生理解、掌握和运用数学概念、定理、公式和法则的数学问题，是教师用作示范的具有一定代表性的典型数学问题。它是把数学知识、技能、思想和方法联系起来的纽带。例题教学是数学教学的重要组成部分，是抽象的概念、定理、公式和具体实践之间的桥梁，是使学生把数学知识转化为数学能力的重要环节。通过例题示范，让学生在模仿的基础上掌握解决问题的思路、方法，学会语言表达与书写格式，加深对数学基础知识与技能的理解，提高解决问题的能力。

2. 例题设计的原则

(1) 目的性。编制的例题要紧紧围绕教学目标，有的例题是为了引出概念，有的是为了推导公式，有的是为了说明定理和法则的运用，也有的是为了强调解题格式和书写规范，还有的是为了体现某种数学思想方法。教师要根据不同的教学目标，选择不同的例题。

(2) 典型性。编制的例题要选择具有代表性的问题，即通过教学能举一反三、一题多解、一例多用、由此及彼、触类旁通。通过示范，让学生掌握解题的一般方法和规律。

(3) 启发性。编制的例题要富有启发性，要选择那些有利于启发学生思维，有利于创造条件让学生自己去发现的问题，引导学生对问题进行探索，进行多角度、多方向的分析与思考。

(4) 科学性。编制的例题要是正确无误的，条件必须是充分的、不矛盾的，题目的叙述必须是明确清楚的，题目的要求必须是切实可行的。

(5) 变通性。编制的例题要能够一题多变,通过变化条件、变化结论、纵向引申、横向拓展,开拓学生的思维途径和思维空间。

(6) 有序性。编制的例题在内容和要求上要注意循序渐进,由浅入深、由易到难、由简单到复杂。

(五) 练习设计

1. 练习设计概述

数学练习是一种有目的、有组织、有指导的数学学习实践活动,是学生将所学的数学知识转化为数学技能、技巧,形成数学能力的重要途径和手段。恰当的练习能够使学生进一步加深理解和掌握数学知识与技能,提高学生的数学应用能力,同时有助于及时反馈,让教师了解学生的学习情况。

根据练习的作用,练习可以分为以下几种类型。(1)准备性练习:为了学习新知识,需要通过练习,复习原有的数学知识。(2)理解性练习:为了让学生正确理解概念,设计一些练习让学生进行辨析。(3)巩固性练习:在学习新的知识后,设计与例题相仿的题目让学生练习,巩固所学的数学知识和技能。(4)运用性练习:在学生初步理解数学知识的基础上,让学生在新的情境中运用新的知识。(5)形成性练习:为了反馈教学效果,检查教学目标是否达到而编制的一组练习。

2. 练习设计的原则

(1) 目的性。课堂练习要根据教学目标来选择和编制,通过练习要使学生理解和掌握数学概念、定理、公式和法则。

(2) 层次性。课堂练习要有层次、有梯度,由易及难,由浅入深,循序渐进,逐步提高。练习一般包含四个层次:一是模仿,即与例题类型和难度基本相同的题目。二是变式,即本质特征与例题相同,非本质特征与例题不同的题目。三是灵活,即通过综合和灵活运用数学知识才能解决的问题。四是创造,即带有思考性和创造性的问题。

(3) 整体性。课堂练习的内容要全面体现教学目标,既要注意知识的掌握,技能的训练,还要注意能力的培养和数学思想方法的熏陶。

(4) 适度性。课堂练习要有一定的数量才能使学生达到熟练掌握的程度,但是由于时间的限制,而且要根据学生的水平,因此在设计时要适当控制练习的数量和难度。太多、太难不一定效果好。有时重复学习的频率越高,保持的效率反而递减。

(5) 多样性。练习类型要多元化，既要有填空题、选择题，又要有解答题；练习方式要多样，既要有口答题，又要有笔答题，还要有一些动手操作题。

(六) 小结设计

1. 小结设计概述

课堂小结是指在完成一个教学内容或教学活动时，对内容进行归纳总结，使学生对所学知识形成系统，从而巩固和掌握教学内容的教学行为方式。小结可以由教师来进行，可以由学生来做，也可以由师生共同来完成。小结是课堂教学的重要组成部分，它可以起到对教学内容画龙点睛、提炼升华、延伸拓展的作用。

课堂小结能够将所学的数学概念、定理、公式和法则等进行系统的整理、归纳，沟通各种知识之间的相互联系，使之条理化、结构化和系统化，便于巩固和记忆。课堂小结能够使学生进一步明确教学的重点、难点和关键点，掌握运用数学概念、定理、公式和法则时要注意的条件和范围。

2. 小结设计的原则

(1) 概括性。课堂小结要对本节课所教的内容进行梳理、归纳、概括，突出最重要的知识、最本质的内容，把整个一节课的内容概括成简单的几个要点。

(2) 简约性。课堂小结的内容要简明扼要，突出重点，抓住要点，语言要明确和精练。

(3) 启发性。课堂小结不仅要把当堂课所学的知识进行归纳总结，还要联系沟通以前的知识，启发学生进一步探索和研究，让学生在课后进一步回味。

(七) 板书设计

1. 板书设计概述

板书是指教师在黑板上书写文字、符号、图表等传递教学信息的教学行为方式。由于数学教学内容符号化的特点，很多的数学定理、公式需要证明和推导，大量的数和式需要进行运算，还有许多几何图形需要绘制，因此板书是数学教学的一种重要教学手段，也是数学教师教学的基本功。

板书可以使学生从视觉上获得信息，使视听刺激相结合，加强教学信息的传递效果。听觉信息受到时间的限制，有时教师的讲解学生没有听清或一时还不理解，那么就会降低信息接受的程度。而板书能够滞留一段时间，可以弥补听觉信息的不足，加深学生的理解与记忆。同时，精心设计的板书可以揭示知识结构，有助于学生了解数学概念之间的逻辑关系。

2. 板书设计的原则

(1) 简明扼要,突出重点。板书必须概括地写出教学内容,提纲挈领,重点突出,以简练的文字表示丰富的内容。

(2) 事前计划,合理布局。板书要有计划,要事先设计好布局。哪些内容写在什么位置,哪些内容要保留,哪些内容要去掉,都要提前准备好。

(3) 书写规范,示范性强。板书字体要端正,笔顺要正确,数学符号、公式书写要规范,画图要准确。

(4) 形式多样,启发思维。要注意使用文字、表格、线条、图形等各种形式,再加上色彩,吸引学生的注意力,启发学生积极思维。

第三节　培智学校数学教学设计的编写与典型案例

一、教案的编写

课时数学教学设计简称为教案,它是课堂教学之前具体的教学设计方案,是教学设计的最后成果之一,它应该力求反映出课堂教学过程的全貌。

一般地,新授课的基本教学环节包括:第一步,引入环节;第二步,讲授环节;第三步,巩固小结;第四步,小结作业。

教案分为详案和简案。详细的教案,在复习引入环节,要求写出复习哪些具体内容,提问哪几个问题来引出新课;在新授环节,应如何提出授课内容,如何逐步启发,具体步骤如何;在巩固阶段,是教师还是学生归纳、小结,课堂练习如何进行,谁上黑板板演,不同水平学生的练习要求有何差异等;在作业环节,是否需要提示或解释并注明。同时,需要使用哪些教具,板书如何计划,各环节的时间分配,都需要在教案中说明。在教案的最后,还可附一个教学后思,以便上课之后记载这堂课的教学经验和问题,反思得与失。简略的教案,相当于详细教案的提纲,主要包括教师和学生进行活动的基本步骤,简要说明讲授内容和教学方法。

一般地,新教师宜写出详细的教案。这样,不仅有助于课堂教学的实施,同时有助于教师积累教学经验。在编写一节课的教学设计时,需要全局把握同一教学内容的不同课时与整个单元的教学设计,这样有助于保证整个内容领域的完整性与系统性,提高教学质量。在完成教案的编写工作之后,最好在上课前按照教案试讲,以提高课堂教学的有效性与流畅性。

二、教学设计的典型案例

教学设计按课题、教材、教学目标、重点与难点、教学方法与手段、教学流程等顺序撰写，最后进行教学设计说明。现举例如下。

案例 11－2

“得数是 7 的加法”的教学设计[①]

【课题】

得数是 7 的加法。

【年级】

培智学校二年级。

【课时】

第 5 课时。

【课型】

新授课。

【教材】

《实用数学》(上海教育出版社)二年级下册“得数是 7 的加法”。

【学情分析】

二年级共有 9 名学生，是一个智力障碍中重度混合的班级。其中有 1 名脑瘫学生，1 名自闭症学生。总体来说，班级的学生思维比较单一，语言贫乏，注意力缺乏稳定性。但是值得肯定的是，学生有学习的兴趣，多数学生在老师的鼓励和引导下，课堂上也表现得比较活跃。“得数是 7 的加法”是在学生已经学习了“6 以内数的加法”基础上进行教学的，相对来说学生对看图说意、摆出或写出算式已经有了一定的基础，对加法的含义也有了初步的了解。根据学生的差异，在教学中把学生分成三个层次：A 组学生 4 人，能力较强，他们能够基本掌握学习的内容，能够理解 6 以内数的分与合，独立计算 6 以内数的加法；B 组 2 人，他们能够借助图片、雪花片、小棒等一些学具，初步理解加法的含义，并且借助学具能够计算 6 以内数的加法；C 组 3 人，能够跟读算式。

【教材分析】

教材运用了《实用数学》(上海教育出版社)第四册中的“得数是 7 的加法”。该课题共安排了 10 个课时：第一、二课时是学习“7 的分与合”，第三、四课时是学习“1＋6＝7”，“6＋1＝7”；第五、六课时是学习“2＋5＝7”，“5＋2＝7”；第七、八课时是学习“3＋4＝7”，“4＋3＝7”；第九、十课时是综合练习。本堂课的教学内容是本单元的第五课时，复习数的组成与口

① 此教学案例来自上海市嘉定区成佳学校(作者：沙燕)，有改编。

算，导入新课。通过创设情境，说图意，列加法算式“2＋5＝7”，“5＋2＝7”；运用按物点数、数的组成等方法正确计算加法算式“2＋5＝7”，“5＋2＝7”。

【设计思路】

《课标》中阐述了课程理念，指出：“内容既要反映社会发展的需要，考虑数学本身的特点，又要符合特殊教育的基本规律和特点，遵循学生身心发展规律。内容的选择要贴近学生的实际，有利于学生体验、理解、思考。”根据纲要要求，结合班级学生的特点，本堂课在教学设计上重点关注了以下几点：

1. 关注情境设置，解决生活问题

生活数学强调与学生日常生活经验的紧密联系，在教学设计中，创设了生动的生活化情境，在巩固新知阶段，所用的照片也源于学生的生活。这些情境的创设，不仅符合培智学校学生的认知水平，也容易激发他们的学习兴趣，同时也培养了学生解决生活中简单问题的能力。

2. 关注操作活动，引导参与体验

儿童的认知发展经过具体形象思维到抽象概括思维的过程，培智学校学生的认识发展亦是如此。通过强化操作活动，能使学生建立清晰深刻的表象。如：在让学生学习“得数是7的加法”之前，先让学生摆一摆雪花片，掌握数字7的组成，便于学生对加法算式的理解。当学生对算式有一定的了解之后，采用看图写算式或者让学生摆出算式等一些系列的操作活动，促进学生对加法含义的理解，提高他们的计算能力。

3. 关注分层教学，力求全员发展

基于学生差异明显，在教学设计时，注重目标的分层。在教学中，每个环节都注重分层的设计。如，复习口算环节，设计C组学生跟读算式；操作环节，进行个别辅导；在巩固新知环节，采用A组与B组学生合作学习，C组学生则由教师直接辅导的教学方法；在口算卡片环节，在计算数量上进行分层。通过各种分层设计，使不同层次的学生都能得到发展。

4. 关注激励评价，激发学习兴趣

激励性评价的目的是促进学生个体的全面、和谐和可持续发展。在教学过程中，教师应及时给予学生激励性的评价，这些激励评价包括口头肯定（如“回答得真完整”“声音真响亮”等）和肢体鼓励（如点点头、微笑等）。通过各种形式的激励评价，提高学生学习的自信心，激发学习数学的兴趣。

【教学目标】

A组：

(1) 根据情境进一步理解“得数是7的加法”含义，能借助实物说出加法算式（2＋5＝7，5＋2＝7）的算理。

(2) 能独立列出加法算式（2＋5＝7，5＋2＝7）。

(3) 在情境中体验学习的快乐，成功的愉悦，培养合作意识和乐于助人的精神。

B组：

(1) 根据情境进一步理解“得数是7的加法”含义，并借助实物复述加法算式(2＋5＝7或5＋2＝7)的算理。

(2) 借助提示，列出加法算式(2＋5＝7或5＋2＝7)。

(3) 在游戏情境中体验学习的快乐，成功的愉悦，培养合作意识和乐于助人的精神。

C组：

(1) 根据情境能跟读加法算式，跟着说一说加法算式的算理。

(2) 在情境中体验到学习的快乐。

【教学重点】

能正确计算得数是7的加法。

【教学难点】

理解并准确说出得数是7的加法算理。

【教学资源】

多媒体课件、口算卡片、作业纸、情境图等。

【教学过程】

教学环节	教师活动	学生活动	设计意图
一、复习引新	1. 口算：复习已经学过的加法算式 2. 复习“7的分与合” 3. 看图说算式(1＋6＝7，6＋1＝7) 4. 师：今天，我们要继续学习得数是7的加法(板书课题)	开火车练习。A组、B组口算，C组读算式或在老师的提示下计算 用雪花片分一分 说一说7的分与合 指定学生讲出加法算式，并说出算式的含义	复习旧知，为学习新知做好铺垫
二、探索新知	1. 出示苹果情境图 (理解加法的含义) (1) 师：看一看，图上有什么？ 师：用什么方法来计算？请你说说算式(板书：2＋5＝7) 提问：2表示什么？5表示什么？7表示什么？ (2) 小结：“2＋5＝7”表示把2个红苹果和5个青苹果合起来一共有7个苹果 (3) 师：这张图还可以用哪道算式表示？(板书：5＋2＝7)	有2个红苹果，5个青苹果，一共有7个苹果 加法2＋5＝7 2表示2个红苹果，5表示5个青苹果，7表示一共有7个苹果 跟着老师说一说 5＋2＝7	根据学生的心理特点，创设情境，激发学习兴趣 通过直观感知，在帮助学生逐步建立数感的基础上，引导学生根据图意，进一步理解加法(合并)的含义

续　表

教学环节	教师活动	学生活动	设计意图
二、探索新知	指导学生说说算式中各数的含义 (4) 小结：5+2＝7表示把5个青苹果和2个红苹果合起来一共有7个苹果 2. 出示树木情境图 (1) 出示情境图 师：你能看懂这幅图的意思吗？ 师：谁能根据图意，提出数学问题？ (2) 指导学生摆出算式 (3) 指导交流，说说算式的含义。 (4) 小结："5＋2＝7"表示5棵小树和2棵大树合起来是7棵树；"2＋5＝7"表示2棵大树和5棵小树合起来是7棵树。 3. 比较 (1) 师：这两幅图有什么相同的地方？ (2) 小结：两张图都表示2和5合起来是7，都可以用加法算式"2＋5＝7"或"5＋2＝7"表示。	5表示5个青苹果，2表示2个红苹果，7表示一共有7个苹果 跟着老师说一说 小树有5棵，大树有2棵，一共有7棵树 一共有几棵树？ A组列出两道算式；B组列出一道算式；C组说算式 都可以用"2＋5＝7"和"5＋2＝7"这两道算式来表示 跟着老师一起小结	在逐步理解"得数是7的加法"含义的基础上，引导学生逐步感知数学中由具体到抽象的思维过程
三、巩固深化	1. 说一说，写一写 (1) 出示照片，指名回答 (2) 下发照片，分组练习 (3) 学生完成后组织集体交流 2. 计算 出示口算卡片，指导计算	说算式，并说说含义 A组、B组：两人一张照片，先说说照片的含义，然后每人写一道算式 C组：在教师的指导下说说照片的含义，在教师的提示下写出算式，跟读说算式"2＋5＝7"、"5＋2＝7" A组：4题 B组：3题 C组：读算式	根据当前学生学习的实际情况，设计分层作业，促使每个学生都能得到不同程度的发展

续 表

教学环节	教师活动	学生活动	设计意图
四、课堂总结和作业布置	1. 今天我们学习了什么本领？ 2. 布置课后作业	我们学习了"得数是 7 的加法"（2＋5＝7，5＋2＝7） A 组、B 组：抄写算式"2＋5＝7""5＋2＝7"；做 10 道加法计算题 C 组：小 X：抄写算式"2＋5＝7""5＋2＝7"；小 Y、小 Z 跟读算式	促使学生加深对所学知识的归纳和记忆

板书设计：

得数是 7 的加法

7

1	6
2	5
3	4
4	3
5	2
6	1

情境图 1

2＋5＝7
5＋2＝7

情境图 2

5＋2＝7
2＋5＝7

讨论与探究

1. 如何理解数学教学设计的内涵？
2. 举一个案例说明教学设计的基本内容。
3. 教学设计中的导入活动有哪些？请举例说明。
4. 教学设计中的情境设计有哪些？请举例说明。
5. 简述教学设计中例题设计与练习设计的内涵与原则。
6. 任选一节培智学校数学教学内容，写一篇教学设计。

进一步阅读的文献/网站

1. 庞维国. 数学学习与教学设计. 上海：上海教育出版社，2005.
2. 吴正宪. 小学数学学科主题教学案例研究. 北京：首都师范大学出版社，2009.
3. 上海特教之窗，http://shsedu.sherc.net/web/stjzc/221018.htm.
4. 上海市特殊教育资源库，http://sser.sherc.net/shserc/resource.do?method=main.